アフリカ大陸史を読み直す

【第1巻】

古代文明の母

木村愛二
Kimura Aizi

社会評論社

はしがき

社会評論社の御厚意により、三三年前に発表した旧著、『古代アフリカ・エジプト史への疑惑』を一巻目とし、その当時に旧著の続編として用意したまま眠っていた旧稿を二巻目とする本書、『アフリカ大陸史を読み直す』(全二巻)を発表する機会を得た。

一巻目の副題は《古代文明の母》であり、二巻目は《「火砲」の戦国史》である。いずれも、いわば、通説を覆す裏面史の位置づけであるが、これで一応、アフリカの太古・古代、中世・近世・近代の通史となる。

旧著『古代アフリカ・エジプト史への疑惑』(鷹書房刊)は、初版の四〇〇〇部が売り切れて、絶版のままである。数年前からインターネットでの無料公開をしているが、二〇〇七年二月一九日現在、正面玄関の訪問者のヒット数の記録は、二万四七二〇となっている。

インターネットの読者の中には、やはり印刷物が欲しいという方も多くて、その要望のメールが寄せられている。このたびの復刻に際しては、若干の改訂を加えた。

二巻目の《「火砲」の戦国史》の大部分は、旧著の続編として、旧著発行の直後に準備したものである。基本的には旧稿に沿いながらも、その後の新資料を加えて、発表することにした。

日本におけるアフリカ史の研究は、非常に遅れており、むしろ、無視されている。東京大学の歴史学科では、「アフリカの社会と文化」といった程度の科目が共通の単位になっているだけである。

私自身も、旧著の執筆に至る以前には、大方の読者と同様に、アフリカの歴史に接したことがなかった。学校教育の世界史では、ヨーロッパ人による「暗黒大陸」の探検と植民地分割競争が、わずかに描かれているだけだったのである。

旧著、『古代アフリカ・エジプト史への疑惑』の執筆に至る契機は、既存の歴史の文献の知識ではなかった。アメリカのアフリカ系黒人学者、デュ・ボイスらのパン・アフリカニズム、アメリカ国内における黒色人差別反対の戦いの文献の中に、わずかな手掛りを見出し、フランスで学んだセネガルの学者、シェイフ・アンタ・ディオプのフランス語の著書の存在を知るに至ったのである。以来、アフリカの歴史と、それをめぐる事態の真相を、わずかなりとも知るに至って、やり場のない憤りを覚え続けていた。アフリカ人が、ヨーロッパ人の侵略と戦っていたのだという事実、アフリカ人自身が築いた大帝国が、いくつもあったのだという事実、それらの事実が、故意に隠され、ねじ曲げられてきたのだという許し難い事実の数々を、明確な材料に基づいて知るにつけ、一刻も早く、日本の一般読者にも受け入れやすい形で、広く伝えたいという願いは、強まる一方であった。

旧著に関する最大の自慢は、その後、「古代エジプト人は黒色人」説が、完全に証明され、もはや世間的にも定説化したことである。当時、日本では唯一の説を大胆にも展開するに至った推理の過程は、非常に複雑であるが、子供の頃からの空想科学小説の愛読者でもある私としたことが、当時は迂闊にも、「DNA鑑定」などという技術が開発されるとは、夢にも思っていなかった。

その後と言っても、すでに二〇年も前のことになるが、ある若者に職業を聞くと、当時激増中の博士号取得、研究室助手の空き待ちで、受験塾のアルバイト講師だと言う。専攻を聞くと考古学だと言うので、早速、本書で展開した「古代エジプト黒白論争」のことを話したところ、即座に軽く、「古代エジプト人が黒人だったことは、もはや考古学の常識ですよ」と、いなされてしまった。ミイラの遺伝子鑑定の結果だと言うのである。聞いた途端、ウヌッ、となった。まるで、いきなり、SFの世界に迷い込んだような異次元的錯覚に襲われた。ショックと言ってもいいだろう。

もちろん、ミイラの「DNA鑑定」以前にも、物的証拠はあった。本書を探偵物として位置づけると、その最大の物的証拠は、表紙に使った「大スフィンクス」の画像である。この画像は、ナポレオンがエジプト遠征に伴った画家の手になる銅版画である。日本では英語の借用でエッチングと言うが、フランス語では gravure であり、特に、「網版(画)」の訳が当てられる gravure en simili は、厳密に意訳すると「写真版」である。つまり、レンズを利用するカメラ撮影と化学的処理によるダゲレオタイプ「写真」以前の「写真」記録なのである。証拠価値は決定的である。

この「大スフィンクス」の画像は、引用文献リストに記したセネガルのシェイフ・アンタ・ディオプの著書からの借用である。

本書を出した当時から、日本の歴史学会におけるアフリカの歴史の位置づけは、ほとんど変わっていない。

固有名詞の読み方は、できるだけ慣用に従ったが、引用文中のものは、そのままである。混乱を避けるために、一般に西アジア、西南アジア、小アジア、アジア、メソポタミアなどと記されているものを、オリエントに統一した。ただし、引用文中のものは、そのままにしてある。

なお、アフリカ人の「民族」もしくは「国民」に関する表記は、たとえば、人種的には「ホッテントット」とされるコイ（コイコイン）の場合、「コイ人」としても、「コイ民族」としても、もともとの国家、民族の名称が一般化されていないので、不自然になる。旧著では「コイ民族」などとしたが、本書では、単に「コイ」または「コイ」（ホッテントット）などと記す。その他、「部族」、「族」や「族長」などの表現に関しては、引用する資料の慣習に従った。

◆凡　例◆

1. 文中、敬称は省かせていただいた。引用・参考文献は、巻末に紹介した。
2. 古代エジプト史の年代は、ヴェルクテールの『古代エジプト』によることとした。
3. 私の文章中、ただ、「黒色人」とあるのは、ブラック・ピープルの意である。ブラック・パワー運動が、「ニグロ」を拒否していることと、また、私の人種分類の考え方とによる。
4. 固有名詞の読み方は、できるだけ慣用に従ったが、引用文中のものは、そのままである。
5. 引用文中の【】内は、私の注記である。また、引用文は適宜、表記を統一した。
6. 混乱を避けるために、一般に西アジア、西南アジア、小アジア、アジア、メソポタミアなどと記されているものを、オリエントに統一した。ただし、引用文中のものは、そのままにしてある。
7. 参考図表は、必要な範囲の省略、補正を加え、私が作成したものである。初版当時（一九七四年）の資料に基づくものであり、現在とは若干異なる部分があるが、あえてそのまま記載したことをご了承いただきたい。
8. 初版では、転写させていただいた写真の出典を付記に示したが、改訂新版にあたり、差替・追加したものもあるので、作成図表とともに一覧を作成し、16頁に図版目次として掲載し、出典は、各図版に（　）を付けて表した。

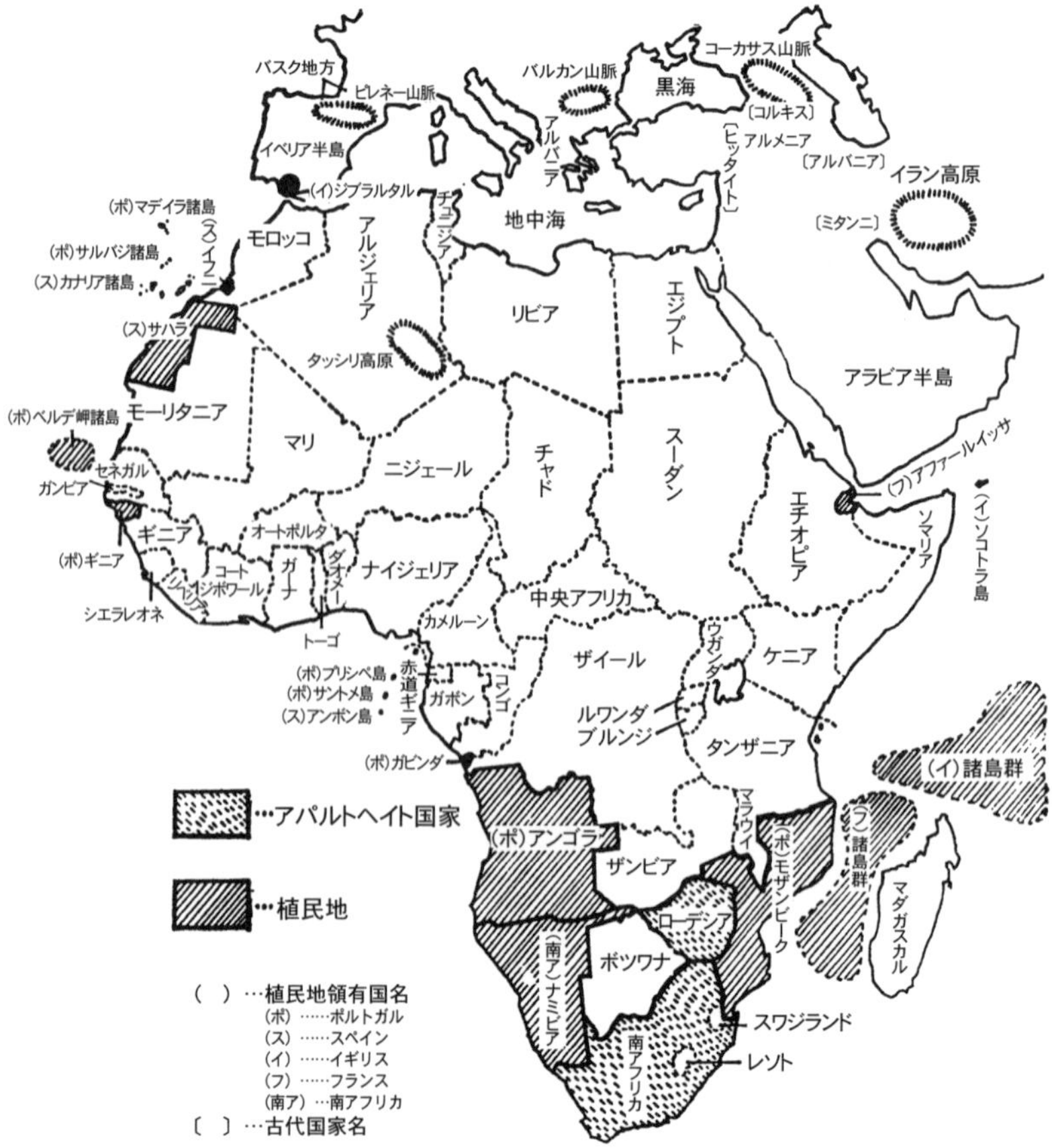

図版１　アフリカ全体図
(1974 年当時)

目次

（引用・参考文献リストは第二巻に掲載）

『アフリカ大陸史を読み直す』（第二巻）
「火砲」の戦国史　目次

図 版 目 次

序章

疑惑の旅立ち

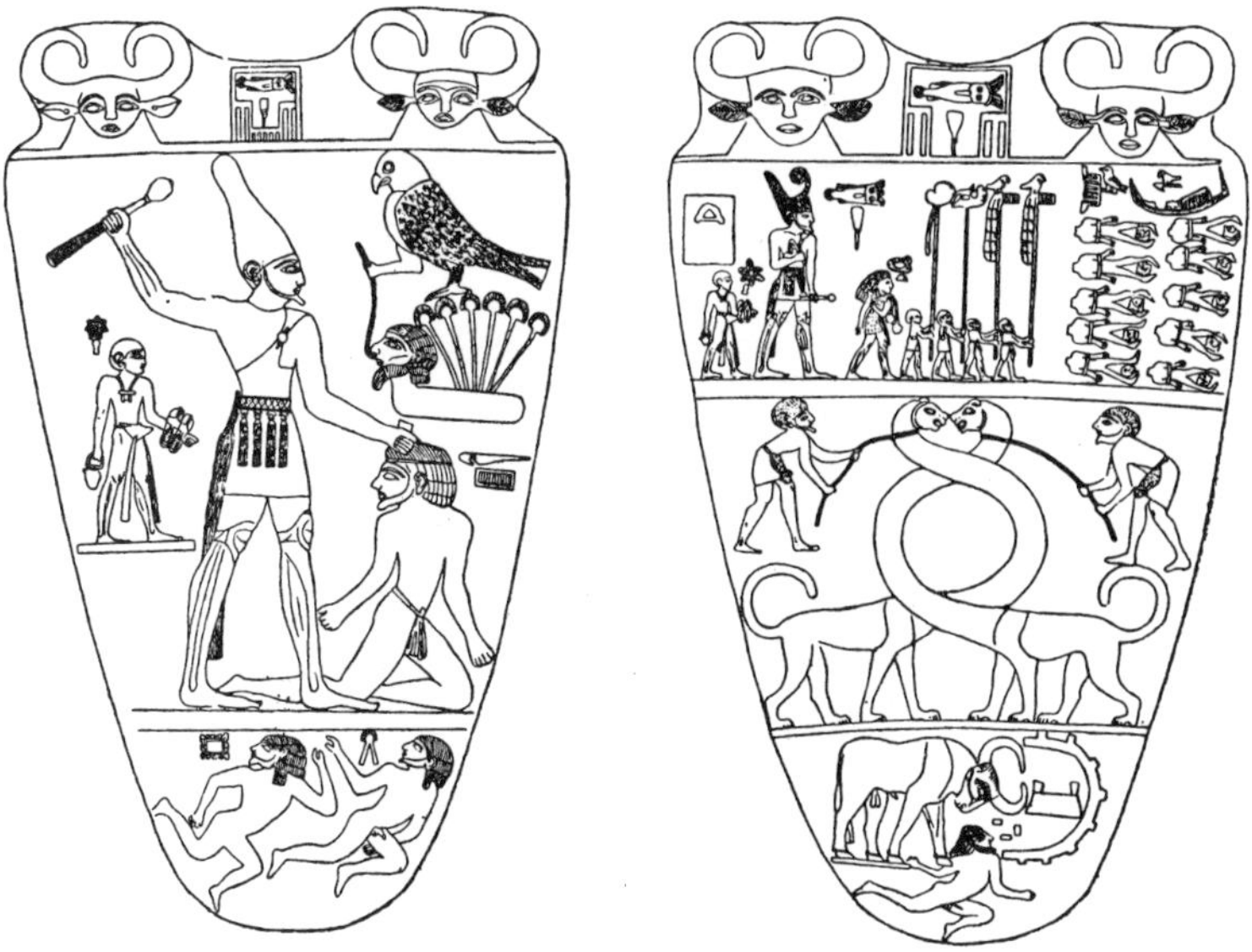

図版2　ナルメルの化粧板
（『黒色人国家と文化』　p135）

初版では扉絵に右の方のみの写真映像を使ったが、不鮮明でもあり、本文「ナルメルの遠征」の項目で化粧板の両面の説明をしているので、その都合上も考えて、ディオプ著『黒色人国家と文化』（Nations Nègres et Culture）の図解（dessin）に差し替えた。写真映像は、多くのエジプト史関係書に掲載されている。16 頁に初版使用の写真を示す。

図版２b（初版掲載）
最古のファラオ・ナルメルのパレット
（『地中海のフェニキア人』　p16）

1 はじめの驚異

アフリカ大陸の歴史については、まず、学説の食い違いの大きさに、驚かざるをえない。最も大きな食い違いは、古代エジプトの位置づけ方にはじまっているようだ。たとえば、ジャーナリストとして、アフリカ通の第一人者といわれるイギリス人のデヴィッドソンは、次のように書いている。《王朝以前のエジプトから出土した約八〇〇の頭蓋——ナイル下流からのもの、すなわち西紀前約三〇〇〇年以前のもの——の分析の示すところでは、少なくともその三分の一はニグロ、あるいは我々の知っているニグロの祖先であった。そして、このことから、今日のアフリカ人の遠い祖先は、古代エジプトの文明を生み出した住民のうちで重要な、おそらくは支配的な要素だったという見解（それは言語の研究からも若干の裏づけが得られる）が支持されるもののようである。》（『古代アフリカの発見』、一一頁）

人種差別問題を考える上でも、世界最古、最長の、古代エジプト文明の、「支配的な要素」をなしていた人々が、黒色人であったかどうかは、大変に重要だ。それゆえ、アフロ・アメリカ人の思想家、デュボイスや、歴史家のウッドソンなどは、意外に早くから、この点に着目していた。彼らは、パン・アフリカニズムと呼ばれる黒色人自身の歴史再発見、民族的自覚再確認の運動を起こしていた。

黒色人歴史家たちが、古代エジプト黒色人説——仮にこう名づけておく——の重要な論拠の一つとしたのは、ヘロドトス（前四八四?～四二五）の『歴史』における証言である。

「歴史の父」といわれるヘロドトスの時代には、人種も民族も一緒くたに考えられていた。彼は三ヶ所で、エジプト人の人種形質に関わる証言をしている。しかし、そのいずれも、他のことを論ずるための証拠として書かれており、取り立てて、エジプト人の人種形質を論じた部分はない。彼らにとっては、エジプト人の特徴はあまりにも明らかなことであったのだろう。そして、三ヶ所とも、エジプト人は、「黒い」人種として描かれている。特に、黒海の南東部にいたコルキス人を、エジプトの遠征軍の残留部隊だ、と論じている部分では、「色が黒く、髪が縮れていること」を、同一人種・民族と考える上での重要な論拠にしている。

ところが、ヘロドトスその他の古代人の著作については、百も承知のはずのヨーロッパ、アメリカなどの学者は、古代エジプト人を「ハム系の白色人種」だと言い張っている。そして、古代エジプト文明はオリエントから伝わった、と主張している。

フランス人のシュレ＝カナールは、彼らが、「暗黙の人種主義的偏見から古代エジプト人を何が何でも〈白人化〉しようとした」と指摘する。しかし、このシュレ＝カナール自身も、北アフリカ・エジプトを白色人種の地方、「白アフリカ」とする慣行に従っている。まさに複雑怪奇である。

黒色人の当事者にとっては、大変に重要な問題で、こうも食い違いがあっては、大論争にならざるをえないだろう。そして、事実、この問題は、長い間の論争の焦点になっていた。

ところが、残念なことに、日本語で出版されている本には、この問題——仮に古代エジプト黒白論争とする——を真正面から取り扱ったものがない。それどころか、日本の学者が書いた本では、黒色人、つまりアフリカ人やアフロ・アメリカ人の主張を、まったく取り上げていない。

また、アフリカ全体に、謎の古代遺跡がたくさんあり、巨大な石造の城があったこと、ダム、水道、灌漑工事もなされていたこと、アフリカが金属産業の中心地だったこと、鉄をはじめとする鉱山跡が数十万ヶ所もあることなどは、ほとんど紹介されていない。もちろん、そんな状態だから、アフリカの黒色人文明の評価は、まことに不充分で、間違いだらけである。

特に残念なのは、古代エジプト史と、アフリカ史とが、相変わらず、まったく切り離されて、取り扱われていることである。これは従来のヨーロッパ系の学者の、誤った姿勢を、そのまま受け入れていることに他ならない。そこで、シロウトながら、だんだんと病みつきになってきた私は、的を絞って、二人の学者の最近の研究に基づく原著を取り寄せてみた。

一人は、フランスで博士号を取ったセネガルの黒色人学者、ディオプ、もう一人は、フランスのアフリカ史学界の最高権威の一人、コルヌヴァンである。

この二人の本にも、相当な食い違いがある。共通するのは、エジプトを含めて、アフリカ大陸全体の歴史を考えていることと、エジプト文明を、アフリカ大陸の民族自身による創造として位置づける点である。この二人の著作で学びえたことは、また、さらに驚異的であった。

2　次なる疑問

だが、一つのことで、二つも三つもの学説があるということは、何を意味するのだろうか。いうまでもなく、真実は一つしかない。だから、正しい学説も、一つしか存在しえない。一つの学説を除いて、他は、当然、間違っている。また、もしかすると、いままでの学説が、すべて間違っている可能性すらある。たとえば日本史では、女王ヒミコの邪馬台国が、大和か九州かというので、数十年間も論争が続いている。狭い日本のことだから、これ以外に候補地が出てくる気遣いはない。そしてこれも、どちらかが、間違っているに決まっている。また、ヒミコや邪馬台国の位置づけについては、「皇国史観」がさまざまな錯誤をつくりだしてきた。

私は、これと同じことが、ヨーロッパ系の学者によるアフリカ史やエジプト史、そしてオリエント史の研究方法の中に、はっきりとあらわれているのを知った。皇国史観やナチズムは、つい三〇年前まで通用していた。日本やドイツは、封建制度から抜け出したばかりの国だったから、神話そのままの歴史学が、そのまま受け入れられた。

フランス、イギリス、アメリカでは、ブルジョワ民主主義の伝統があったから、若干事情が違っていた。だが、フランスやイギリスは、最大の植民地領有国だった。そして、アメリカは黒色人差別の国である。これらの諸国の支配体制も、当然、神話を必要としていた。そこで、一見科学的な「現代の神話」をつくりあげた。この「一見科学的」が、大変な曲者である。皇国史観やナチズムなどは、まともな学者には相手にされなかった。ところが、「一見科学的」な説明は、意外に受け入れられやすい。多分、それを考えた学者本人も、信じ込んでいるのだろう。

そこで私は、あらゆる学説を、根本的に疑ってかかることにした。また、アフリカ大陸の中心部から、すべての歴史を見直すことにした。データを整理し、いままでの学説の論理を、裏返しにしてみた。もちろん、採用できる点は、取り入れた。

その結果、アフリカ史のみならず、人類史全体に関わる、大きな謎をいくつか解いたと確信している。もちろん、シロウトのことだから、いくつかの誤りをも犯しているであろう。しかし、私がどういうデータに基づき、どういう論理によって古代の謎を解く鍵を見出したか、という経過は、人類史、古代史の理解を深める上で、決して無益なものではないと思う。

また、そこはシロウトの身軽さで、私自身が楽しんだ謎解きを、いささか勇み足とは思いながらも、そのまま書かせていただくことにする。私があらゆる学者の説を疑ってかかったように、読者も、私の説明を大いに疑いながら、読んでいただきたい。

ではまず、疑惑の旅の出発点を、古代エジプトに定めてみよう。デヴィッドソンは、「古代アフリカの記録はエジプトからはじまる」と指摘している。だが、この肝心のエジプト古記録の解釈が間違っていたら、どういうことになるのだろうか。

3　ナルメルの遠征

古代エジプトは、上下または南北二王国という制度を取っていた。最初の統一者、ネブウ・タウイ（二国の王）は、伝承によれば、メネスである。しかし、現在までに発見された最古の上下王国支配者は、ナルメルである。

ナルメルが最初の統一者であるという論拠として、ナルメルの業績を記したパレット（石板または化粧板）が挙げられている。写真（**図版2・17頁**）のようなものである。日本の例でいえば、神社に掲げる絵馬のような位置づけになるだろう。これには絵文字で、ナルメルの名が記されている。

エジプト史学者の加藤一朗は『古代エジプト王国』の中で、この絵を、上エジプトの王であったナルメルが下エジプトを征服した記録だと説明している。これは、エジプト史学者の大勢を占める考えであったようだ。

ところが、オーストラリアのオリエント史学者、キュリカンの説明によると、このときにはエジプトの上下統一はすでに達成されており、ナルメルが征服したのは、下エジプトではなくオリエントになる。これでは歴史の様相が一変してしまう。

彼は、統一王朝出現以前のエジプトと、オリエント各地との通商関係の事実を、まず、出土品によって証明する。そして、次のようにいう。

《これらの最初の物資交換の背景にある政治事情はわからない。古代の通商は非常にしばしば移住または征服というやり方をとるし、またシュメルとナイル間の初期王朝文化には確かに類似があることからみて、両地域は何らかの接触を持っていたと想像される。ナルメル王自らがアジアの秘密を探検するのに重要な役割を演じたのであろう。

というのはカイロ博物館に所蔵される、かの有名な化粧板《パレット》のある解釈によると、それはトランス＝ヨルダン遠征と「双生河」を「飼い馴らす」ことの記録だとみるからである。その化粧板には確かにアジア人があらわされているようだし、またその板の反対側に、長い首をからみあわせている二匹の豹《ヒョウ》は、先王朝時代のメソポタミアのウルク期に一般に通用したシンボルだった。》（『地中海のフェニキア人』、一五～一六頁）

確かに、長髪の人物像は、後代のエジプト絵画に出てくる、オリエント（アジア）人の典型である。ファラオの象徴である牡ウシの角で破壊されている城壁も、オリエントの都市遺跡と同じ型である。特に、二匹のヒョウの説明は、これ以外にはなしえないだろう。

コルヌヴァンは、このパレットに関連して、次のように書いている。

《ナルメルのパレットは、まさにエジプトの歴史の開幕を告げる。しかしそれは同時に、世界の歴史のはじまりを年代づけてもいる。事実、紀元前三千年紀のはじめには、一人、バビロニアのシュメル人のみが、エジプト人と同じように文字を発明し、その名前が伝説に残されている諸王によって統治される、いくつかの都市を建設していただけだからである。しかし彼らは、まだ国家を形成しておらず、彼らの都市は、セム系のアカデア人があらわれる紀元前二三〇〇年までは、連合することがなかった。その他の、古代世界における文明中心地、すなわちインド、中国、地中海の東海岸地帯は、紀元前二千年紀まで、歴史への登場に達しなかった。》（『アフリカの歴史』、七六頁）

オリエントからエジプトへの、文化・文明の伝播によって、世界史の開幕を説明しようとするならば、以上の年代的なギャップの、合理的な解釈が必要になる。

エジプトのヒエログリフの起源は、ナイル河中流域の岩壁に残る線刻画にまでさかのぼることができる。そして、ナルメルの登場以前に、上（南部）エジプトで、はっきりした形をとっている。その年代は、紀元前三五〇〇年から三〇〇〇年以上の古さである。上下エジプトの統一の年代の決め方は、学者によって、約五〇〇年もの差がある。だが、ヒエログリフはそれ以前に完成していた。

エジプトの統一は、しかも、上エジプトからなされている。オリエントとは反対側、つまり、よりアフリカ内陸に近い方からなされている。上下王国を合わせた二重帝国という大事業においても、エジプトはオリエントに先んじている。途中から追い越したという主張は、果たして成り立ちうるのであろうか。

4 ネヘシの黒い霧

オリエントとは反対の側、つまり、エジプトの南方、現在のスーダンには、クシュ帝国があった。この国は、いろいろなニュアンスがあるにしても、あらゆる学者によって、黒色人の帝国として認められている。歴史の細部は後に考えるが、この帝国は、エジプトから現在のウガンダに至る領土を支配し、古代エジプト第二五王朝（前七五一～六五六）をも開いた。

しかし、それより一〇〇〇年以上も前から、クシュ帝国とエジプト帝国との国境地帯、フィラエ（ヘー）には、城砦が築かれ、石碑が建てられていた。この石碑はドイツ人学者に発見され、ベルリンに持ち帰られた。

人類学者の寺田和夫は、その碑文の内容解釈も含めて、次のように書いている。

《最古の黒人に対する差別の例としてエジプトのセソストリス三世（前一八八七～一八四九）の命令でつくられた、第二瀑布近くの石碑が挙げられることがある。

「南の国境。上下エジプトの王たるセソストリス三世――生命の永え《とこし》ならんことを――の御世八年にこれを建てる。輸入のためか、または交易所で物を購入する目的のある場合を除き、黒人が水路・陸路を舟をもって、あるいは家畜を連れてこの国境を越えてはならない。前記の目的で越境する黒人は歓待されるが、ヘーの地点より下流に舟で進むことは永久に禁止する」。》（『人種とは何か』、一四六〜一四七頁）

文中、「黒人」に当たる古代エジプト語は、ネヘシであるという。ほとんどの学者は、これを黒人とか、黒色人とか訳している。フランス人のコルヌヴァンも、「ネグル」（ニグロ）としている。

ところが、セネガル人のディオプは、この訳語は間違いであるだけではなく、曲解だとし、厳しい批判をしている。その理由は、一九五五年出版の『黒色人国家と文化』（三〇六〜三〇九頁）でも、詳しく述べられている。だがここでは、それよりも論旨明快で、ヒエログリフまで描出してある、一九六七年出版の『黒色人文明の先行性』の方から訳出しておきたい。ディオプは、アフリカの諸言語（セム系諸語も含む）では、ケム、カム、ハムなどが、「黒い」という語根をなすことを詳しく説明し、次のようにいう。

《古代エジプト語では、ケムが黒の意味を持っていた。……特筆すべきことには、エジプト人は彼ら以外の黒色人【ディオプは古代エジプト黒色人説】を区別するために、皮膚の色を指し示すような人種用語を使ったことはない。……エジプト人は、【クシュ人のことを】彼らの家族の末席に連なるものと見なしており、次のように呼んだ。クシュの性悪息子たち、クシュの横着息子たち、やくざ者たち、である。彼らを指示する民族名は、ネヘス、ネヘシィ（複数）であった。注目すべきことには、この言葉はウォロフ語にも存在しており、古代エジプト語の俗化した意味を保っている。すなわち、ウォロフ語では、ナハス＝やくざ者、三下奴、ナハス・イ＝やくざ者たち（複数）である。

〈ネヘス〉を、黒人《ネグル》と訳した人々は、意図的に（なぜなら、彼らはそういうことを知っていたのだから）、不当な曲解を行ったのである。これは、色彩を表現する用語ではないのだ。》（『黒色人文明の先行性』、五四〜五六頁）

ヒエログリフの描出は省いた。専門家にしかわからない問題であろう。しかし、幸いなことに、エジプト史学者の鈴木八司は、次のように書いていた。重複するので、碑文の訳出個所は省くが、彼は、ネヘシに「南方人」という訳語を当てている。

《エジプト人はこれらクシュより南方の住民を総称して「ネヘシ」と呼んだ。従って、このネヘシという言葉を「黒人《ニグロ》」と訳すことは必ずしも妥当ではない。》（『ナイルに沈む歴史』、一七〇頁）

ネヘシの語源は、いずれ明らかにされるであろう。ディオプの本では、大変な数の古代エジプト語とウォロフ語の比較が行われている。単語だけではなく、文法構造の共通性も指摘されている。そして、何人かのヨーロッパ系学者の発言は、ディオプの言語学上の主張の正しさを、「間接的」に認めている。なぜ「間接的」かといえば、彼らは決して、「アフリカの黒色人学者ディオプ氏の説に従えば、……」という姿勢は示さないからである。

ヨーロッパ系学者のこのような姿勢の背景にはもちろん、長期にわたる人種差別の歴史がある。その上に、ディオプの本も、ヨーロッパ系学者への大変痛烈な批判に満ちており、またまた新しい拒絶反応をつくりだしているかのようである。

それはともかく、以上のことから考えると、ネヘシはおそらく、古代エジプト人の「中華思想」に基づく、「南蛮人」というほどの意味である。絶対に、肌の色を示す人種用語ではないだろう。

問題は、「黒人《ニグロ》」と訳し続けたヨーロッパ系学者の意図にある。最初の訳出者が何を考えたかは問題ではない。それは結果として、次の三段論法を導き出したといえる。
一、スーダンは「黒人《ニグロ》」の領域である。
二、隣人を「黒人《ニグロ》」と呼んだ古代エジプト人自身は「黒人《ニグロ》」ではない。彼らは自分たちを、「黒人《ニグロ》」から区別していた。
三、エジプト人は「白人《コーカソイド》」（ハム系とされてきた）である。
この誤解、またはディオプによれば曲解と、次に示す、古代エジプトの国名、ケメト（ケメット）の解釈とは、まさに表裏一体の関係にあるようだ。

5　ケメトの住民

エジプト学者の加藤一朗は、古代エジプト人自身が、自分たちの国とその他の地方を呼んだ用語を、次のように説明している。
《古代エジプト人が、自国を〈ケメット〉（黒い土地、ナイルの氾濫の及ぶ沖積土地帯）と呼び、〈デシェレット〉（赤い土地、沙漠）、〈カセット〉（高い土地、丘の彼方の外国）と対照させた。》（『神王の誕生―エジプト統一王朝の成立』、八五頁）
また、自分たち自身に対する呼び名については、こう説明している。
《エジプト人は、自分たちのことを表現する〈レメッチ〉（人々）という言葉を、決して異国人のため

には用いなかった。》（同前、九一頁）

エジプト人は、また、レムトゥ・ケメト（ケムトゥ）、すなわち、ケメトの人、というように、自分たちを呼んでいた。ほとんどのエジプト学者は、これを「黒い土地の人間」の意と解釈している。ところが、ディオプは、このケメトは決して、黒い土に由来する用語ではなく、黒い人間の形容だと主張している。

エジプトの国名の起源を、土の色と関係させて論じたのは、『英雄伝』の著者、プルタルコス（四六～一二〇）の著作、『イシスとオシリス』（三三章）がはじめてであって、エジプト人自身の記録には、そんな理由を論じたものはないという。そして、黒い人間についてこそ、この用語は使われているともいう（『黒色人文明の先行性』、五七～五九頁）。

これも大変な食い違いである。ディオプが、古代人の証言を列挙している中にも、エジプト（ギリシャ語で〝黒い〟に発するという）の国名の由来を、肌の色に求めている例がある。プルタルコス以前、前一世紀のギリシャの哲学者、アポロドレスは『イナクスの家族』の章、二～三節で、次のように書いている。

《エジプト人は、彼らの国を黒い足で征服し、その国を彼ら自身の呼び名に基づいて、エジプトと命名した。》（同前、三七頁）

この引用の紹介を含めて、こういう論旨を展開している本は、ディオプのもの以外には見当たらなかった。だから、ここでは、ディオプの論理を追っていくしかない。しかし、これは非常に説得力があるといわねばならない。

まず第一に、レムトゥ・ケメトという場合、ケメトは〝黒い〟という形容詞でしかない。土とか、土地とか、国土とかいう単語は含まれていない。黒い国土という場合には、ター・ケムトなどといっているようである。

だから、レムトゥ・ケメトを直訳すれば、黒い人間、黒色人としかならない。これも、論理的にはその通りである。

さらに、ディオプは近代の例を挙げる。

「白アフリカ」、「黒アフリカ」という呼び方は、白色人、黒色人の意味から出ているのではなかろうか。確かに、アラビア語の「ブレド・エッ・スダン」も、黒色人の国の意味であった。それは、土の色に由来したものではなかった。

メラネシア（ギリシャ語のメラノから、黒い島々）というではないか。これもオセアニアの黒色人地帯の名称である。

私も一つ追加しておくと、「白人高地」（ホワイト・ハイランド）という例がある。ここは、ケニアの古くからの農地を、イギリス人が奪い、ヨーロッパ系入植者を屯田兵代わりにしたところである。土地は肥沃で、明らかに黒い。

果たして、ケメトは「黒い人」であろうか、「黒い土」であろうか。この件については、まだ、結論的なこととはいえない。しかし、この謎解きも面白そうだ。ディオプの著作、一九五五年の『黒色人国家と文化』に対しては、ヨーロッパ系学者による、いくつかの揚げ足取り的批評が眼についた。しかし、彼の引用している古代人の証言についての、まともな反論は見当たらなかった。これもまことに残念なことである。
ではこの点について、人類学者はどういう見解を示してきたのであろうか。

6　ファラオの人種壁画

人類学者の寺田和夫は、また、古代エジプト人の人種観について、絵画（図版3）を示し、次のように書いている。

《やがて、古代国家が成立するに及んで、我々は、このような人類学的知識の増大を、具体的に知ることができる。エジプトの絵画、特に第一九王朝のメレンプタ王（紀元前一二二一〜一二八一）の王墓の絵画は四人種の特徴を巧みに伝えているものとして、しばしば引用される。ホルス【エジプトのファラオの氏族神である鷹神】に導かれて歩む十数人は四群からなり、第一群はエジプト人で、赤い皮膚、長頭で、鼻筋は真っ直ぐか、わずかに鷲鼻で、黒髪を持ち、優雅な姿勢をしている。第二群はアジア人かアッシリア、ユダヤ、ペルシャ人であろう。黄色い皮膚、短頭、隆鼻、黒髪、低身長である。第三群は黒人で、髪は縮れ、広鼻、厚唇、突顎を示す。第四群はリビア人と思われるが、白い皮膚、ブロンド、赤ひげ、狭い鷲鼻、青い眼で、活動的にみえる。》（『人種とは何か』、六一〜六二頁）

確かに、これに類する文章は、人類学、人種理論関係の本には、しばしば登場する。寺田和夫もヨーロッパ人学者の記述をそのまま訳したのであろう。ところが、この記述の仕方には、いくつかの重大な疑問がある。

まず最初に、このメレネプタの時代は、統一エジプト帝国成立以来からしても、約二〇〇〇年以後である。二〇〇〇年といえば、日本の歴史がまるまる収まってしまうほどの、広大な時空を隔てている。しかも、それより八〇〇年前、紀元前二〇〇〇年頃のエジプトの絵画では、褐色のエジプト人と、黄色のオリエント（アジア）人が描き分けられており、この区別を先に論ずる必要があろう。

古代エジプト人は、まず、自分たちとオリエント人の肌色の相違を明確にしている。

第二に、王墓に描かれた人物像は、各国の王族であって、平民ではない。

第三に、二群と三群とされるものの順序が、実際の絵の順序と、入れ替わっている。「黒人」とされるものの方が、第二群であった。

第四に、各群の特徴に関する記述が、ヨーロッパ人好みの表現に変更されている。

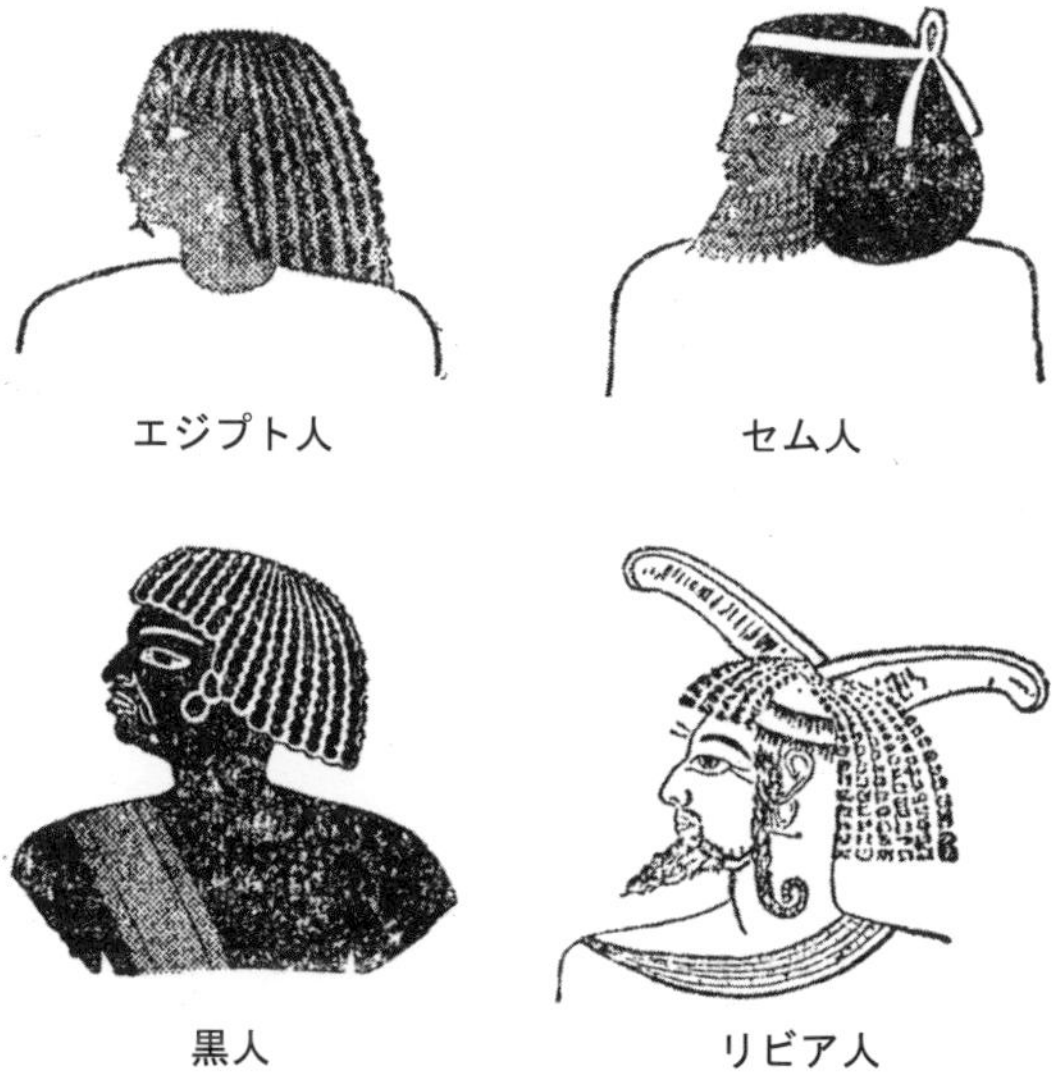

図版３　メレネプタ王墓の４大人種壁画
（『人種とは何か』 p62）

メレネプタ王墓を最初に調査したのは、ヒエログリフの解読で有名なフランス人学者、シャンポリオンである。彼はたくさんの手紙を書いた。ディオプは、一八三九年出版の叢書、『世界』に所収されたシャンポリオンの書簡集を引用して、いくつかの指摘をしている。

まず、シャンポリオン自身の手紙から、メレネプタ王墓の描写を抜き出してみたい。少し長文になるが、前記の引用と読み比べていただきたい。シャンポリオンはこう書いている。

《第一群……神に最も隣接しており、暗色の赤い肌色、よく均勢のとれた身体つき、優雅な顔立ち、鼻は、わずかに鷲鼻、長い編み毛、……ロト・エン・ネ・ロメ、ひとの人種、最もすぐれたひと、すなわちエジプト人。

その後にあらわれる人種については、いかなる不確かさもない、……それはネグルの人種に属し、ネヘシという一般的名称で示されている。その後につき従うものは、非常に異なった容貌を示している。黄色もしくは日焼けした顔色の上に、わずかに肉色が引かれており、鼻は強い鷲鼻、黒いひげ……ナムウと呼ばれる。

そして最後にくるのが、我々が肉色と名づける皮膚の色合い、またはより微妙なニュアンスの、白い皮膚の持ち主である。鼻は真っ直ぐか、またはアーチ型で、眼は青、ひげはブロンドか赤毛、身長は高く、またはすらりと伸びた姿勢であり、まだ毛のついた牛の皮を着て、身体のあちこちに入れ墨をしており、まぎれもない野蛮人。タンフウと呼ばれる。

私は、これと共通する絵を、他の王墓で探すのがいやになった。それらの中に、いくつかの変形を見ることはできるにしても、それらは私に、エジプトの旧来の秩序に基づいて、世界の四つの部分の住民を描く目的に立つものであることを、明白に確信させるものであった。……二群……アフリカ本来の住民、黒色人《ネグル》、……最後の（私はこれをいうのが恥ずかしい。なぜなら、我々の人種は最後であり、序列の中でも、最も野蛮なものだからだ）ヨーロッパ人は、この時代には末席にあり、それは正当な扱いであり、世間的には見よい姿をしていたとはいえない。ここでは、ブロンド人種で白い肌の民族が、その出発点においては、ヨーロッパだけでなく、アジアにもいた、と考えなくてはならない。……他の墓でも、同じ一般的名称が使われ、常に同じ順序である。また、エジプト人とアフリカ人は、同じ手法によって表現されており、この手法には変更はありえない、しかし、ナムウ（アジア人）とタンフウ（ヨーロッパ諸人種）については、重要かつ興味深い異種を描き分けてある。》（『黒色人国家と文化』、五二～五四頁）

シャンポリオンの記述こそは、メレネプタ王墓の人種壁画の描写に関する原典とされなければならない。しかし、先に示した寺田和夫の例文とは、相当に違っている。

第一群について、シャンポリオンが「暗色の赤」と書いていたものが、寺田和夫の例文では単に「赤」となっている。「長い編み毛」（マサイ民族は縮れ毛を編んで垂らしている）とされていたものが、単に「黒髪」となっている。

第二群と第三群の、順序の入れ替えは、明らかにヨーロッパ人学者による意図的な工作に違いない。古代エジプト人にとって、エジプトの王族に次ぐ地位を占めるものは、スーダンのクシュ帝国の王族に他ならなかった。古代エジプトとクシュとは、後に述べるように、同盟的関係にあった。

第三群とされるべきアジア人について、「ユダヤ人、ペルシャ人」を登場させているのは、どういうわけであろうか。ユダヤの建国は前一〇世紀頃であり、メレネプタの時代には、王族としての存在どころか、単一民族、人種としての類別は成立しない。ペルシャの名が部族名としてアッシリアの記録にあらわれるのも、前九世紀である。シャンポリオンは、「メデス人またはペルシャのどこかの元の住民」(同前、五四頁)としており、ペルシャを便宜的な地方名として使っていたにすぎない。

第四群を「リビア人」とするのは、また、大変な間違いである。

シャンポリオンが「ヨーロッパだけでなく、アジア」と書いているように、「タンフウ」は、ヨーロッパとオリエント北部の境界近辺にしかいなかった。ヘロドトスは、ファラオ・セソストリスの軍勢が、草原の遊牧民スキティア人をも征服したといっており、おそらく「タンフウ」は、南ロシアあたりでエジプト人と接触したものと考えられる。

アフリカ大陸の現在のリビアあたりの住民は、エジプト人によって、レブと呼ばれていた。ヘロドトスの時代には、このレブが、アフリカ大陸全体を指す、リビアという名称になった。つまり、ギリシャ人は、リビア人すなわちアフリカ人、言い換えれば、黒色人と考えていた。このあたりに、ブロンド人種がいたという証拠は何もない。現在、わずかに金髪青眼の人々がいるにしても、これは、後代の混血の結果にすぎない。

このように、ヨーロッパ系の学者によってはじめられたエジプト古記録の解釈は、誤解と曲解に満ちている。しかも、その背景には、人類史、文化史のすべてにわたる複雑な仮説的主張が、はりめぐらされている。デヴィッドソンは、アフリカ文明を紹介するに当たって、ある法律家が使った「わけのわからぬ大前提」、という表現を引用している。そこで私は、なぜ、「わけのわからぬ」仮説が通用してきたのか、という理由を考えてみた。

「わけ」とか、「わかる」とかいう単語は、「わける」に由来する。つまり、簡単な部分、原理に分解しなければ、ことの真相はわからない。学者は、複雑に、抽象的に表現したがる。そこに、独断的な仮説が通用する弱点がある。

だから私は、以下、少し回り道のようだが、アフリカ大陸の歴史をめぐる問題点を、一つずつ追求したい。そのどれもこれもが、大変な仕掛けになっているのだ。

第一章

ホモ・サピエンス

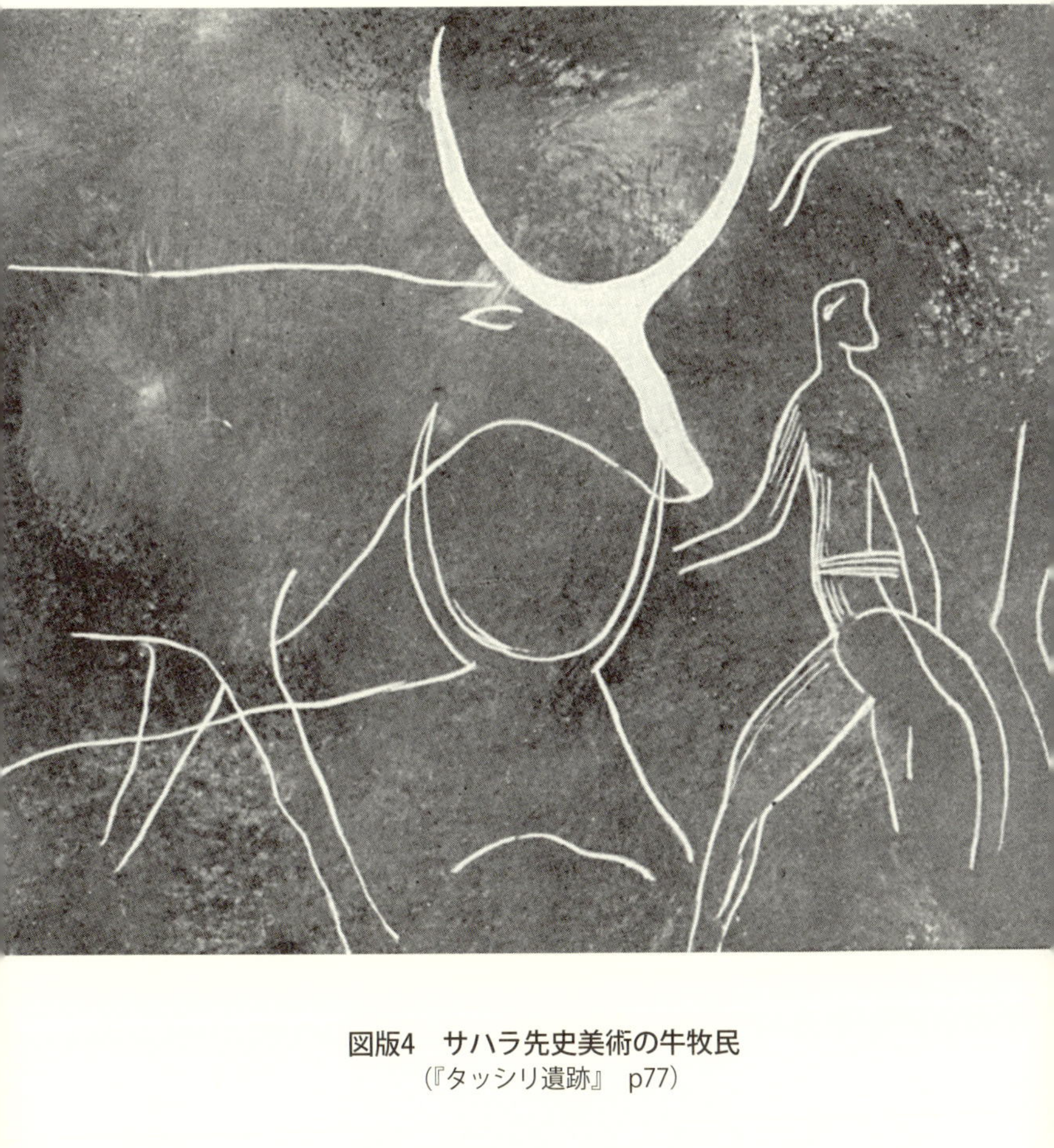

図版4　サハラ先史美術の牛牧民
（『タッシリ遺跡』　p77）

1 ネグロイド

シュレ＝カナールは最近の急速な研究の前進を紹介し、次のように要約している。

《人間の進化のすべての段階が、それに対応する石器の進化のすべての段階とともに、途切れることなく、年代的に連続してあらわれているところは、世界広しといえどもアフリカ以外にはない。》（『黒アフリカ史』、六〇頁）

アフリカの人類学、先史考古学は、ヨーロッパ、アジアのそれに比べれば、非常に遅れていた。しかも、アフリカの気候、土壌の性質は、化石保存や、考古学的年代決定の上では、最も不利な条件にある。有機成分も無機成分も、非常に分解が速く、安定した地層形成を欠いている。

しかし、そのような悪条件にもかかわらず、ここ十数年でも、相当な研究の進展が見られ、シュレ＝カナールのような発言が可能になった。この傾向は強化される一方であろう。つい最近の新発見も、新聞に報道されており、ますます逆転の心配はなくなった。

しかし私は、オーストラロピテクス（アフリカ南方の直立猿人または前人類）などの初期人類については、省略する。その後についても、ピテカントロプス（原人類）、ネアンデルタール人（旧人類）、ホモ・サピエンス（現生人類）という、単純な順序にとどめたい。

さて、学者たちは漠然と「人類の進化」と表現している。ところが、「アフリカは人類そのものの源郷」と認めながらも、ホモ・サピエンスそのものの発生経過について、大変に奇妙な主張を押し通している。

これが第一の問題点である。

どこが奇妙かというと、基本的には、ヨーロッパ人の「純粋性」を守り通したいという願望に尽きる。この願望のあらわれは、学説史の経過をたどることによって、はっきりしてくる。

まず最初に、人間は猿とは別系統で、神様がつくったと考えられた。もちろんこれは全然問題にならない。

ずっと下って、ネアンデルタール人とクロマニヨン人（フランスで発掘されたホモ・サピエンスの一種）とは、これまた別系統だと考えられた。それどころか、北西ヨーロッパには早くから大脳が発達した優秀人種がいたとさえ主張された。この風潮に悪乗りしたのが、ピルトダウン人の偽造である。

ピルトダウンとは、イギリスのある地方の呼び名である。ここで、本職は法律家のアマチュア考古学者が、現代人の頭骨に、ヤスリで加工した類人猿のアゴの骨、石器などの道具類をまぜて、古い地層から掘り出したという発表をした。学界はこの「発見」を受け入れた。ピルトダウン人の偽造は、一九〇九年にはじまり、一九四七年まで通用した。フッ素法という化学的な調査方法で、偽造が見破られた。

しかし、ピルトダウン人の偽造を易々と受け入れた「学会」は、その一方で、南アフリカで発見されたオーストラロピテクスを、数十年にわたって拒否し続けた。ここにも、アフリカ大陸の歴史を考える上で、典型的な現象が見られる。

さて、ピルトダウン人の偽造は、フッ素法とか、カーボン一四の放射能法とかで、完全に見破られた。また、各地での発掘が進むと、ネアンデルタール人とクロマニヨン型のホモ・サピエンスとの、中間の型、すなわち、混血種もしくは、変異中の人類がいたこともわかってきた。この点でも、話が変わってこざるをえない。

一方、ヨーロッパ系の学者たちは、クロマニヨン人がヨーロッパ大陸で発生し、世界中にホモ・サピエンスの系統を広めたと主張してきた。ところが、アジアからもアフリカからも、同時代のホモ・サピエンスの遺骨が発掘されはじめた。これで従来の仮説は崩れてしまった。

そこでまた新しい仮説が登場する。まずオリエントあたりで、最初のホモ・サピエンスがネアンデルタール人の中から生まれた。そして、ヨーロッパでは白色人型、アジアでは黄色人型、アフリカでは黒色人型に発展したというのである。これを、三大人種系株説と呼んでおく。

この説の変形には、各地のネアンデルタール人から、別々に三大人種が発生したと説明するのもある。いずれにしても、三大人種のそれぞれに、「純粋種」があるという考え方に立っている。ヨーロッパ系の学者は、一歩譲った形で、やはり、白色人の「純粋性」を守り抜いたわけである。

ところが最近の発見は、この三大人種系株説をも、大きく揺るがした。

まず、ホモ・サピエンス発生の年代が、大幅に繰り上げられた。カーボン一四のテストで、年代が確定された人骨には、次のような例がある。旧ソ連の人類学者、レシェトフの著作から抜き出してみよう。

北イラクの「シャニダルでは、約六〜六・四万年の年代の地層から、サピエンス的特徴がはっきりあらわれているネアンデルタール人の頭骨」（『人類の起源』、三六二頁）が出土した。アフリカでも、相当古い時期のホモ・サピエンスの人骨がたくさん出てきた。そして、「これらの出土品のうちで最も古く、放射性炭素法で四万年以上の年代を持つとされる……【南アフリカの】フロリスバードの頭骨は、オーストラロイド・ネグロイド型のヒトに属している」（同前、三六六頁）。

オーストラロイドとは、オーストラリア大陸の原住黒色人型の意味である。黒色人型と同じと考えてよい。

ところで、ユ・ゲ・レシェトフは、初期ホモ・サピエンスについての、最近のあらゆるデータを取り上げている。そして、「これらはすべて、多かれ少なかれ、はっきりしたオーストラロイド・ネグロイド的特徴を持っている。また、それ以外にはありえなかった」と断言している。

さて、三大人種系株説によれば、黒色人型のいわゆるネグロイド系株と白色人型のコーカソイドと黄色人型のモンゴロイドとは、別々に発生していなくてはならない。それぞれが純粋なはずであった。ところが、中国亜大陸で発見された初期ホモ・サピエンスの遺骨は、「すべて、原始的なモンゴロイドの特徴を持ったオーストラロイド・ネグロイド型に属している」。レシェトフは、この現象を、初期ホモ・サピエンスと、原住ネアンデルタール人との混血によって説明している。すなわち、オーストラロイド・ネグロイド型のホモ・サピエンスと、モンゴロイドの特徴を持ったネアンデルタール人の混血の結果が、中国大陸にあらわれているということになる。

さらに、レシェトフは、ナイル河上流地帯からサハラを抜け、ジブラルタル陸橋（当時はつながっていた）を北上した初期ホモ・サピエンスと、ヨーロッパ型のネアンデルタール人の混血を推定している。そして、こう書いている。

《クロマニヨン人には、ネアンデルタール的特徴を少なからず指摘することができる。現代型のヒトは、マグリブから、ジブラルタル陸橋を通って南から西ヨーロッパへ入り込んだのかもしれない。さまざまな研究者たちが、オーリニャック文化の中にアフリカ的な特徴を見ていることは、この推測をいっそう

有力なものにしている。》（同前、三六七頁）

初期ホモ・サピエンスの遺骨の出土は、これからもますます大規模に続くであろう。しかし、現在までの発見を、素直に解釈すれば、アフリカ大陸のどこかで、オーストラロイド・ネグロイド型のヒトが生まれ、各地のネアンデルタール人と混血しながら広がっていったという仮説しか出てこないはずだ。

もちろん、オーストラロイド・ネグロイド型のホモ・サピエンスの起源を、現在の分布から類推して、ニューギニアや、南インドに求めることもできよう。ただし、オーストラロイドの語源となっているオーストラリア大陸への人類の上陸は、いまのところ、紀元前一万四〇〇〇年頃までしか証明されていないから、この地帯に設定することは不可能である。

さらに、アフリカのローデシア型のネアンデルタール人と、ネグロイド形質との関連が論じられている。以上のことからすれば、初期ホモ・サピエンスの起源について、アフリカ大陸が、最も高い可能性を持っていることは否定できないだろう。

三大人種系株説なるものは、実際の発見に照らして考えるなら、ヨーロッパ型ホモ・サピエンス単元説の名残りでしかない。セネガル人のディオプは、以上の諸発見が相次いだ後の一九六三年に、パリで、ある高名な学者が次のように述べるのを聞いたと、皮肉な調子で紹介している。

《ネグルとブロン【白色人】とジョウヌ【黄色人】との間の人種形質の相違は、あまりにも大きいから、四万年さかのぼってみたところで、あとの二者が、原始的ネグロイド形質のものからの亜種としてつくられたと想像するのは、馬鹿げている。その頃には、三つの人種は当然、はっきりしたそれぞれの性格を持って、この地上に存在していたに違いない。考古学はいつの日にか、最初のオーリニャ

ック期のネグロイドと同じように古い、ブロンの化石人骨を発見するであろう。》(『黒色人文明の先行性』、一五～一六頁)

要するに、考古学上の証拠は、この「高名な学者」の希望を逆転する方向に積み重ねられているのである。かつては、クロマニヨン人の化石のみを基にして、ホモ・サピエンスのヨーロッパ起源を主張し、ピルトダウン人の偽造まで行ったヨーロッパ流人類学は、ここまでの破綻を示している。

ヨーロッパ大陸の考古学的発掘は、最も進んでおり、可能性のあるところは掘り尽くされている。いまこそはっきりと、アフリカ大陸の後塵を拝してきた事実を、素直に認めるべきである。

ではなぜ、アフリカ大陸が人類形成に先んじたのであろうか。それには、自然環境の説明が必要になってくる。

2 異常乾燥期

つい最近、日本語訳が出版された著作に、『アフリカ創世記―殺戮と闘争の人類史』という物騒な題名のものがある。著者のアードレイは、アメリカ人。本職は劇作家で、生物学を学んだことがあるという人物である。原著は欧米でベストセラーになったらしい。一読して、なかなか面白いといえる。ただし、この著作の取り扱い範囲は、オーストラロピテクスまでなので、本書の狙いとは、相当に隔たりがある。特に参考になるのは、図表(**図版5**)である。

アフリカ大陸には、激しい気象変化があった。アードレイは、アフリカ大陸の異常乾燥期における猿

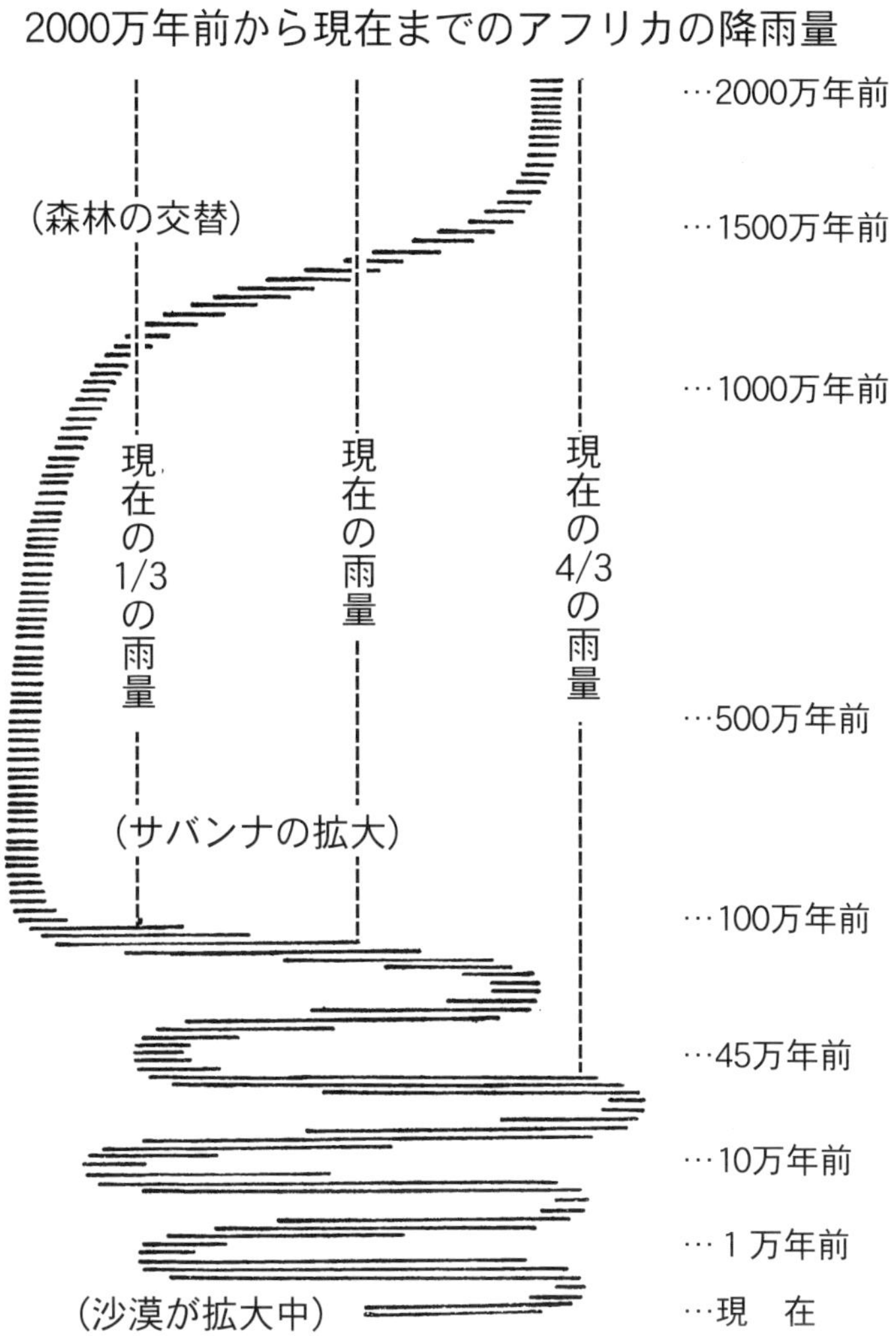

図版５　アフリカ大陸の自然環境の歴史

人同士の縄張り争い、共食いに、主要な関心を寄せている。そして、生き残った猿人が、新しい進化の道を歩みはじめたと主張している。動物の習性学《エソロジー》を当てはめた解釈は、大変に説得力がある。

もっとも、アードレイがこの習性学を現代社会にも及ぼそうとしている点には、若干の異論がある。実は、この点こそがベストセラーの要因になっているらしいのであるが、やはり、現代社会に強力に働いている経済法則を軽視するのは、誤りであろう。

それはそれとして、アフリカ大陸の自然環境と人類進化を結びつけるアードレイの所説は、傾聴に値する。しかも、異常乾燥期と人類進化の対応関係は、その後も続いている。

まず、気象と自然環境の変化を、地理・歴史学者であるシュレ＝カナールの『黒アフリカ史』に基づいて、要約してみよう。カタカナの固有名詞は、地名に由来するもので、特に意味はない。

⑴　約一〇〇万？～七〇万年前以降……第一カゲリアン雨期。それに続く乾期。

⑵　約四五万年前以降……第二カマジアン雨期。続いて、後カマジアン乾期。アフリカ大陸の半分が居住不能となった。

⑶　約一〇万～九万年前以降……第三ガンブリアン雨期。

⑷　紀元前一万年以降、八〇〇〇年まで……後ガンブリアン乾期。アフリカ大陸の半分が居住不能となり、サハラの沙漠化は、現在よりも広範囲に及んだ。

⑸　紀元前八〇〇〇年以降、二〇〇〇年まで……後ガンブリアン湿期。サハラには、森林、草原、河川、湖水があり、好適な気候。この後、乾期に入り、現在も進行中。

これに対して、人類進化、初期の人類文化の年代を、最近のデータや仮説に基づいて、私なりにまとめてみると、次のようになる。

(1)　ピテカントロプスの発生……約一〇〇万年前？
(2)　ネアンデルタール人の発生……約三〇～四五万年前？
(3)　ホモ・サピエンスの発生……約七万～一〇万年前？
(4)　農耕民の発生……紀元前約八〇〇〇年
(5)　オリエント・地中海文明史の開幕……紀元前約二〇〇〇年

この年代が、アフリカ大陸の異常乾燥期と、見事に対応していることに注目したい。異常乾燥期を生き延びた人類とその文化が、その後の湿潤期に主流を占めたと考えればよい。もちろん、後の時代になれば、別の経済法則が働きはじめることはいうまでもない。

さらに、異常乾燥期のもたらした劇的な事件の一つに、サハラ先史美術の再発見がある。サハラ沙漠の真っ只中から、かつての湿潤期に栄えたアフリカの黒色人文明の証拠が、続々と発見された。では、サハラ先史美術には、何が描かれていたのであろうか。また、それらは、どういう歴史を秘めていたのであろうか。

3　サハラ先史美術

フランスの考古学者・探検家のロートは、先史サハラの牧畜民発見の喜びを、次のように記している。

《仕事を継続しているうちに、私たちは代赭色《たいしゃいろ》と白とで描かれたすばらしい牛の壁画を発見した。そ

の壁画は六五頭の牛が牧人たちに看視されながら、群れをなして歩いているところをあらわしていた。》
(『タッシリ遺跡―サハラ砂漠の秘境』、五三頁)

その後の調査によって、サハラの岩壁画には、六〇〇〇頭以上もの家畜ウシが描かれていることがわかった。また、飼育種のヤギも描かれており、牧畜文化の繁栄がうかがわれる。そして、「牧人たち」は、まぎれもない黒色人種であった。

ロートはさらに、「畑を耕す女性をあらわした」絵も発見したし、「角の上に描かれた穀物畑」から、農業の女神か女司祭と目される人物像をも見出した。

ロートはまた、農耕・牧畜文化の段階にあったサハラ先住民の遺跡について、道具類の残骸が、「いくつかの岩の退避所では、文字通り地表を覆っていた」と書いている。そこからは、「多数の石臼、粉砕器、陶器の破片、……食糧品の多量の残滓、……石のおの、火打石の矢じり、ナイフ、……駝鳥の卵の殻を切った頚飾り用の玉、片岩でつくった耳飾りや腕輪などの装飾品の残骸」が出土した。

カーボンテストの結果、この遺跡は、紀元前三五〇〇～二五〇〇年という年代を示した。

岩壁画に描かれたサハラ農民の生活は、非常に繁栄していたようである。スポーツや祭典の描写もある。円錐形の小屋、石臼で穀粒を砕く女性像などは、定着農業の様相を示している。

コルヌヴァンは、このサハラ先史美術を詳しく研究した。また、その後に行われた、サハラの各地に残る植物の研究にもふれている。そして、次のように主張している。

《新石器時代に、毎年の氾濫にひたされていたサハラのどこかの地域には、農耕が発明されるための大きな機会があった。》(『アフリカの歴史』、五九頁)

つまり、サハラ先史美術の発見は、農耕文化のサハラ起源説まで導き出した。もちろん、サハラ先史美術、農耕・牧畜・新石器文化の発見についても、ただちに、年代の引き下げ、外部からの影響を論ずる学者は出現した。

たとえば、イギリスの考古学者、アーケルは、すべてのアフリカ文化を、エジプトからスーダンのクシュ帝国を通って伝播したかのように主張する。彼によれば、クシュ帝国の文化の中で、価値のあるもののすべては、エジプト人による征服によって伝えられたということになっている。彼はその時代を、紀元前約一五〇〇年という、非常に遅い時期に設定し、次のように主張している。

《この時代のエジプト芸術に、アフリカの黒人や猿がひんぱんにあらわされていることは、黒人の居住する地方とエジプトとの接触が当時はじめてなされたものであることを明瞭に物語っている。それゆえ、私の考えでは、沙漠地帯以南の岩面絵画のほとんどすべては、紀元前およそ一五〇〇年以前にはさかのぼりえないものであり、この時代にエジプト人がクシュの国に築いた神殿の壁の装飾が、アフリカ人に絵を描くという観念を、はじめてもたらしたように思われる。》（『アフリカ史の曙』、一七～一八頁）

何という論理の立て方であろうか。このような文章が、「明瞭に物語っている」のは、ことさらに「黒人や猿」と並べて書くような、この学者の思想に他ならない。

一方、コルヌヴァンは、ロートの業績を高く評価しつつ、次のように書いている。

《いくつかの遅い年代の作品について、エジプトとか、たとえば地中海とかの影響が指摘されているが、それ以外は絶対にオリジナルな技巧を示しており、その場で生まれ、発展したものであり、先史時代のいかなる流派とも、比較することはできない。アンリ・ロートはさらに、次のことををも論証した――これはもちろん彼の業績のほんの一部にすぎないが、——すなわち、アフリカ人は紀元前六千年紀もしくは七千年紀と見積もることのできる年代からすでに、この芸術的分野において、創造者であったし、この三〇年来しきりといわれてきたような、フランコ＝カンタブリック美術の模倣者ではなかったということを、論証したのである。》（『アフリカの歴史』、四二頁）

文中、フランコ＝カンタブリック美術とは、スペインのアルタミラ洞穴のウシの絵に代表されるヨーロッパ先史美術である。論争の詳細はわからないが、要するに、アフリカ人の絵はヨーロッパ人の模倣にすぎないという主張を、三〇年間もしつこく繰り返していた学者がいたわけである。この三〇年間が、ちょうど、ファシズムの隆盛時代と一致しているのも、偶然のことではない。

まことに残念なことには、サハラ探検がその間、中断されていたことである。これまたファシズムの歴史と表裏一体の関係になるので、一応、探検の概略を次に紹介しておきたい。

4　探検者たち

サハラの真っ只中に、岩壁画・岩窟画がたくさんあることは、実際には、一九世紀の中頃からヨーロッパ人に知られ、文章化されていた。むしろ、その頃のヨーロッパ人の方が、アフリカ大陸の文化・文明について、素直な関心を寄せていたともいえる。もちろん欲得づくの調査行が多いにしても、彼らにとってアフリカ大陸は、未知の世界だった。

ドイツ人探検家、バルトは、イギリス人商人の依頼を受け、一八五〇〜五五年にかけて、サハラと西アフリカの通商路の調査に当たった。彼の報告書の中にもすでに、「牛飼い民」の姿が岩壁に描かれていることが記され、バルト自身の仮説的解釈が添えられていた。

サハラのその後の探検は、主にヨーロッパ列強による軍事用地図の作成を目的としており、考古学的調査は行われなかった。

一九三三年になって、フランスのアルジェリア植民地軍駱駝騎兵隊中尉ブレナンが、タッシリ・ン・アジェールの峡谷（サハラ高原の中心、現在のアルジェリア南部）で、大量の岩壁画を発見し、簡単なスケッチをもたらした。フランスの考古学者、地理学者が、現地に赴いた。その中には、すでに十数年間のサハラ探検の経験を持つロートも加わっていた。しかし、この調査は、戦争のために中断されざるをえなかった。

一九五六年、すなわち、バルト以後一世紀、ブレナン以後四分の一世紀を経て、ロートの本格的な探検隊が、タッシリ遺跡調査に成功した。木村重信によれば、「タッシリとはトゥアレグ語で『水流の多い台地』の意味であるが、もとより現在は渓谷に水流はなく、完全に乾燥しきった嶮しい山塊である」。

ロートの探検隊には、専門の画家、写真家が加わり、岩壁の埃に隠された絵画を、スポンジで洗い出し、その模写、撮影に成功した。一九五八年には、パリで展示会が行われ、一大センセーションを巻き起こした。

美術史上の価値は別として、この発見の意義を、次のように要約しておこう。

第一に、アフリカの過去の気象、地理的環境についての、決定的な証拠をもたらし、研究を促進したこと。ロートは、それ以前にも、周辺各地の遺跡調査をしていた。すでに、相当数の証拠物件を提出していたらしいが、タッシリ遺跡の発見は、その決定打となった。「サハラの秘境」は、あまりにも鮮やかな姿で出現したのだ。

第二に、岩壁画の分類によって、先史時代の区分が確立されたこと。ロートは、狩猟民の絵画を、一六段階、約三〇様式にわけた。この後には、牧畜・農耕民時代、ウマと二輪戦車の時代、ラクダ時代などが続く。また、未解読のリビア文字もある。ここにも大きな謎が残っている。

第三に、サハラのみならず、アフリカ大陸の過去の動物相が明らかにされたこと。特に、ウシ、ヤギ、ヒツジなどの、家畜の野生種が、かつてはアフリカ大陸にいたことがわかった。これは、後に牧畜起源の章でふれるが、決定的な重要性を持っている。

さて、これらの材料を基にして、コルヌヴァンは、農耕だけではなく、牧畜文化も、新石器文化も、サハラに起源を持っていると主張している。これも従来のオリエント起源説と、真っ向から対立するものである。このサハラ起源、つまり、一つのアフリカ大陸起源説が出ているだけでも、なかなか面白くなってきた。

だが、私は、ホモ・サピエンスの起源を考える場合も含めて、熱帯降雨林と中央アフリカの大湖水地帯を重視する。そこには、自然環境のもたらす強力な必然性が働いている。また、ヤム（山芋）、ヤシ、バナナ、ウリなどの農作物を重視する。そして、以下、私の結論に到達するまで、従来の学説の茂みをかきわけていかねばならない。

第二章

ヤムのふるさと

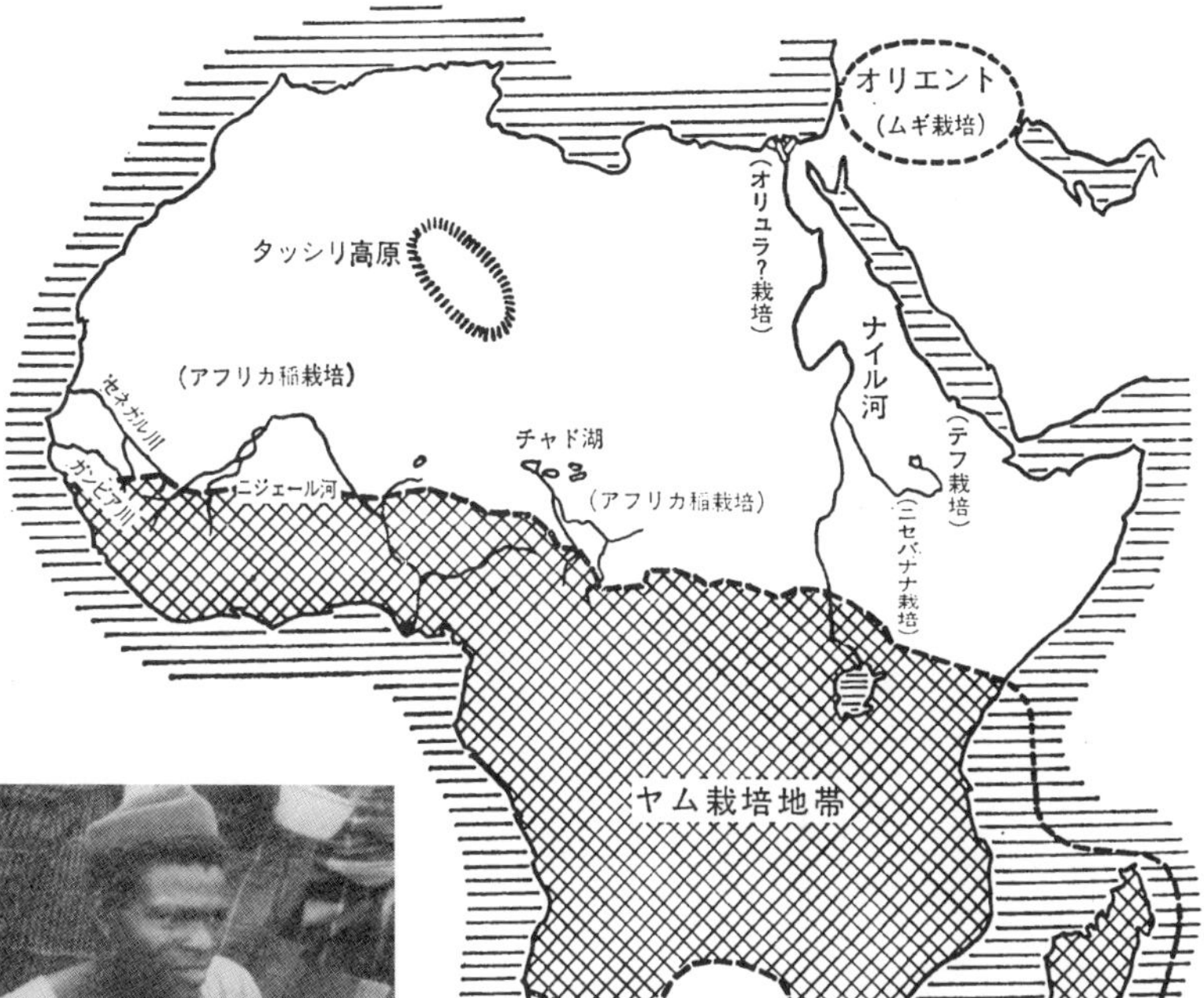

図版6　ヤム栽培地帯

図版7　アフリカ原産のヤム
（『ニジェールからナイルへ』 p161）

1　ムギの神話

日本人が、イネに関する神話を持っているように、あらゆる民族は、農作物についての神話を語り伝えてきた。だが、神話がそのまま、科学の装いをこらすようになると、大変にややこしいことになる。たとえば、農学者であり、有数の探検家でもある中尾佐助は、農耕文化のオリエント起源説について、次のように評している。

《各種の栽培植物の起源は、旧世界では完全な農耕文化一元説でまとめられている。……まず最初にコムギ、オオムギ、エンドウなどの栽培化と農業がはじまると、その影響が東方や西方へ伝わって、次々に野蛮人を文化の恩恵に浴せしめ、新しい栽培植物を各地で生んだという見解である。……まるで将棋倒しのような芸当である。……イギリス人の世界民族史観にもよく合致している特色があり、日本の人文学者も大部分がこの方向に追随的である。》（『栽培植物と農耕の起源』、一五～一七頁）

中尾佐助は、イギリスの学者たちの考え方に反対しており、別の説を立てている。しかし、その説をすぐ紹介すると、話がややこしくなるので、まず、オオムギ・コムギに焦点を絞って、追跡してみよう。

確かに、オリエント一帯でオオムギ・コムギが栽培されはじめた時期は、相当に早かった。紀元前七〇〇〇年頃の証拠も出ている。しかしそれだけでは、オリエントが一番先であると決めるわけにはいかない。もしかすると他の場所で紀元前八〇〇〇年頃に、オオムギ・コムギを栽培しはじめた民族が、オリエントに移り住んだのかもしれない。

そのため、もう一つの手掛りが求められている。それは、オオムギ・コムギの野生種の分布状態である。これも確かに、オリエントに有利な証拠がある。両方とも、オリエント一帯に野生種が分布している。ではこれで、オオムギ・コムギの栽培起源地はオリエントだ、と決定できるだろうか。とりあえず、野生種の分布状態を根拠にして、オリエント起源を断定する学者の文章を見てみよう。

イギリス人のクラークとピゴットの共著による『先史時代の社会』という本は、日本の歴史学者にも高い評価を受けているらしいのだが、そこにはこう書いてある。

《栽培されている小麦や大麦の祖先であった穀草……の分布は、……特にアナトリアからイランに至る西アジアの山脈に接した地方の山麓や平原に限られていた。》（『先史時代の社会』、一八二頁）

これには、地図に斜線を引いた分布図まで添えられている。そして、これを重要な根拠に、オリエント以外の地域では、農業の発明の可能性はなかったのだと断言されている。私もなるほどと思って、感心したものである。

ところが、他の本を読み返してみると、このオオムギ・コムギの分布図は、非常に不思議なつくり方をしたものだということがわかった。

まず、この『先史時代の社会』の原著が出版されたのは、一九六五年である。ところが、やはりイギリス考古学界の中心人物だったチャイルドは、一九三六年に出版された名著、『文明の起源』の中で、すでに、北アフリカのマルマリカ（エジプトとリビアの国境付近）からオオムギの野生種が発見されたという報告を書き留めていた。チャイルドの後輩である二人のイギリス人の学者が、そのことを知らないはずはない。

チャイルドも、やはり、オリエント起源説を唱えていた。しかし彼は、非常に慎重で良心的な学者であった。まず彼は、ムギ栽培の起源地点が、一ヶ所か数ヶ所か、どこであるのかということが解決されたわけではないという。そして、コムギについては、その野生種が発見されたのは、オリエントだけだという。しかし、次のようにつけ加えるのを忘れていない。

《もちろん現在の分布状態は、当てにならないかもしれない。その理由は、ムギの栽培がはじまって以来、気候が大いに変化した、植物の分布は気候に左右されるからである。》（『文明の起源』、上、一一三頁）

チャイルドの予感は当たっていた。コルヌヴァンによれば、「オオムギの野生種は、……北西アフリカにもエチオピア高原にも、同様に原生している」（『アフリカの歴史』、六八頁）。コムギの野生種については、新しい分布地点は報告されていない。しかし、コムギの異種で、古代エジプトでも栽培されていたものに、学名をトリティクム・ドゥルム（固いコムギの意）と呼ばれるものがあり、それはサハラのホガール山中に、いまでも野生している。この事実や、サハラ湿潤期の状態がわかってきたことを根拠にして、コルヌヴァンは、コムギの野生種の分布も、かつては、相当に広かったのだと主張している。

チャイルドは、一九五七年、すなわち、ロートたちによるタッシリ遺跡探検の発表を待たず、六五歳で不慮の死（登山中の墜落）を遂げた。彼が、サハラ先史美術と遺跡の示すものを知ったならば、という想像を禁じえない。

ともかく、中尾佐助が「将棋倒しのような芸当」と表現したイギリス流の農耕文化一元説は、その最初のコマの位置に、疑いがかけられだしたのである。コルヌヴァンは、その他の植物の野生分布をも考慮に入れて、農耕のサハラ起源を唱え、次のように書いている。

《あらゆる栽培植物は、この地帯に自生していたのであり、それが栽培化されて、旧大陸全体に広がったのである。》（同前、五九頁）

コルヌヴァンの主張は、このように、サハラを中心地とする農耕文化一元説である。それでは、この説は完全に支持しうるものであろうか。どこかおかしなところはないのだろうか。

2 オリュラの謎

コルヌヴァンのサハラ起源説によれば、ムギの栽培は、サハラからまずエジプトに広がり、そこからオリエントに伝えられたことになる。

ところが、古代エジプトに何年も滞在して、エジプト人の生活ぶりを詳しく研究したヘロドトスは、こう書いている。

《他国人は小麦と大麦とを主食としているが、エジプトではこれらを主食とすることは非常な恥辱とされており、彼らはオリュラという穀物を食糧にしている。これは人によってゼイアといっている穀物である。》（『歴史』、巻二、三六章）

さらに彼は、「パンはオリュラという穀物からつくったものを常食としている」とも書いている。この、オリュラまたはゼイアと呼ばれた穀物が、一体、どんなものであったのかということは、後に考える。ともかく、この謎の穀物が、古代エジプトで、主食の座を占めていた。

それでは、オオムギ・コムギは利用されていなかったのだろうかというと、そうではない。ヘロドトスは、「酒は大麦から製したものを用いる」と書いている。事実、エジプトの古代遺跡からは、紀元前四、五〇〇〇年頃に、オオムギ・コムギが貯蔵されていたという確かな証拠も発見されている。ヨーロッパ系の学者たちは、おおむね、これを証拠にして、ムギを主食とする民族が、オリエントからエジプトに移住したのだと主張してきた。しかし、ヘロドトスの証言によれば、オオムギは酒づくりの原料でしかなかった。

残念ながらヘロドトスは、コムギの利用法については、何も書いていない。

だが、オオムギとコムギには、意外な歴史があった。まず現在のパンコムギは、比較的遅く出現した。それ以前のコムギは、そんなに味のよいものではなかった。しかも、古代から中世に至るまで、オオムギ・コムギ、その他の雑穀は、一緒に、つまり同じ畠の中にごちゃまぜに播かれ、一緒に収穫されていた。その上に、何とオオムギの方が主力だったのである。

ということは、古代のムギ栽培を考えるときに、オオムギを中心にして考えてもよいということである。オオムギに焦点を当てておけば、大体の状況がわかるわけである。

ところで、オオムギは決して美味ではない。人間の食べ物としては、むしろ、まずい方の部類に入る。そして、現在でも酒づくりの原料か、家畜の飼料になっている。こんなものが、どうしてオリエントの主食になっていたのであろうか。そして、一方の古代エジプト人がなぜ、ムギを主食とするのを非常な恥としたのであろうか。

この謎を解くためには、まず、古代エジプト人の主食であったオリュラ、またはゼイアとは何か、という疑問に答えなければならない。オリュラとオオムギとが、何らかの形で比較できないと、先へ進めない。

では、古代エジプト人の主食、オリュラまたはゼイアとは、一体、どんな穀物だったのであろうか。

3 美味なインジェラ

オリュラ、またはゼイアについて、『歴史』の日本語版訳者は、「よくわからないが、ヒエかキビのたぐいではなかろうか」と注記している。

しかし私は、これを、現在のエチオピアの北部で栽培され、主食にされているテフではなかろうかと考えている。まず、テフからつくられる独特のモチのようなものが、インジェラ（ゼイアと発音が似ている）と呼ばれている事実がある。

私の想像が当たっているかどうかは、保証の限りではない。しかし、エチオピアの北部、つまりエジプトに近い地方で、インジェラづくりが早くから行われているので、この可能性は高い。エチオピアのハイレ・セラシエ一世大学で、三年間教職にあった地理学者、鈴木秀夫によれば、インジェラづくりの起源は非常に古く、「後代の記事ではあるが、紀元前一〇〇年にはすでにあったという」（『高地民族の国エチオピア』、一二二頁）。

では、インジェラとは、どんなものであろうか。これについてはやはり、エチオピア皇室の女官として三年間滞在した日本女性、松本真理子と福本昭子が、共著の本の中で、次のように書いている。実物を何度も食べた二人の女性の証言であるが、これによると、相当に美味なものらしい。

《主食はインジェラという、桜餅の皮を大きくしたようなものである。原料のテフはヒエのような細かい穀物。黒と白と二種類ある。それを粉にして水でドロドロに溶き、発酵させておく。……かまどに、シナ鍋をもっと大きく、もっと平たくしたような鉄鍋がかけられる。……

鍋が熱くなってくると、いよいよインジェラ焼きにとりかかる。発酵したドロドロのテフを小型の片口《かたくち》にとり、トロトロトロトロ渦巻を描きながら流して、直径五〇センチほどの円型のおやきを形づくる。特大の土鍋の蓋がかけられ、四、五分たってあけてみると、桜餅の皮のような肌のインジェラが、ホカホカ湯気をたてて焼きあがっている。……

二種類のテフを、それぞれ精製してつくったインジェラは、チョコレート色と白で、適当な大きさに切って盛りつけられると美しい。私たちには、この二種の味の違いはわからなかったけれど、皇后陛下は、白よりもチョコレート色のインジェラの方がお好きなのだそうだ。……味はちょっと酸っぱみがあるけれど、慣れるとおいしい食べ物である。》（『裸足の王国』、一五七〜一五八頁）

やはり女性だけに、観察が細かい。実は、この「酸っぱみ」が、曲者らしいのである。鈴木秀夫によると、「発酵にかける時間の違いによって、甘く芳香のあるもの、少し酸味のあるもの、非常に酸っぱいもの」ができるし、この非常に酸っぱいインジェラを、特に好む人もいるのだそうである。テフに二種類あることといい、それが一緒に盛って出される、チョコレート色と白色のインジェラになることといい、つくり方によって味加減が違うことといい、なかなかに美食家の民族の食べ物である。

では、テフの栽培と、オオムギなどの栽培とでは、どちらが先だったのであろうか。

まず、テフの野生種の分布だが、この研究も相当に遅れている。ある学者は、エチオピア高原にしかないと書いている。しかし、鈴木秀夫は、「ケニア、南アフリカ、オーストラリアにもある」と書いている。さらに、コルヌヴァンは、フランス人の植物学者、シュヴァリエの研究を紹介しており、それによると、テフはサハラにも野生している。おそらく、この他の地帯にも可能性があるだろう。相当に広い分布を示しているに違いない。

次に、テフはともかく美味なのであり、一方、オオムギなどは不味いのである。ここでは、古代人は意外に美食家であったと考えなければならない。人類は、栽培という作業をはじめる前に、何万年にもわたって、野生の植物を採集し、食べ続けてきたわけだから、経験的にすぐれた鑑識眼を持っていた。ともかく、食べられるものは何でも食べて、生き延びてきたのである。

テフはさらに、美味なだけにとどまらない。栄養の面からみても、高い評価が与えられている。鈴木秀夫は、テフについて、「各種鉱物の含有量は麦などに比べて圧倒的に多く、極めて健康的であり、世界的な食糧になる可能性を秘めている」とまで誉めちぎっている。

こんなにすばらしい穀物が、大変早くからエチオピアで、そしておそらく古代エジプトで栽培されていたとすれば、どうして、世界中に広がらなかったのであろうか。

惜しいかな、テフは、単位面積当たりの収穫量が少ない。つまり、生産性が低い。そして、「穂はほとんど籾ばかり、穀粒は長径一ミリ幅〇・五ミリ位で、探し出すのが困難なほど小さい」。

それゆえ私の考えでは、古代のテフ栽培は、むしろ衰退しさえした。というのは、ヘロドトスのエジプト滞在はペルシャ支配の後であったが、このときすでに、オオムギ・コムギなどを主食にするギリシャ人の植民地が、エジプトとリビアの国境付近にも設立されていた。エジプトの農業はナイルの灌漑を唯一の頼りとしていたが、小量の雨が降れば成育するムギ類は、乾地農業として、従来は牧草地だったところに成立した。

中尾佐助は、この乾地農業の方式は、単位面積当たりの収量は少なくても、水利に制約されないから、広い面積を使用できると説明している。そして、この農業方式の優越性こそが、アレクサンドルのエジプト・オリエント制覇の原動力だと書いている。最初の植民は、ギリシャ人たちが、エジプト人の許しを得て、周辺の牧草地を使用するという形ではじまった。その代償として、ギリシャ人は、エジプトの傭兵隊を編成したのである。やがて、ギリシャ人植民地が強化され、傭兵隊もエジプト軍の主力とさえなってくる。その情勢の下においてこそ、アレクサンドルの軍事的天才が発揮されたわけである。

ギリシャが勝利したということは、それゆえ、ムギ栽培が勝利したことでもある。支配民族の主食であるムギはナイルの灌漑農地にもなだれ込んだ。そしてテフは現在のエチオピアに撤退した。これが私の推理である。傍証としては、現在のエチオピアに、古代エジプト以来の風俗がたくさん残っている事実が挙げられる。エチオピアは一九三七年から五年間だけイタリアに占領されたけれども、それ以外は二〇〇〇年間も、ほぼ同じ支配体制を保ってきた。だから、古いしきたりが残っている。この国で、キリスト教といわれているのは、キリスト単性説という古い形式のもので、古代エジプトの正統を伝えるコプト人のキリスト教と、同じものであった。私には果たせなかったが、コプト教徒またはコプト人の食糧の中に、テフが見つかると面白い。ただし、彼らが宗教的迫害を逃れて、上エジプトに移住したのは、すでにローマ支配の時代だから、彼らが現在、テフを持っていないとしても、私の推理を撤回するわけにはいかない。

ともかく、オリュラまたはゼイアが、テフであるか否かは別としても、その謎は深い。この謎を解かない限り、古代エジプトの農業起源は、安易に説明してはならないであろう。

さて、コルヌヴァンは、テフがサハラに野生していることをも根拠にして、農耕文化のサハラ起源を唱えている。だが、サハラには、テフの他にも、新しい、そして日本人なら、驚かずにはいられない植物もあった。それはまず、アフリカ稲である。

4 アフリカ稲

サハラに野生している植物は、もちろん、テフだけではない。すでに紹介したトリティクム・ドゥルム(固いコムギ)もあった。それ以外にも、モロコシ類のソルゴ、毛筆粟、フォニオ、アフリカ棉の木があり、これらはいずれも、現在の栽培種に結びつけられている。つまり、遺伝的なつながりが確かめられている。アフリカ起源が確かめられた栽培植物は相当に増えている。

しかし、日本人の私が一番驚いたのは、アフリカ稲の存在である。この野生種はサハラだけでなく、西アフリカ一帯にもある。そして、これまた大変早くから栽培されていたし、品種改良もされていた。

結論の一部を先にいっておくと、このアフリカ稲は、最近になって、アジア稲とは別種のものであり、疑いもなくアフリカに栽培の起源を持つことが判明した。

実は、西アフリカ一帯に、イネの水田が広がっていることは、早くから知られていた。アラブ人もヨーロッパ人も知っていた。ところが、例によって、アフリカにあるものは、まことに無造作に、何の罪悪感もなく、すべて外来起源で説明する「学会の慣習」がはびこっていたものだから、誰もまともな研究をしようとはしなかった。この点は、イネの研究に関して、世界一の権威であるはずの、日本の農学者も同罪である。

そんな事情だから、たとえば、アフリカの植民地問題の専門家、西野照太郎も一九五四年に、こう書いてしまった。

《西部アフリカにもアジアと同じ水田地帯が広がっている。アフリカ大陸の海岸地帯は西南の一部を除いて、アジア的な景観で取り囲まれている。……

アフリカの周囲にアジア的な風物があることは、アフリカがアジアに侵略された歴史の記念碑なのである。》（『鎖を断つアフリカ』、一四頁）

わざわざ古い文章を引き合いに出して恐縮であるが、植民地支配に抗議をする良心的な識者でさえ、こう思い込んでいた。

ともかく、このアフリカ稲の東南アジア（インドも含む）起源説は、ついこの前まで、農学者の間でも通用していた。ドイツ人の農業研究家、ヴェルトは、一九五四年に、アフリカで栽培されているイネは、「前方インド（南アジア）を原産」（『農業文化の起源』、一〇五頁）の地とするものであると断言していた。

ところが、遺伝学的な研究によって、アフリカ稲とアジア稲とは、まったく別種であることが明らかになり、従来の東南アジア起源説は、完全に打ち砕かれた。遺伝学的などというと、大変ややこしく聞こえるが、とても簡単なことなのである。

まず、アフリカ稲とアジア稲とを、花粉を使って、かけ合わせてみると、一代雑種は五〇%の成功率となる。ところが、この一代雑種を育ててみると、正常な花粉をつけて実を結ぶものが一%以下になってしまう。つまり繁殖能力がない。動物に例をとると、ウマとロバの一代雑種のラバがそうであるし、最近よく紹介されるものには、ライガーとか、タイゴンとかいう、ライオンとトラの一代雑種がある。これらの不幸な一代雑種の親同士の関係は、一番近い種ではあるが、別種のはじまりでもある。

いつ頃から別種にわかれたか、という研究になると、とてもややこしいらしい。しかし、アフリカ稲とアジア稲については、専門の学者が、野生状態の頃にわかれたのだと太鼓判を押している。

以上のことから、専門の学者は、アフリカ稲はアフリカで栽培されはじめた、そして、アジア稲は東南アジアで栽培されはじめた、つまり、まったく別々に栽培されはじめたのだと説明している。また、アメリカ人の民族学者、マードックは、アフリカ稲の栽培のはじまりを、紀元前八〇〇〇年から九〇〇〇年と主張している。

ところが、もう一つ不思議なことがある。西アフリカで栽培されていたのは、アフリカ稲だけではなく、アジア稲も、早くから栽培されていた。これに対して、アジアでは、アジア稲だけしか栽培されていなかった。これはどういうわけだろうか。どういう説明がなされているのだろうか。

学者の説明によると、やはり、後代になって、アジア稲がアラブ人によってもたらされた、つまり、追加されたのだということになっている。しかし、その証拠として提出されているのは、英語のライス(アラブ語に由来という)の系統に属するイネの呼び名の寄せ集めにすぎない。西アフリカでも、同じ系統の呼び名を使っている地方があるのだが、それは、アジア稲と一緒に伝わったアラブ語に由来するものだというのである。

だが、こんな説明で済まされてよいものだろうか。もしかすると、アジア稲といわれている種類も、西アフリカの原産であり、呼び名の伝わり方も反対方向だったのではないだろうか。西アフリカのある地方でのイネの呼び名が、アラブ人の方に伝わったのではないだろうか。最初にアフリカ稲の起源で間違った説明をされただけに、まだまだ疑惑が晴れない。

しかも、中尾佐助によれば、アジア稲の真の野生種はまだ発見されていない。つまり、まだ決定的な結論は出ていない。私には、もちろん、詳しいことはよくわからない。しかし、アフリカ大陸のどこかから新しい野生のイネが発見され、それがアジア稲の祖型だったということになるかもしれない。というのは、アジアには、野生と思われるイネは二種類（両方ともアジア稲と交雑可能）しかないのに、西アフリカだけで、現在も採集利用されている野生のイネが二種類あり、その他に、小粒な実をつける野生のイネが「数種」あると報告されている。この「数種」という表現が曲者で、要するに、調査不足の告白に違いない。だが、これではっきりすることは、アフリカ大陸に野生のイネが大変にたくさんありそうだということである。私はむしろ、アフリカ原産の仮説を立てて研究してみるべきだと思う。

しかも、西アフリカの河川流域やサバンナ（草原）で開発された農作物は、まだまだたくさんある。この事実は、どういう意味を持つのであろうか。

5　サバンナ

中尾佐助その他の学者が、西アフリカ周辺で開発されたと主張している農作物のうちから、馴染みのあるものを挙げてみよう。

ゴマ、スイカ、ヒマワリ、オクラ、ササゲが、まず確かだ。中国の高粱《コーリャン》も、西アフリカのソルゴに、東南アジア近辺で、他の植物の遺伝子が加わったものであるという。

意外にも、テフは、西アフリカでは栽培されていないらしい。少なくとも、そう書いてある本はない。代わりに、フォニオというのがある。英語で、ハングリー・ライスというあだ名がつけられているが、「腹が減った」コメではなくて、「みすぼらしい」コメの意である。これがまた、スープなどに入れると、大変にこくのある味がするらしい。その他にもたくさんあるが、話がややこしくなるので、興味のある方は、参考文献に直接当たっていただきたい。

さらに貴重なものに、ワタがある。すでに、サハラにアフリカ棉の木が野生していることを紹介した。これが、いままでは、アジアなどの栽培種のワタと違うものと思われていた。そして、西アフリカで栽培されているワタは、やはり、アジアからアラブ人によって伝えられたと説明されてきた。ところが、遺伝学的な研究で、ワタは「アフリカで野生から栽培へと人間により転化したと考えられてよい」といえるようになってきた。そして、中尾佐助は「木綿布生産は西アフリカで発生した可能性がある」と主張している。

ワタの栽培のはじめには、種子を食糧にしていたもので、西アフリカでは現在も、この習慣が続いている。食糧としての起源という意外史もさることながら、衣服文化という新しい要素を含んでいるだけに、これも注目に値する。

では、これだけの農作物を開発した西アフリカの農民は、最初の農耕の発明者といってよいであろうか。

中尾佐助は、「サバンナ農耕」という組合せを考えている。そして、農耕文化発祥地の多元説をとっている。この多元説は、アメリカの学者によって唱えられはじめた。これにも必然的な事情がある。というのは、新大陸アメリカには、トウモロコシやジャガイモを中心作物とする独自の農耕文化があった。また、アメリカは、スペインとの戦争などで、フィリピンその他の東南アジアや、オセアニアの植民地を獲得した。

新大陸アメリカの農耕も、オセアニアのそれも、掘り棒に頼っている例が多かった。つまり簡単な農具で成立していた。この事実を知ったアメリカの学者は、まず、新大陸の農耕文化は別系統だと主張した。次いで、旧大陸（アフリカ・アジア・ヨーロッパ、オセアニア）の農耕文化は、東南アジアに起源を持つと主張した。この仮説が、さまざまな経過をたどって、多元説に発展している。

しかし、私は基本的に、多元説には反対である。農耕文化の発明は、やはり、必然的な条件のあるところにしか生まれなかったと考える。新大陸の農作物についても、ヒョウタンがアジア種と同じものだったり、サツマイモ、トウモロコシ、バナナの起源については、さまざまな疑問が出されている。

そこでまずは、私が最初の農耕文化の発祥地に想定する、熱帯降雨林周辺の農作物を追求してみたい。

6 ヤムの謎

ニジェール河の下流域、現在のナイジェリアの南部に入ると、一般に熱帯降雨林と呼ばれるジャングルが多くなる。この地帯ではまず、ヤム(山芋のたぐい)に焦点を当ててみたい。

ヤムは写真(**図版7・55頁**)のように、大変に大型のイモになっている。

西アフリカだけのことではないが、ヤムを主食にする民族は、これを小さく切って、熱湯でゆで、さらに、ウスに入れ、キネでついてモチにしてから食べる。丸のまま焼いても食べられるのに、これだけ手間をかける理由について、野生のヤムには毒性があるので、その毒抜き作業に由来するのではなかろうかという説明がなされている。

他にも、この料理方法について異説があるが、紹介は省く。私は、毒性のある野生のヤムを掘り取って食べていた農耕以前の採集民が、すでに、このやり方を発明していたと思う。

一方、現在利用されているコメやムギなどの雑穀の野生種には、まったく毒性はない。だから、雑穀を採集していた民族には、毒抜き作業のやり方を発明する必然性も、チャンスもなかったはずである。このことから論理的に、ウスやキネを使ってモチをつくる習慣は、ヤム栽培農民、もしくはヤム採集民族から、雑穀を利用する民族に伝えられたという可能性が考えられる。この料理方法の追跡も、正月には必ずモチを食べる日本人にとって、大変興味深いものに違いない。

さらに大きな問題は、ヤムそのものの栽培起源の謎にある。料理する前に、当然、ヤムそのものがな

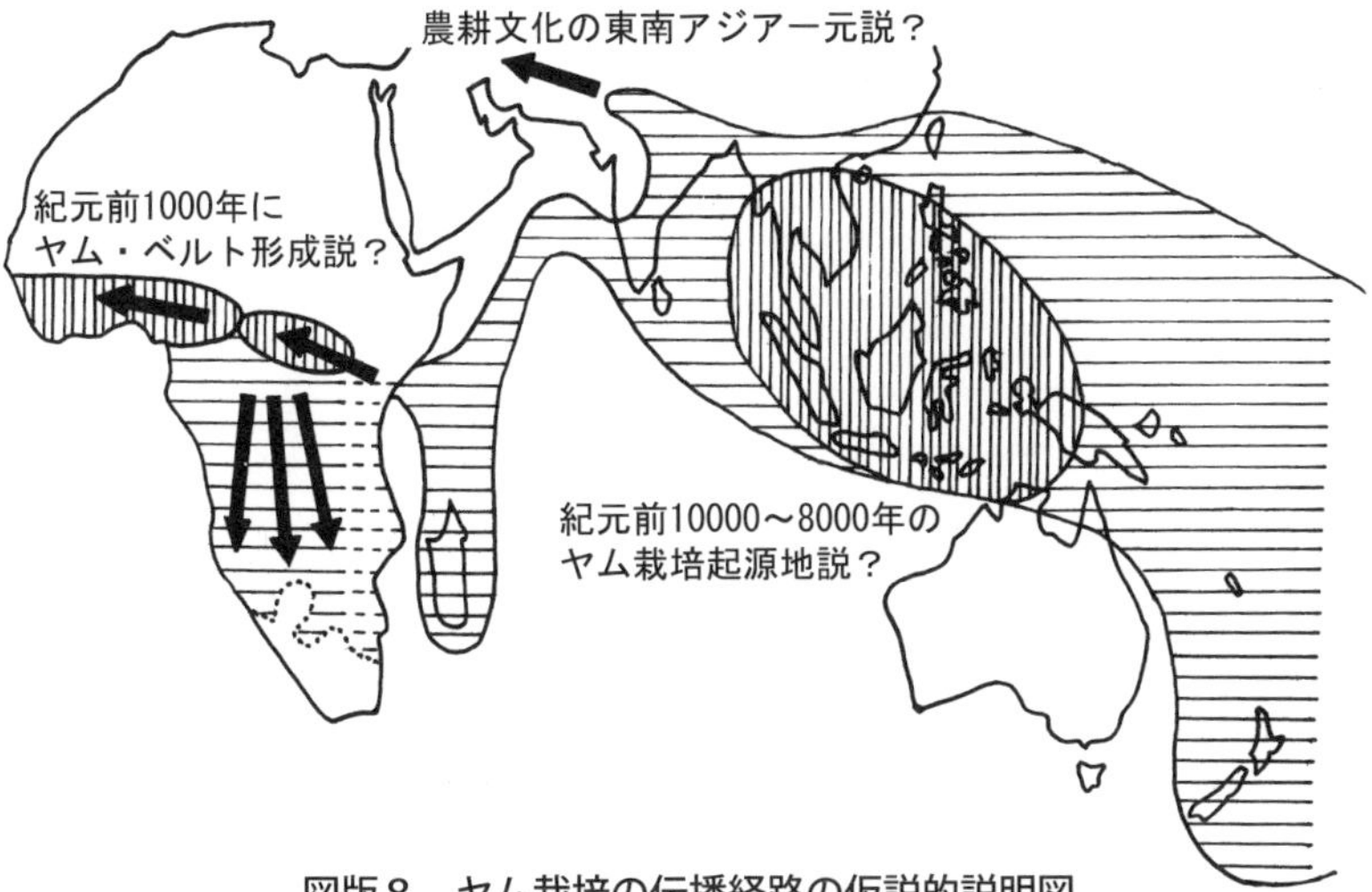

図版８　ヤム栽培の伝播経路の仮説的説明図

ければならないのだが、ヤムの野生種はどこに分布しており、どこで栽培されはじめたのであろうか。ヤムという呼び名は、英語であるが、本来は西アフリカに発している。最初に西アフリカを訪れたポルトガル人は、インハーメと呼び、スペイン人はインガーメと呼んだ。これが英語のヤムになり、一般に総称として用いられている。だから、呼び名はアフリカ起源である。

ところが、ヤムは東南アジア一帯でも、広く栽培されている。そして、アメリカの学者が、ヤム栽培の東南アジア起源説を唱えはじめた。これによると、紀元前一〇〇〇〇年頃、アフリカ東海岸に上陸したヤムが、アフリカ大陸をぐんぐん横切って、ヤム栽培地帯の横断ベルト（ヤムベルト）をつくり、それから一斉に南下しはじめたということになっている。参考図（**図版８**）のような説明図までつくられている。そして、若干の相異はあっても、ほとんどの学者は、この説に従っている。

こういう事情だから、これに疑惑を差し挟むのは、大変なことだが、やはり奇妙な点があるので、指摘せざるをえない。

まず、ヤムの野生種は何か。これが他の場合より数が多いので、当惑してしまう。東南アジア起源を採用している学者や著述家たちは、大体において、野生種のことは何も書いていない。また、栽培種そのものにもたくさんの異種がある。ところが、中尾佐助が西アフリカで栽培されているヤムを紹介している本、『ニジェールからナイルへ』をみると、西アフリカの栽培種は四種であり、そのうち二種は「西アフリカ原生種」、つまり西アフリカの野生種に発しているらしい。しかも、この西アフリカ起源の二種の方が栽培の主力になっている。これはどういうことであろうか。

次には、残りの二種を見てみよう。つまり、アジア原産とされている二種の栽培ヤムのことであるが、このうち、ダイジョという種類は日本の九州でも最近になってから栽培されており、東南アジアの主要な栽培ヤムである。しかし、この種類の真の野生状態のものは、まだ発見されていない。マレー半島から、最も原始的な、つまり野生に最も近いものは発見されている。だが、その前のことはわからないのである。

一方、中尾佐助によれば、西アフリカで栽培されているダイジョは、「単調な品種群で、変異も少ない」。ヤムは、植物としての性質もあって、雑穀類などよりも、品種改良による変異種が多い。東南アジアのダイジョには、「赤ちゃんの離乳食用の品種、ピクニック弁当用品種、……宴会用の品種などというものができていた」。西アフリカ原産のヤムも、もちろんアフリカの農民によって、相当に品種改良され、巨大なものがある。それなのに、西アフリカのダイジョは、栽培の主力でもなく、あまり品種改良が行われていない。つまり、野生に近いともいえる。

私は、それゆえ、ダイジョの真の野生種が、アフリカの熱帯降雨林地帯のどこかに潜んでいるのではないかという可能性を、考えざるをえない。

ともかく、ダイジョの起源を棚上げにするとしても、西アフリカには原産のヤムがあり、それが栽培の主力をなしている。ヤム栽培の東南アジア起源説では、この現象を、どう説明するつもりなのであろうか。

無理に説明しようとすれば、こんなことしかいえないだろう。つまり、西アフリカには、確かに野生のヤムは何種類もあった。しかし、アフリカ人は、紀元前一〇〇〇年頃までは、それを栽培していなかった。そこへ、東南アジアから、ヤムの栽培種が伝わってきた。ヤムの栽培方法を知ったアフリカの農民は、ここではじめて、西アフリカの野生のヤムを、東南アジア原産種と一緒に栽培しはじめた。かくして、東南アジア原産種と西アフリカ原産種との間に、農作物としての競争がはじまり、西アフリカ勢が、主力栽培種の地位を獲得した。

果たして、こういう説明が、成り立ちうるものだろうか。

7　農耕民と狩猟民

まず、ヤムベルトが、紀元前一〇〇〇年頃に形成されたという説がある。ところが、そのヤムベルトのすぐ北方には、イネやソルガム（モロコシ）を栽培する地帯がある。そして、アメリカ人のマードックは、アフリカ稲の栽培のはじまりは、紀元前八〇〇〇～五〇〇〇年頃と主張している。また、中尾佐助は、この地帯の「サバンナ農耕」は、地中海のムギ栽培と同時期だと主張している。つまり、紀元前七、八〇〇〇年頃のことになる。

さて、サバンナ農耕地帯とヤムベルトとは、大小の河川で縦横につながり、境界は入り組んでいる。一方で八〇〇〇年、他方で一〇〇〇〇年、つまり差し引き七〇〇〇年の落差が主張されている。

では、七〇〇〇年も待たなければならないほど、熱帯降雨林地帯でのヤム栽培などは、難しい技術を必要とするのだろうかというと、まったく反対である。東南アジアでも、熱帯降雨林地帯で、ヤム、タロイモなどの栽培が広く行われている。しかも、東南アジアのヤム栽培については、紀元前一万年という年代さえ提唱されている。アメリカ人のサウアーは、東南アジアのヤムなどの栽培が、すべての農耕の起源をなしたという一元説を立てている。また、中尾佐助は、農耕技術の上でも、料理法の上でも、ヤムなどは、最初の農作物に違いないと主張している。

しかるに、なぜ、アフリカの熱帯降雨林地帯では、七〇〇〇年もしくは九〇〇〇年も、人々は、ヤムを栽培しなかったといえるのであろうか。

私が見出しえた唯一の障害は、人類学者による「一見科学的」な仮説であった。彼らの主張によると、熱帯降雨林地帯や中央アフリカの大湖水地帯より南方には、バトワ民族（ピグミー）やサン民族（ブッシュマン）のような、狩猟民しかいなかったことになっている。しかし、この仮説には何の証拠もない。これは大間違いである。

この仮説の唯一の根拠といえるものは、現在、アフリカ大陸に少数の狩猟民がいるという事実でしかない。しかし、現在の日本にも、古来の伝統を守り続けるマタギの集団がいる。那須の与一も、ウィリアム・テルも、ロビン・フッドも、農業社会の真っ只中にいた。また、漁撈というのは、獲物を求める場所が違うだけで、狩猟と同じ経済パターンである。このパターンは、農業経済と併行して続いている。狩猟民の存在を理由にして、農耕民の進出が遅かったと主張するのは、錯覚を利用した手品にすぎない。

さらに、この主張は、論理的に見ても、いわゆる「本末転倒」の典型である。つまり、「狩猟民しかいなかった」という主張は、「農耕民がまったくいなかった」という事実の確認ができて、はじめて成立する。ところが、ここでは、「狩猟民しかいなかった」という仮説を根拠にして、だから、「農耕民はいなかった」、そして、「農耕は行われていなかった」とまで主張されている。だが、農耕が行われていなかったという証拠はないのである。私はむしろ、その逆の、つまり、農耕が早くから行われていたという証拠物件も、後に提出する。

その上、農作物としてのヤムの発祥地についても、まったく逆の主張がある。前出の鈴木秀夫の『高地民族の国エチオピア』によると、エチオピア高原では、紀元前三〇〇〇年頃には「イモ類」(ヤムのこと)が栽培されていたらしいのである。これで、まず、紀元前一〇〇〇年頃のヤムベルト説には、少なくとも二〇〇〇年の狂いが出てくる。しかも、鈴木秀夫は、このヤム栽培をしたのは、「古ネグロ（バンツーネグロ？）」だとしている。南方系の人々だと考えているわけである。つまり、ヤムベルトは、南下したのではなくて、その逆に北上した可能性の方が、示唆されているのである。

従来のほとんどすべての外来起源説と同様、ヤムベルトの仮説も、近いうちに、同じ運命をたどりそうである。だが、最も重要なのは、ほとんどの農学者が、農耕の発明に至る「必然的な過程」の説明を、まったく放棄している事実である。

8　再び異常乾燥期

結論から先にいっておくと、私は、アフリカ大陸の異常乾燥期、紀元前一万年から八〇〇〇年の間に、熱帯降雨林地帯（水源湖地帯を含む）に逃げ場を求めた人々が、農業を発明するための最大の必然性を持っていたと考える。

異常乾燥期と農業の発明とを結びつける考え方自体は、別に新しいものではない。

すでに一九三〇年代、オリエントに農業文化の起源を想定した学者たちは、その契機を、気候の変化に求めていた。イギリス人のチャイルドは、その代表者の一人であった。彼は、ヴュルム氷期の終り（紀元前約一万年〜八〇〇〇年）に、オリエント一帯が、急速に乾燥化したと考えた。そして、当時の人類集団が、青々とした草原地帯から、オアシス（河川流域を含む）周辺に追い込まれたと想定した。オアシス周辺で、人間と動物、植物の、一種の共存関係が成立し、そこで、オオムギ・コムギの栽培、ヤギ、ヒツジの飼育が、一挙にはじめられたというのが、チャイルドの考え方であった。

ところが、その後の研究で、この想定は困難になり、捨て去られた。

まず、地質学上の研究から、この時期にオリエントでは、急激な乾燥化は起こらなかったという証明がなされた。次に、考古学上の発掘が進み、オリエントの初期の農耕は、オアシス周辺ではなく、山間、山麓地帯ではじめられたという結論が出てきた。

最近のオリエント起源説では、この結果、チャイルドが「農業革命」と名づけたような、劇的な変革を主張しなくなった。農業起源の合理的な説明はなされず、進取的な気性の者がはじめたという考えさえ出されはじめた。

しかし、こういう安易な考え方は、学問的方法の堕落につながる。私は、チャイルドの発想の基本は、正しかったのだと思う。

チャイルドは、自然環境の変化による、必然的な文化段階の発展を重視した。それは、当時台頭していたナチズム・ファシズムの思想体系への、一つの反論でもあった。彼は、若干の「北方系」優秀人種の指導能力によって、文化・文明の発展を説明しようとする傾向に反対した。現在、ナチズムは別の形で、たとえば、アパルトヘイトの思想として、いまだに生き延びている。この時期に、合理的な説明方法を放棄して、「進取的な気性」を持ち出す傾向が出てきたのは、やはり偶然とは思えない。日本の学者が、この傾向に追随的であるのは、まことに残念である。

紀元前一万年から八〇〇〇年という期間に、急激な乾燥期を経験したのは、すでに紹介したように、アフリカ大陸であった。特に高原地帯がひどかったであろうし、現在のサバンナも、沙漠と化していたに違いない。実際に、同じ現象が最近数年間も続いており、各地に惨害をもたらしている。新聞報道によれば、西アフリカだけで、一九七三年の一年間、家畜総数の四分の一、三五〇〇万頭が、水不足や餓死で失われたらしい。そして現在も、人々は、やせ衰えた家畜の群れを率いて、河川流域、湖水の沿岸、熱帯降雨林地帯へと、避難の旅を続けている。

私にとっては、チャイルドの方法論を、アフリカ大陸に当てはめてみる学者が、まったく見当たらないことの方が、「現代の謎」である。

また、異常乾燥期の気象的条件は、アフリカ大陸の地理的条件と重なり合う。地図（図版9）を見ていただきたい。現在のサバンナ地帯までが沙漠化すると、熱帯降雨林と中央アフリカの大湖水地帯は、ほぼ完全に、沙漠と大西洋とによって包囲されてしまう。ナイル河を下れば、長旅の末に、地中海方面に抜けることはできる。しかし、この脱出を試みたものは、比較的少数の漁撈民だけだったに違いない。

このような自然環境の特異性は、他の大陸では見られない。また、現在の熱帯降雨林と大湖水地帯にも、相当な変化はあっただろうが、このあたりに、アフリカ大陸全体の住民が密集してきたことは、誰しも認めざるをえないだろう。

では、当時のアフリカ大陸の住民は、どんな状態にあったのであろうか。

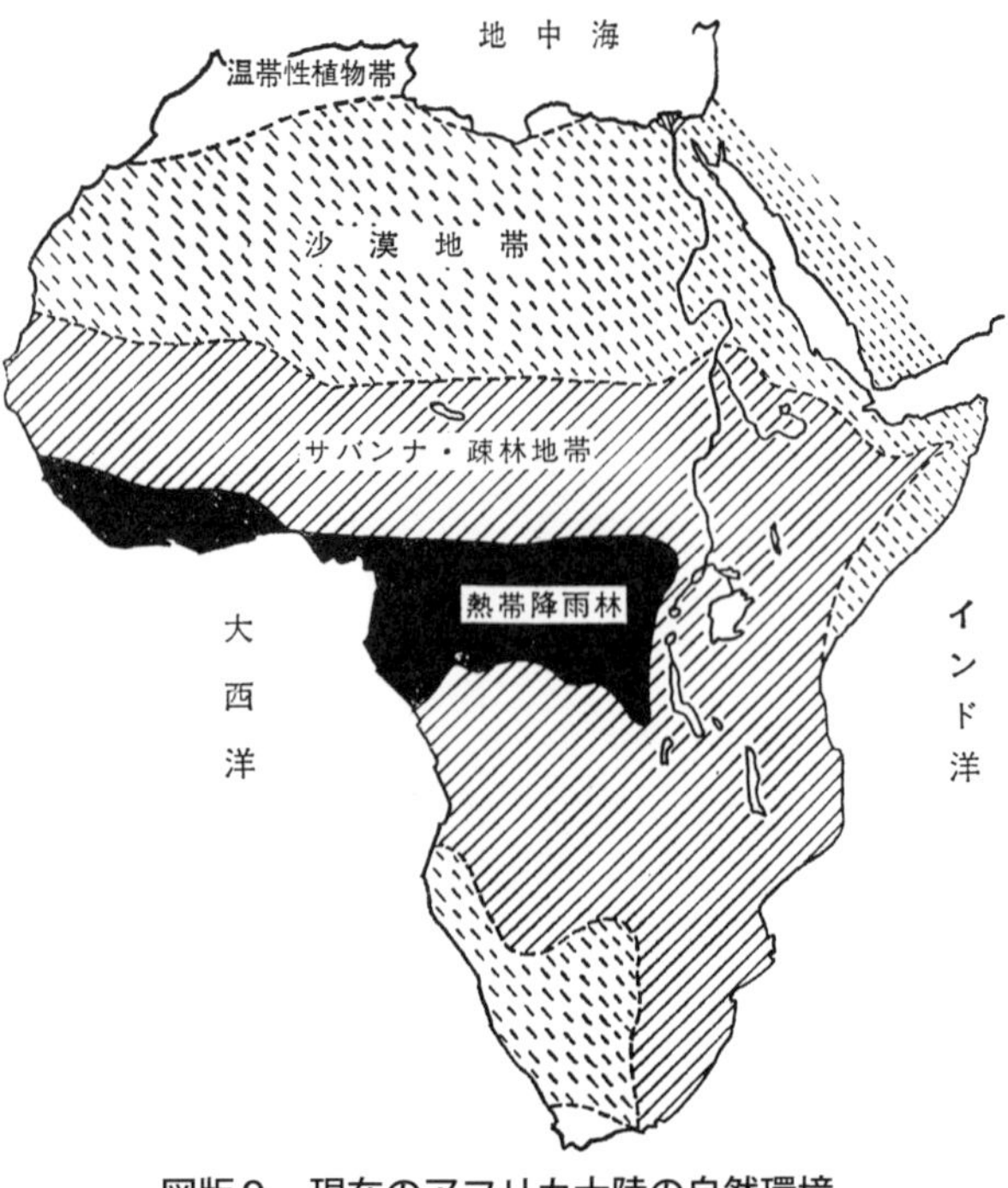

図版９　現在のアフリカ大陸の自然環境

9　狩猟者たち

果たして、アフリカの当時の住民は、農耕を発明するだけの主体的な条件、つまり、技術や社会組織を持っていたであろうか。この条件も満たされなければ、自然環境の変化に対応した飛躍は難しい。そして、この点は、ほとんどの学者によって、ぼんやりとしか語られていない。

ところが、アフリカ人こそが、当時の世界で、最も進歩的な文化を持っていたのである。

たとえば、オリエント起源説の権化のようなイギリス人の考古学者、ホィーラーでさえ、旧石器時代におけるアフリカ大陸の先進性を認めている。この場合、紀元前一万年に近い時期を考えると、単に旧石器文化というよりも、狩猟文化の全盛時代とした方がよい。そして、全世界から発見される狩猟用の飛び道具のすべてが、アフリカ大陸で発明された可能性が、ほぼ決定的なのである。

学者は、弓矢が、紀元前一万二〇〇〇年頃、サハラで発明されたと認めている。それより古いものには投槍器がある。これはヤリを溝のついた棒にひっかけて飛ばすものであり、ニュージーランドやオーストラリアでは、現在も、主要な狩猟用具として使われている。オーストラリアといえば、ブーメランが有名だが、これもアフリカにあった。東南アジアやアメリカで使われている吹矢も、アフリカにあった。一番面白いのは、インカ帝国の軍隊で主力武器となっていたボーラである。これは数個の丸石を皮で包み、それを皮の紐でつなぎあわせたものである。頭上で振り回して勢いをつけた後、動物（人間も不幸な仲間であった）に投げつける。数個の弾丸が一緒に飛ぶわけだから、命中率も高いし、首や足元にからみついたりもする。かなり効率のいい武器である。

しかも、ボーラについては、当時の社会組織を照らし出す、重要な遺跡さえ発見された。ケニア高原から、ボーラ用に仕上げた大量の丸石を貯蔵した倉庫が、発掘されたのである。そしてその他、住居跡の状況から見ても、すでに、ボーラづくりに分業が成立していたと主張されている。

以上のような考古学的発見によって、旧石器時代のアフリカ大陸が狩猟文化の繁栄期にあり、当時の世界の人類社会の中心地であったことは、誰しも認めざるをえなくなってきた。ということは、当然、当時のアフリカ大陸の人口密度が世界最高だったという推論をも導き出す。文化的繁栄が人口増大につながることは明らかである。残念ながら、当時のアフリカ大陸の人口推計は発見できなかった。しかし、私のこの考え方は、誰しも否定できないだろう。

では、それだけの狩猟文化を発展させたアフリカ人は、どんな社会組織を持っていたのだろうか。

10 双分氏族

アフリカ人は、早くから、双分氏族制を築いていた。

「双分」というのは、二つの分族があって、それがワンペアになっていることである。単に氏族制社会とか、原始共同体とか、原始共産制とかいう表現をしている学者も多い。しかし、この「双分」の関係こそが、最大のポイントである。そして、このワンペアが基礎単位になっている。

従来の研究はおおむね、二つの分族同士の婚姻関係に焦点を当ててきた。しかし私は、婚姻関係を一つの手段と考える。

たとえば、フランス人のマカリウス夫妻の『族外婚とトーテミズムの起源』では、双分氏族制の発生の原因を、狩猟文化に求めている。彼らは、現存の狩猟民のデータを挙げ、二つの狩猟民の集団が、狩猟地の縄張り争いをやめ、協力関係を結ぶための手段として、婚姻関係を結んだのだと主張している。私も、基本的に、この考え方に賛成である。「基本的に」と断わったのは、もしかすると、大型化した集団が、二つにわかれた後も、協力関係を維持したという可能性が残っているからである。そして、この方式が、新しい別の集団と協力する場合に、生かされていったとも考えられる。

いずれにしても、二集団の協力によって、大型獣の狩猟も容易になった。狩猟用具の製作、家事、育児の分業は発展した。この生産力の増大、そして、人口の増加こそが、双分氏族制の発展を保障したことは、疑う余地のない事実であろう。

さて、双分氏族制の発生を、約三万年前とする学者もいる。紀元前一万年の異常乾燥期に直面したアフリカ人が、この段階にあったのは当然である。むしろ、アフリカ大陸こそが、双分氏族制の出発点であったと考えるべきであろう。このことは、マカリウス夫妻も、他の学者も、まったくふれていないのだが、最も重要なポイントである。

というのは、このポイントなしには、双分氏族制発生の必然性がはっきりしない。つまり、狩猟文化が発展して、狩猟人口が増えなくては、縄張りの衝突は起きない。それが最も早く起きたのは、アフリカ大陸に他ならない。そして、双分氏族制により、集団の力が強まって、道具製作の分業が生まれなければ、新しい狩猟用具の開発は難しい。

アフリカ大陸で、何種類もの飛び道具が発明されたのは、決して偶然ではない。それは、当時のアフリカ大陸における社会組織の発展を証明するものである。

さて、このような狩猟（採集）文化と、社会組織とを持つアフリカの諸民族が、いままでよりはるかに狭い地帯に押し込まれた。当然、新しい縄張り争いが繰り返されたであろう。

『アフリカ創世記─殺戮と闘争の人類史』の著者、アードレイは、動物の習性学《エソロジー》に基づいて、オーストラロピテクスの自然淘汰と進化、最初の武器の発達を論じている。それによると、縄張り争いは、小鳥にさえ見られる大変に強い本能になっているらしい。もちろん、双分氏族制度を持った人類集団には、新しい解決方法、つまり、一族としての縁結びという方法があった。だが、如何にせん、狩猟地・採集地は、従来よりも、はるかに狭くならざるをえなかった。当然、食糧は不足してくる。

戦争か、平和か。おそらく男たちは、新しい一族との縁結びを軍事力の強化と認め、次の戦争を開始し、狩猟地を広げようとしたであろう。しかし、狩猟文化の陰に隠れていた採集者の女たちは、平和な解決方法を探し求めた。ただし、女たちの方が思想的にすぐれていて、平和を願ったという意味ではない。女たちは、否応なしに、出産と育児に結びつけられていたし、植物採集という作業も、戦争技術とは無縁のものであった。

では、新しい文化、つまり、狭い縄張りの中でも生産性の高い農耕文化の担い手となるアフリカの女たちは、どういう道具を持っていたであろうか。

11　掘り棒とオノ

ザイール（コンゴ）盆地に、バルバ民族がいる。彼らは、中世に、ルバ帝国の支配階級をなしていた。彼らも、ヤムなどを栽培する農耕民である。そして、次のような始祖伝説を語り伝えている。

《彼は植物を栽培しはじめた。そのためには土地を耕さねばならない。しばらく彼は木製の掘り棒を用いていたが、それでは仕事がとても苦しかった。その後、柄をつけた石の掘り棒を用いてみたが、やはり仕事は楽にならなかった。そしてついに鉄の掘り棒を用いるようになった。仕事は速く楽にできた。》（『アフリカの創世神話』、一八九頁）

この神話には、製鉄の起源と、アフリカにおける鉄鍛冶師の社会的な地位の問題とがからんでいる。だが、製鉄の起源問題は後の章でまとめて取り上げることにして、掘り棒に焦点を当ててみよう。

この掘り棒こそが、最も古くからの農「耕」具、つまり、土地を耕すための農具だった。一般には、オリエントで発掘された黒曜石の鎌が、最初の農具のように説明されている。しかし、鎌は、地面を耕す道具ではない。それは、採集用具または収穫用具にすぎない。

木製の掘り棒は、採集民時代から引き継がれた道具である。ところが中米のマヤ文明などは、トウモロコシ栽培で成り立っていたのだが、相変わらず木製の掘り棒を使っていた。つまり、木製の掘り棒しかなくても、あれだけの古代文明を築く生産力があった。掘り棒農耕は、軽視されてよいものではない。そして、採集民時代の道具だけでも、農耕はすでに可能だったのである。

ところが、アフリカの熱帯降雨林地帯では、遅くとも紀元前七〇〇〇年には、石製の刃をつけたクワが使われていた。これはどういうことであろうか。

この石のクワについて、農学者の書いた文章は見当たらなかった。発見されたところは、熱帯降雨林地帯の中心部、ザイール（コンゴ）盆地である。石のクワだけでなく、石のオノなどの伐採用具も発見された。そして、フランス人の地理・歴史学者、シュレ＝カナールは、紀元前七〇〇〇年のザイール盆地の住民が、「道具からして、森林の伐採や農耕に従事していたものと考えられる」と書いている。

しかし、シュレ＝カナールは農学者ではないし、農業起源論にまでは立ち入っていない。その点は残念だが、ともかく重要な示唆である。石のクワは、すでに、掘り棒よりも進んだ農具である。私は、ザイール盆地周辺から、今後も続々と同じような発見が続くに違いないと考えている。そして、例の紀元前一〇〇〇〇年頃のヤムベルト形成、そして南下という説は、この発見によって、すでに決定的に破綻していると考える。

さて、掘り棒と、クワが出てきた。この農耕具の発達の歴史も面白い。

まず、掘り棒の先が平べったくなった。そして、スコップ型のスキになり、家畜に引かせるスキ、プラウになった。

クワは、これとは別系統で、石のオノの刃が横向きになったものだ。つまり、森林の伐採用具から転用された。

では、この二系統の農耕具の発明は、どういう地帯でなされた可能性が高いのであろうか。いうまでもなく、ヤムなどのような、根を掘り取る食用植物があった地帯であり、森林地帯に他ならない。つまり、農耕具の点でも、アフリカの熱帯降雨林地帯で最初の農耕がはじまったと考える方が、理屈にかなっている。

一方、熱帯降雨林地帯では、日本人にもヨーロッパ人にも、思いもつかないような道具が、主要な農耕具になっている。それは山刀、または伐採刀である。

まず、農地を確保するために、樹木を切り払わなければならない。ところが、この作業は、休むことなしに続けなくてはならないのである。その理由は、実際に熱帯降雨林地帯に住み込んでみないと、よくわからないであろう。

文化人類学者の川田順造は、西アフリカのギニア海岸で長期間の研究生活を送ったのだが、百聞は一見にしかずという驚きを感じたらしく、次のように書いている。

《熱帯降雨林では、『栽培』というのは何よりもまず、植物の過剰な繁茂との戦いを意味する。……油ヤシやバナナなどの有用樹を守るために、他の植物を、たえず「切り払う」のである。……オアシスのヤシ畑で、人が最もよく使う道具が、灌漑の水路を按排するための刃の幅の広い鍬《クワ》であるのに対し、熱帯雨林の大切な農具が、山刀であるというのも象徴的だ。》(『マグレブ紀行』、二二一～二二三頁)

新しい栽培植物の名前が出てきたが、この点は後回しにして、まず、山刀の問題を片づけよう。この川田順造の描写によると、山刀のようなものがなければ、熱帯降雨林で農業をやるのは難しそうである。

では、山刀に類するものを、紀元前一万年頃のアフリカ人は持っていただろうか。

もちろん、これもあった。しかも、大変古くからあった。ザイール（コンゴ）盆地を中心に、サンゴアン様式と呼ばれる両面加工石器（刃の部分を両面から削ったもの）がたくさん発掘されている。その中には、木彫に用いられたらしいものとか、森林の伐採に使われたらしいものとかがあり、何とこの様式のはじまりは、約一〇万年前にもさかのぼることができる。おそらく最初は、住居をつくる材木を切り出したり、槍や弓矢をつくったりしたのであろう。そして、すでに紹介したように、石のオノも出土している。異常乾燥期のアフリカ人は、充分に熱帯降雨林地帯に挑むことができた。たとえ中心部のジャングルに切り込むことは難しかったにしても、周辺部に農地を獲得する力量は持っていた。

では、その最初の農地で、どんな農作物が、どういうやり方で栽培されはじめたのだろうか。ヤムだけだったのだろうか。それだけで、栄養が偏《かたよ》らなかっただろうか。

12 家庭菜園

すでに、川田順造の描写の中に、油ヤシが登場していた。この他に、コーラ、アキーなどという名の、大きな種子をつける樹木性の農作物も、アフリカ熱帯降雨林の原産である。つまり、この地帯の野生種に発すると考えられている。

その他に中尾佐助は、二種のウリの原産が確かだとしている。そのウリの一種は、ニワトリの卵大の種子を食糧にする。以上のものに、主食のヤムを加えた農作物の組合せについて、中尾佐助は、オセアニアの組合せと比較しながら、それよりも、「油科食物を含んでいる点で、決定的にすぐれている」と評価している。これに、狩猟動物による蛋白質を加えれば、栄養は満点である。

面白いのは、バナナの利用法である。たとえば、ザイール(コンゴ)に派遣された外交官夫人、山本玲子によれば、大型の料理用バナナ、数種のデザート用バナナ、親指大のモンキー・バナナ、皮が赤くて中身がピンクの赤バナナといったように、たくさんの品種が栽培されている。

ただし、バナナはやはり、または「まだ」、東南アジアからアフリカに伝わったのだと主張されている。ところが、まだ真の野生種は発見されていない。しかも、中尾佐助によると、「西アフリカのバナナは、まだまったく科学的に何人《なんぴと》によっても調査されたことがなく、いまに至っている」。東アフリカ海岸のバナナは、少し調査されているらしいが、西アフリカ以外でも、熱帯降雨林のバナナは、まったく調査されていないらしい。私は、最低限必要な調査をしていない主張を、学説とは認めない。また、アフリカ大陸に、バナナの野生種がなかったとも考えられない。現に、エチオピア南部では、類縁のニセバナナ（エンセーテ）を主食にしており、これはアフリカ原産である。

それゆえ私は、バナナも最初からアフリカで利用されていたと想定する。もちろん私の想定が誤りであるという調査結果が出れば、それには従わざるをえない。しかし、それまでは、この私のバナナ栽培アフリカ起源説は、調査なき「学説」と同格である。

では、以上のような農作物の栽培は、どのようにしてはじめられ、どういう栽培方式を生み出したのであろうか。

まず、植物性の食糧採集を受け持つ女たちは、狭くなった縄張りの中で、成長の悪い、もしくは未熟なヤム、バナナ、ヤシの実、ウリなどをも採集しなければならなくなった。そこで、植物の成長の条件に注目しないわけにはいかなくなった。いささかこじつけめくが、ヤムのイモのような根っ子を掘る作業をしていた女性たちは、字義通り、植物の生態を「根本的」に理解する機会に恵まれてもいた。

最初の農作業は、食用にならない植物を取り除き、食用植物の日当たりをよくすることだっただろう。大きな木が邪魔になるときには、男性も手伝わされたであろう。しかしまだ、男性が完全に農耕文化に引き込まれるのは早い。農作業は当分、女、子供、老人の仕事である。

さて、ここで面白いのは、ヤムやウリの蔓《つる》が、樹木に巻きついて成長することである。これは、現在でも、各地で行われている方式なのだが、私は、最初から、樹木性作物と、蔓をのばす作物とは、組合せになって栽培されていたと考える。もともと自然状態でそうなっていたものを、見逃すはずはない。いったん、この方式が成功してしまえば、後は急速に進む。不用な植物を取り除き、そこに幼樹を植える。もしかすると、この頃からすでに、不用な植物を焼くこと、つまり、焼畑耕作の原型が見られたのかもしれない。灰が捨てられた場所では植物の成育が早いことも、すぐに発見されたのではないだろうか。

これらの農作物は、また、植物としての性質もあり、熱帯という条件の下では、常に収穫が可能である。つまり、常に新鮮で、しかも、貯蔵の必要がない。この点も、最初の農作物として、最適の条件を持っていた。

熱帯降雨林の農業社会の「楽園」的様相については、中尾佐助の描写を紹介しておきたい。まず、参考図（**図版10**）のようなオセアニアの方式である。

《いまでも南太平洋の離島などで見られる裏庭型ともいうべき畑で、キチン・ガーデンともいわれる方式……何本かのパンノキやヤシ類が点々とあり、ヤムイモの蔓がそれらにまといついている。樹の下には半日陰でもよく育つタローイモの各種があちこちに雑然と生え、バナナやサトウキビの幾株かがと

図版10　オセアニアのキチン・ガーデン

ころどころに育ち、野菜になる雑草が残っている。豚がその間をときどき歩き回っているといった風景である。畑といえば一種類の作物が整然と植えられている風景に見慣れた人にはキチン・ガーデンは畑に見えないかもしれないが、生産力は予想外に高い方式である。》（『栽培植物と農耕の起源』、五四〜五五頁）

　こういう生産性の高い農業方式があればこそ、「南太平洋の楽園」が存在しえたのである。そして、同じ方式は、現在のナイジェリア南部にもある。中尾佐助は、ナイジェリアのヤム栽培農民が、「南太平洋の島で見られるキチン・ガーデンの植え込みを、大規模に行っている」と説明している。

　残念ながら、こういう生産性の高い「楽園」は、熱帯降雨林地帯、または赤道地帯でしか成功しない。また、石器による伐採では、ジャングルの奥深くまでは切り込めない。

しかし、人口は増え続けた。人々は次第にサバンナへも進出し、それまでは、種子の採集で済ませていた雑穀をも、栽培するようになった。農作物の種類は増えていった。方法も多様になった。こうして、新しく進出していった土地の条件に応じて、新しい栽培方式が工夫された。私はこのように、農業文化の一元説を考えている。

紀元前八〇〇〇年、アフリカ大陸に湿潤期が訪れた。農耕民族も、相変わらず狩猟を続けていた民族も、サハラへ、ナイル河流域へ、そしてオリエントへと流れ出していった。

では、これらの民族、特に農耕文化を築き上げた中心的な民族は、その苦難の歴史を語り伝えてはいないだろうか。すでに双分氏族制の社会構造をつくり、指導者、つまり、長老の教えを受け継いでいた人々は、それまでの歴史を教訓としなかっただろうか。

13　アフリカの神話

私は、以上の農業起源問題についての考え方をまとめた後に、文化人類学者の阿部年晴の著書、『アフリカの創世神話』を読み直してみた。そして、再度、びっくりした。最初にびっくりしたときのことをまず述べないと、後の方もわかりにくいと思うので、その方から先に紹介する。

アフリカの神話については、もう一つ、『アフリカの神話的世界』というのがある。やはり文化人類学者の山口昌男によるもので、神話の類型的解釈が中心になっている。私はこれを最初に読んで、いやに旧約聖書の創世記に似た話が多いなと思った。そう思った後で『アフリカの創世神話』を読んだのだが、すでにそこには、次のように書かれていた。
《天と地の結婚およびその後の天地の分離、神の言葉による世界の創造、神による世界の再創造、言葉の啓示、祖先と水の結びつきなど……といった観念に出会えば誰しも旧約聖書の創世記を想い起こさずにはいないだろう。かつてのヨーロッパの学者の中には、性急にキリスト教の影響を考える人々がいたが、それについては何の根拠もない。その見解同様に証明されてはいないが、極めて古い共通の伝統が一方では旧約の信仰へと展開し、他方ではドゴン【ニジェール河中流域の農耕民族のこと】の神話体系に見られるような変貌を遂げたと考えることもできよう。いずれにしてもまだこうしたことは単なる推測の域を出ない。》（『アフリカの創世神話』、一〇九頁）

阿部年晴は、数あるアフリカの神話の中から、それぞれのパターンの典型を取り上げている。だから、このドゴン民族の神話のところで、旧約聖書との関係を指摘している。だが、この指摘は、アフリカ各地の神話にも当てはまる。箱舟の話もあるし、七日目に休む話もある。創世記だけではなく、ヨブ記などに似た話もあるし、ギリシャのパンドラの箱伝説とそっくりな話もある。関係がないとは考えられない。

私は最初に、サハラの湿潤期を想い浮かべた。サハラがエデンの園で、その東の荒れ地に追われた話が、例の「エデンの東」というくだりに当たるのではなかろうか、などとも空想してみた。つまり、サハラに神話体系の原型が成立し、そこから乾燥化に追われて散っていった民族が、それぞれの新しい環境にあわせて、どこかを切り捨てたり、継ぎ足したり、つくり変えたりしていったのだと考えた。

ところが、農耕起源について、先のような結論に到達してしまったので、神話も熱帯降雨林周辺に発しているのではなかろうかと考えざるをえない。そこで再度、読み直してみた。すると、現在のルワンダにいるワッシ民族の神話が、びっくりするほど、私の考えた農耕起源の説明に似ていた。

もっとも、神話、伝説、説話のたぐいは、いろいろに解釈できるものだから、この符合は、偶然かもしれない。しかし、ほぼ同じ環境の下に、あまり動かずにいた古い民族の場合には、その神話は、意外に正確な歴史を伝えているのかもしれない。そして、このワッシ民族は、私の考え（後にも述べる）では、ほとんど移動しなかった民族なのである。また、ワッシ民族の現在の居住圏は、ヴィクトリア湖（ナイルの最大の水源湖）と熱帯降雨林の中間に当たるウガンダの西部、ルワンダ、ブルンジを中心とし、ザイール（コンゴ）盆地に広がっている。この中心地点はまた、大変に気候がよく、火山、温泉などもあって、観光案内などでは、「アフリカの日本」などという表現も見られるところである。

では、どういう点で、ワッシ民族の神話が、私の農耕起源の考えと似ているかというと、まず、次のような粗筋がそっくりである（以下「」内は原文）。

神は二つの国をつくった。天上の楽園の国と、地上の悲惨、苦痛、労働、反乱の国である。ワッシ民族の始祖、キグワと弟、妹とは、天上の楽園で、「労せずして動物や植物を利用した」。キグワと弟のルトゥツィは狩猟の名人だった。ところがある日、神が怒った。「その日、動物は急に敏捷かつ猛々しくなり、狩りに出た兄弟は一匹の獲物も持たず、空しく疲れ果てて戻ってきた。やがて神は三人の兄弟を追放する」。

三人は地上に降りたのだが、そこには、「天上で食べていたような動物や植物はまったく見当たらなかった。……彼らは苦い草を食べて飢えをしのいだ」。しかしある日、「突然天の一角に裂目ができて」、現在のすべての農作物の種子（この神話の採録されたルワンダではヤムとササゲが主食）、そして道具が降ってきた。「三人はそれらの道具を用いて土地を耕し、種子を播いた」。

他の民族も、やはり大罪を犯して、天上の国から追放されてきた。彼らはキグワたちの「よく耕された菜園と見たこともない植物を発見し……珍しい道具を見せてもらい、ご馳走になって帰る」。やがて、「すべての人間がキグワの指導の下に農耕を行うようになった」。

この天上の国を、狩猟文化華やかなりし頃のケニア高原あたり、地上の国を熱帯降雨林周辺に想定すると、この神話の説明はスムーズにできる。神の怒りは異常乾燥期の到来である。草原地帯と森林地帯とでは、まったく植物相が違うから、見知らぬ「苦い草」、つまり、毒性のある植物を試食して、死ぬことさえある。「反乱」、すなわち、追いつめられた者同士の縄張り争いも生ずる。

「菜園」は、例のキチン・ガーデン方式だと考える。他の民族は、実際には、掠奪にきたのかもしれない。男たちの留守を襲われた女たちは、なけなしの収穫物を差し出す。そして、掠奪者たちにも、農耕のやり方を教える。そうしないと、また掠奪を受けることになってしまったであろう。農耕文化に引き込まれた諸民族は、新しい同盟関係をつくりだす。やがて国家が成立すると、それまでの歴史はすべて、王族の始祖たるキグワ一人の業績に帰せられるようになる。

さて、王族と書いたが、ワッシ民族は、つい最近まで、ウガンダ西部のアンコーレ王国、現在のルワンダとブルンジにまたがるルアンダ＝ウルンディ二重王国の支配階級（人口の一割）をなしていた。そして、有力者は、数千頭、数万頭のウシを飼っていた。この状態を見たヨーロッパ系の学者は、彼らを牧畜民族と規定し、ウシとともに北方、つまりオリエントに近い方角からきた「白色人種である」と主張してきた。

しかし、ワッシ民族はすべて、かつてヘロドトスが古代エジプト人とコルキス人について表現したように、「色が黒くて髪の毛が縮れている」。また、遊牧民族であったとか、ウシを連れて移動してきたとか主張されているのに、ワッシ民族は、農耕文化の起源に関する神話を誇らしげに語っている。

私は、このことからも、従来のワッシ民族の起源に関する説明は、真っ逆様だと考えている。しかし、すでに定説であるかのごとくに主張されている仮説をひっくり返すためには、牧畜の起源地そのものを、真反対に持ってこなければならない。これも大変なことに違いない。だが、その論拠は増えているし、すでに、コルヌヴァンの牧畜文化サハラ起源説、言い換えれば、一つのアフリカ起源説が出されている。

では、本当にこのサハラ起源説は確実なのだろうか。また最初の家畜は、どういう経過をたどって、人間に飼育されるようになったのだろうか。

第三章

さまよえる聖獣

図版11　ウガンダの長身の牧畜民、バヒマ民族とオオツノウシ
（『古代アフリカ王国』　p128）

1 幼獣の飼育

アフリカの神話の中には、家畜のウシが、野牛に由来するという説明をしているものがある。神が野牛を驚かしたときに、野牛の親が逃げてしまい、後に残されたオスとメスの二頭の子牛を、人間の始祖が育て上げ、家畜にしたのだとされている。

私は、この説明を、非常に合理的だと思う。子牛、つまり、動物一般に置き換えると、幼獣を人間の手で育てたという発想には、動物の野生種と飼育種の違いをよく知っている民族の経験が、滲《にじ》み出ているような気がする。野生の動物は、他の動物の臭いに大変敏感である。幼獣の時期から人間に抱かれて育てられないと、なかなか懐くものではない。

たとえばアメリカには、子鹿を母乳で育てて、森に放ってやる習慣がある。オセアニアでは、家畜の子豚を、やはり母乳で育てて、宗教的行事の生贄にする。また、乳児死亡率の高かった大昔には、生まれたばかりの子供を亡くした母親が、幼獣に母乳を吸わせて、乳の張った痛みをやわらげる事実があったのではなかろうかとも想像できる。

いずれにしても、幼獣を育てる行為は、狩猟文化の早い時期から見られたに違いない。というのは、狩猟民族というものは、獲物にする狩猟動物を民族神にもしており、神がその獲物に姿を変えて自分たちに食糧を与えてくれるものと考えていた。だから、一般には、幼獣を連れた母獣を狙うようなことはしない。彼らは、その動物を愛しており、敬っていたのである。母獣を誤って射ってしまったり、他に獲物が得られず、やむなく殺した場合もあったに違いないが、そのときに、母獣を慕って鳴く幼獣を、そのまま見殺しにするとは考えられない。

幼獣は連れ帰られ、育てられた。しかし、すぐには家畜にされなかった。狩猟民族の生活パターンの中には、飼育した動物を繁殖させるという発想は生まれにくいものだという説明をする学者が多いし、私もそれには賛成である。狩猟民族というより、正確には狩猟者である男たちという意味で考えると、問題点はより明らかになる。男たちは、農耕がはじめられてからでさえ、なかなか狩猟生活を捨て切れなかったし、放浪者的性格を保ち続けた。そして、女たちの手で育て上げられた幼獣も、狩猟文化のパターンの中で、つまり、男たちの発想に基づいて処理された。彼らは、育った幼獣を森に放ったり、生贄にしたりして、神の元に送り返し、狩猟動物の繁殖を祈ったのである。

ただし唯一の例外に、イヌがある。この動物は、集団で狩りをする肉食獣という、特殊な性格を持っていた。だから、乳離れをするとただちに、男たちを仲間と思い込んで、一緒に狩猟に出かけたわけである。つまり、イヌの家畜化は、狩猟文化のパターンの中で成立することができた。

他の動物が家畜にされはじめたのは、農耕文化の基礎が、固められて後のことであった。食糧経済のパターンからみると、植物の栽培、つまり、生物を育てて人間の手元で繁殖させるという方式の中に、動物の飼育も含められるようになったわけである。自然に成長したものを、いわば、奪い取って食糧にするのではなくて、人間の支配の下で繁殖させて食糧にするという方式は、抜本的な発想の転換なしには実現するものでなかった。それゆえ動物の飼育をこのパターンに取り入れることも、農耕文化の創始者である女たちの力なしには不可能であった。女たちは、動物の繁殖の神秘を、自らの出産・育児の経験を通して、深く理解していた。そして、狩猟文化の時期においても、幼獣を育てたのは女たちであった。最初は、育て上げた動物を、男たちの狩猟文化のパターンに奪い返されていた。だが、植物の成育を支配しはじめたとき、女たちは、手元で育てた動物をも、同じ支配の下に置こうとした。いまや、経済の実権を握りはじめた女たちは、同時に、自分たちの力をも自覚しはじめたのである。

家畜の飼育に至る経過は、具体的なイメージとしては、次のように進んだのであろう。

幼獣の飼育以来の段階として、まず最初に、野生の状態に戻すという行為があり、次に、生贄にするという行為が続く。これを経済的なパターンから見ると、最初は完全に狩猟文化に送り返すのであるが、次には、精神的、つまり霊を送り返すにとどまり、実物は、日本でいえば神棚さがりの形式の下で、直接に食糧としてしまう。言い換えると、すでに食用飼育動物のパターンに取り込みはじめている。だが、ここまではまだ、繁殖という考え方は生かされていない。ところが、植物栽培で繁殖という行為をはじめてしまった女たちは、この方式にも抵抗を感じてくる。

私はこの時期に成立した男女間、または、狩猟文化と農業（農耕・牧畜）文化の妥協の産物を、現在のアフリカの牧畜民族が、かたくなに守ってきた儀礼の中に指摘できると思う。そこでは、ウシの首筋に特殊な矢を射込んで穴をあけて、生血をとる場合もあるし、去勢ウシを槍で刺し殺し、生贄にする場合もある。だが、いずれにしても、この行為は狩猟の形式を踏んでいる。しかも、宗教的行事として、儀礼が定められている。もちろん、男たちの仕事として、なされてもいる。つまり、女たちが飼育動物と見なしているものを、男たちはあくまで、狩猟動物として取り扱うわけである。この儀礼によって、狩猟者たる男たちの面目は保たれ、一方、女たちが望んだ、飼育から繁殖への道が開けてきたのである。

さて、話を前に戻すと、以上のような点からいっても、最初の家畜飼育者は、絶対に女たちでなければならなかった。そして、家庭で、つまり女社会の中で育てられた幼児・少年が、家畜の世話役として登場してくる。当然、家畜の群れは大きくなっていくから、少年の役割は、次第に青年期まで引き継がれるようになり、ついには、若者集団が遊牧（移動式牧畜）の旅をはじめるようになる。こうしてはじめて、農業社会の中から、遊牧民族の分離への道が開けてきたのである。では一体、その過程はどこではじまったのであろうか。そして、従来の研究史には、どういう問題があったのだろうか。

2　サハラの野牛

コルヌヴァンが唱えている牧畜文化のサハラ起源説は、現在までのところ、唯一のアフリカ大陸起源説である。

六〇〇〇頭以上もの家畜ウシ、黒色の牧人、これまではアフリカ大陸にいなかったものと主張され続けてきた野牛、つまり家畜ウシの野生種、この重要な証拠物件の絵画記録が、数十世紀もの間、沙漠と化した山塊の谷間に眠っていた。そして、サハラの牧畜文化の繁栄を物語るこの壮大な絵巻物に匹敵するものは、世界中のどこを探しても見当たらない。牧畜文化のサハラ起源説は、出るべくして出たのであって、それ以前の諸説を圧倒している。

しかし、私はこのサハラを、一つの橋頭堡として位置づけたい。これまでに述べてきた農耕文化の起源地の求め方、牧畜文化の成立要件についての考え方に基づいて、私はさらに南方、熱帯降雨林周辺に、最初の出発点を置く。そして、私の論拠は以下、従来の研究史の誤りを指摘しつつ、明らかにしていきたい。そこには、裏返しの形で、私が必要とする論理が転がっている。

ヨーロッパ系の学者によってはじめられた研究のはじめには、ヨーロッパまたはユーラシア（ヨーロッパとアジア）内陸草原が重視された。そして、北方草原の狩猟民が、直接的に遊牧民族に変身したと主張された。この種の説は、考古学的な調査によって覆り、まったく論拠を失っているのだが、いまだに、何の説明もないままに、日本の文化人類学者が書いた本などに散見する。おそらく、ヨーロッパ系の学者の説をそのまま、引き写したものであろう。

ヨーロッパ系の学者が、このユーラシア内陸起源説にこだわるのは、神話的発想に他ならない。彼らの歴史は、遊牧民族の移住にはじまっており、ウシ・ヤギ・ヒツジ・ウマが聖獣とされていたのである。

また、この種の説は、狩猟文化から牧畜（遊牧）文化への直接の移行、という考え方に立っている。つまり、狩猟者たる男たちが、狩猟動物を飼い馴らしたのだと主張している。しかも、最初から成獣の群れを、ひとまとめに追い立てて、遊牧の家畜群に仕立て上げたのだと説明している。この点については、すでに私の考え方を述べておいたので、再論はしない。

次に、オリエント起源説の典型的な問題点を、ウシの問題に絞って紹介する。まず、古代エジプトには、非常に早くから、家畜ウシの存在が認められる。ところが、ヨーロッパ系の学者は、やっきとなってエジプト、つまりアフリカ大陸起源の可能性を否定してきた。そして、その唯一の論拠は、次に示すように、アフリカ大陸には家畜ウシの野生種がいない、ということであった。

たとえば、ドイツ人の農学者、ケルレルは、一九一九年にこう書いている。

《亜弗利加本土に於ては馴化された牛は同様非常に早くから存在していたことが証明される。その絵画にあらわされたものは、他の家畜と一緒に、古代埃及のファラオ王朝時代のすぐ前の旧ネガダー王朝にすでに見られる。……【ところが】、家牛は亜弗利加本土に発生した、ということは否定されねばならぬ。なぜかといえば、これに属する野生形態がいないからである。従ってこれは他所から、詳しくいえば亜細亜から、移入せられた。》（『家畜系統史』、一二七〜一二八頁）

このケルレルの説明自体、どこが「詳しい」のかまったくわからないのであるが、ともかく、この説の唯一の論拠が崩れてしまった。サハラの先史美術は、その初期の狩猟の有様を描き出しており、「一群の射手が一角で牛の群れを襲おうとしている」という状景を、見事な絵巻物として記録していた。これは当然、野生ウシであった。サハラの黒色人の画家たちはまた、さまざまな動物の特徴点を、正確にとらえていた。この野生ウシは、明らかに家畜ウシの野生種であると認められた。これには、いかなる反論の余地もなかった。

というのはすでに、古代エジプトの歴代のファラオが、サハラに野牛狩りをしに行ったとか、ヘロドトスが北アフリカで野牛を見たとかいう、立派な文字記録も残っていた。ところが、これまでのヨーロッパ系の学者は、あれはアフリカ水牛ではないか、などという口実を設けて、これらの古代人の証言を否認し続けてきた。サハラ先史美術は、ついにそのような口実の壁を打ち破ってしまった。そして、古代人の証言も、採用されざるをえなくなってきた。

ではこれで、牧畜文化のオリエントまたはユーラシア起源説は鳴りを潜めたかというと、なかなかそうはいかない。

すでに、オオムギ・コムギの項で紹介したイギリス人、クラークとピゴットは、新しい三段論法を組み立てている。彼らは、アフリカ大陸に「野生のウシは生息していた」という事実は認める。しかし、ウシは、オリエントの農業地帯の「証拠では、馴化された最初の動物群の中には含まれていなかったことが示唆されている」、つまりウシの家畜化は後の段階だ、と主張する。

彼らの説によれば、最初の、または第一段階の飼育動物は、ヤギ・ヒツジでなければならない。そしてここでも、クラークとピゴットの『先史時代の社会』という本には、ヤギ・ヒツジの野生種は、オリエント周辺にしかいなかったかのような、不思議な分布地図が載せられている。

こうして、彼らは、やはり牧畜の起源は、オリエントに求めるべきだと主張している。しかも、ヤギがいないと、農業そのもの、つまり農耕を含めた農業文化が成り立たない、とまで極言している。

本当にそんなことがいえるのだろうか。果たしてアフリカ大陸には、ヤギ・ヒツジの野生種はいなかったのだろうか。

3　最初の家畜

野生のヤギもヒツジも、ほぼ確実に、アフリカ大陸にいた。ほぼ確実というのは、ヤギに関しては、物的証拠についての記述を発見できなかったからである。しかし、フランス人の文化人類学者、ポームは、『アフリカの民族と文化』の中で、サハラに野生のヤギがいたと書いている。だから、何らかの証拠はあるに違いない。サハラや西アフリカについては、フランスの学者の方が詳しいのである。そして、ポームは、アフリカ人（黒アフリカ人としている）がヤギの飼育をはじめた、と主張している。その上、サハラ先史美術には、やはり、野生のヒツジが描かれていた。

これで、クラークとピゴットの三段論法は、ほぼ確実に、成立しなくなった。しかし、念には念を入れて、彼らの第一段階論に当たる飼育動物を、もっと範囲を広げて追求してみよう。

まず、従来のヨーロッパ系学者の家畜起源についての考え方は、一つの仮説的主張にすぎない。彼らは先に、オオムギ・コムギこそが最初の農作物でなければならないと決め込んでいた。それがここでは、ヤギ・ヒツジでなければならないに入れ替わっているだけの話である。つまり、ヨーロッパ型の農業形式のみから割り出された固定観念を、そのまま主張し続けているわけだ。

ところが、新大陸アメリカには、野生のヤギ・ヒツジはいなかった。それでは、牧畜が行われなかったかというと、立派にやられていた。ラマとか、アルパカとか、七面鳥とかが飼育されていた。しかも、遊牧民はおらず、農耕民の副業として、家畜が飼われていた。

私の結論をいってしまうと、旧大陸での最初の家畜は、ブタやニワトリのようなものだったに違いない。というのは、先史考古学では、一番遠くまで移住した人々の文化を、一番古い型に結びつけてみるのが原則だ。もちろん、その後の変化発達は無視してはならない。しかし、この原則なしには、とても先史考古学は成立しない。

ところで、旧大陸のはずれにいるオセアニアの農民は、ブタとニワトリを持っていたが、ヤギ・ヒツジはまったく飼っていなかった。農具も、基本的には木製の掘り棒だけだった。これが一番古い農業形式だ。ここにポイントを据えなければ、科学的な仮説は成立しない。

では、アフリカ人は、ブタやニワトリのような家畜を飼い馴らしていただろうか。ポームは、イヌ、ネコ、ロバなどとともに、ブタとホロホロ鳥とが、「黒アフリカ人」によって飼育されはじめたと主張している。この点には、ほとんど異論はないようだ。ホロホロ鳥とは、ニワトリと同じキジ科で、ほぼ似たり寄ったりの大きさ、性質の鳥である。

ロバも、ブタも、ホロホロ鳥も、遊牧生活には適さなかった。だから、定着農業社会の一員としてとどまった。遊牧民は、たとえばユダヤ人がブタを不浄の動物と見なすように、定着農業社会の家畜を軽視、蔑視する。これが、学問の世界にまで反映しているのだ。

さて、もう一つの論拠は、農耕文化の発祥地についての考え方にある。私は、それをアフリカの熱帯降雨林の周辺に設定した。簡単にいうと森林地帯である。そして、ブタ（イノシシ）やホロホロ鳥（ニワトリも）は、基本的には、森林性の動物である。これらの動物は、また、農耕民の立場から見て、畠荒らしの専門家でもある。畠荒らしをするということは、裏を返せば、ヤムの切れっぱしや、鶏卵大の種子を取った後のウリなどで、充分に飼育できるという意味にもなる。つまり、このブタとホロホロ鳥という動物は、熱帯降雨林農業の組合せとしては、最適の条件を持っている。

それゆえ私は、すでに紀元前八〇〇〇年頃、つまり、アフリカ大陸の湿潤期がはじまり、新しい農耕もしくは農業（牧畜を含む）文化の担い手が、熱帯降雨林地帯から進出する以前に、ブタやホロホロ鳥などの飼育がはじめられた可能性があると考えている。

クラークとピゴットの、第一段階に関する主張に、決定的な反論を加えるためには、もう一つ、ヤギ・ヒツジがどこで家畜化されはじめたか、という問題に取り組まなければならない。しかし、すでにサハラ起源を主張する学者もいることだし、私は、熱帯降雨林からサバンナへの進出の途中のどこかで、としておきたい。ヤギ・ヒツジなどは山岳地帯の野生動物であったから、サハラ高原の起源は充分に考えられる。ただし、高原地帯は、ケニアあたりにも広がっている。そして、少なくとも、クラークとピゴットが第二段階の飼育動物とするウシについては、ナイル河水源湖地帯に、面白い事実がある。

そこには、世界最大のオオツノウシといわれる家畜ウシが、一〇〇万頭以上も飼われている。そして、この品種の系統に関する従来の説明方法、つまりオリエントの方角からの伝播という考え方に基づいた品種の特徴に関する解釈は、すでに破綻を見せている。家畜ウシのサハラ起源説も出ている以上、従来の家畜の品種系統研究のやり方には、当然、抜本的なやり直しが要求されてしかるべきである。その際、私はこのオオツノウシに、最大の謎が秘められているのではないかと考えている。

4 オオツノウシと巨人

《オオツノウシ〔大角牛〕 ウシの一品種で、インド産のコブウシの系統に属する。……角が著しく長く、一・二メートルに達し、基部の太さも四七・五センチに達する。体重四〇〇キロぐらいで、肩には顕著な肉瘤がある。古くからアフリカで飼われている。》(『大日本百科事典』)

以上がオオツノウシについての、百科事典の説明である。つまり、このオオツノウシは、インドの原産であるとされてきた。従来の説によると、家畜ウシには二系統あり、インドのコブウシ(瘤牛)系と、オリエントまたはヨーロッパ原産の原牛(ゲンギュウ)系がある。そして、アフリカには、この両方の系統が伝わった。つまり、コブウシは現在のエチオピアあたりから東アフリカ方面へ、そして原牛はナイル河をさかのぼって、エジプト周辺に入り込んだとされてきた。

この前提に基づいて、アフリカの家畜ウシを研究すれば、当然、コブウシ系の純粋種に近いもの、原牛系の純粋種に近いもの、そして両者の混血種、という分類法が出てくる。

ところが、ウシの解剖学的研究、つまり、骨格や筋肉の構造の研究が進むと、この説明はうまくいかなくなってきた。家畜史の研究家、加茂儀一は、アフリカのウシの、頭骨の特徴などが、系統的に説明しにくくなったとしており、次のように書いている。

《今日、東アフリカの家牛については、それが原牛種であるか、あるいは瘤牛種であるか、ということは問題になっている。》(『家畜文化史』、六二四頁)

すなわち、従来の二系統の起源論では説明しきれなくなってきた。もともと、この二系統説そのものも、最初に立てられたヨーロッパ起源の原牛(読んで字のごとく、最初の家畜ウシの、原種の意)の一系統説の破綻から生じたものであった。この一系統説では、インドのコブウシの背瘤などが説明できなくなったのである。

しかし、今度は機械的に、二系統説を三系統説へと切り換えればよいというものではないだろう。私は、オオツノウシこそが、最初の家畜ウシの直系ではないかと思っている。まず、すでに加茂儀一は、東アフリカの家畜ウシの説明についての疑問を表明している。しかし、それより奥地の、そして、東アフリカ経由で伝わったとされているオオツノウシについては、その特徴を記しているのみで、もはや系統説明をしていない。ここに最大の鍵がある。

私にはもちろん、家畜ウシの解剖学的知識などはまったくない。だが、別の角度からオオツノウシの周辺を追求することによって、この品種を最初の家畜ウシの直系ではないかと考える根拠を示したい。

まず、オオツノウシを一〇〇万頭も飼育している現在のルワンダとブルンジ（かつてはルアンダ＝ウルンディの二重王国）を訪れた日本の外交官夫人、山本玲子の手記を見てみよう。この地帯は旧ドイツ領からベルギー領コンゴへ併合という経過をたどったため、主に英・仏系を頼りとする日本の研究者には、この地帯の実情はほとんど知られていない。だから、こういうルポルタージュ的なものにしか、手掛りは見つけられなかった。

さて、山本玲子はこう書いている。

《ここの牛は、波打つ大きな角を持っています。九〇万から一〇〇万頭もこの狭いルアンダ・ウルンディにいるこれらの牛は、祝福されたものとして考えられ、広々とした原野にゆうゆうとし、ただ牛乳を人間に供給するだけで、あとは一切の労働もせず、死ぬまで生活は保証されているのです。》（『剣《つるぎ》と蝸牛《かたつむり》の国コンゴー』、九七頁）

オオツノウシは、このように、大変に可愛がられており、神格化されている。しかも、一頭一頭に、名前までつけてある。山本玲子は、白分の名前が「玲瓏」という意味だと説明したら、このオオツノウシを飼っている青年から、こういわれた。

「ああそれは美しい名前だ。ちょうど私の牛にもその名前がついています」

私は、このようにウシを大事にし、立派に育て上げた人々こそ、最初のウシの飼育者の直系に近いと考える。では、その人々は、どんな謎を秘めているのだろうか。

この民族は、私の考えでは、人類史上最大の謎を秘めている。この民族こそ、すでに農耕起源の神話で紹介したワッシ民族である。しかも、生物学的に見ても、超一流の不思議な集団である。

まず、あきれるほどに背が高い。男女の平均でも、二メートルもあるらしい。そして貴族層ほど背が高い。一九五八年に、ルワンダの宮殿を見た早稲田大学の遠征隊は、『アフリカ横断一万キロ』の中で、「七尺以上もあろう衛兵が二人、ヤリを持って立っていた」と記している。また、山本玲子は、ルワンダの王（ムワミ）に会った。そして彼女は、こう書いている。

《ムワミは、二メートル一五センチの長身で、あまり高いので、か細く、弱々しいみたいに見えました。しかしこの長身は、さすがに巨人族の王者としてはふさわしい体格です。王と握手する私は、背のびをして天を仰ぐような恰好をせねばなりませんでした。》（同前、一〇四頁）

一般にも確かに、同一人種でさえ、牧畜に従事していると背が高くなってくる。イギリスの農民と、アングロ・アメリカンのカウボーイとでは、三〇〇年ほどの間に、二〇センチも差が出てきた。食糧源の違いもあるし、背をかがめて力仕事をする農耕民と、草原を歩き回る牧畜民とでは、骨格が変わるのも当然である。

それにしても、平均二メートルの巨人民族は、世界最高は当然ながら、桁はずれといわねばならない。しかも、これに続く高身長集団は、チャド湖南岸のサラ民族（平均一八一・七センチ）、スマトラのマライ人（一七五・五センチ）、南アメリカのパタゴニア人（一七五センチ）、スウェーデン人（一七四・四センチ）、といったものである。つまり、二〇センチほども大幅に、平均身長が下がっている。

一般に、高等動物ほど、環境による変異の幅は狭い。最大値を特別に引き上げるためには、それなりの特別な事情が必要である。残念ながら、前述の事情もあって、人類学者による説明は発見できなかった。だが、私は、ワッシ民族が、ナイルの源の気候のいい草原で、数千年間、定着牧畜を続けてきたと推測する。つまり、農耕民と分離はせず、遊牧民ではなく、放ち飼いの牧畜専業者として暮らしてきたと考える。ウシの体躯も、こういう落ち着いた環境の中で、長年月を経て、世界最大（近代の改良品種は別）になったし、人間の方も、世界で最高の巨人になったと考える。

ただし、ワッシ民族をはじめとする中央アフリカ以南の牧畜を行う農民について、北方起源を唱える学者も多い。彼らの論拠は、家畜のオリエント起源以外に、もう一つある。それは、ナイル系といわれる言語を使用する牧畜民族の伝説である。彼らは、中央アフリカにも若干進出しており、北方からきたと語り伝えている。

しかし、いわゆるナイル系の牧畜民の南下は、サハラの乾燥化によって引き起こされたものにすぎない。彼らも、オリエント起源の民族ではありえない。むしろ、バントゥ系の民族の根拠地から、北方へ進出し、また少し南へ戻ってきたと考えるべきである。

一方、バントゥ系の言語の使用者であるワッシ民族などには、北方起源の伝説はない。ワッシ民族の神話では、彼らの始祖キグワたちが、天から降ってきたところは、ナイルの水源、カゲラ川のほとりの丘の上（高天原か？）として語られている。ウシのオリエント起源説のみを根拠に、人種的にも北方からきた白色人種と断定する学説は、二重の誤りを犯している。そして、その強引さは、ケルレルによる、次のような、オオツノウシの伝わり方の説明を見れば、よりはっきりするだろう。

《多数の牛の流れがエチオピアから古代のナイル谷に向かって行った。これは最初は角の大きい種類

であった。これはいまでは中央亜弗利加に引き込んでしまった。》(『家畜系統史』、一三五頁)

この論理をたどると、ケルレルはまず、オオツノウウシは、最初からそういう種類だったのだと考えている。つまり、中央アフリカ(ウガンダ、ルワンダ、ブルンジなどのあたり)に行ってから大きくなったとは考えていない。おそらく、品種改良に必要な年代を考えると、この説明以外にできないのだろう。では、ケルレルは、オオツノウシが最初に飼われていたところはどこだと考えているのかといえば、インドである。ところがインドには、こんなに大きな角を持つ種類はいない。インドの牧畜民(アリアンといわれているが?)は、すばらしいオオツノウシをかつては持っていたのに、いまは失ってしまったとでもいうのだろうか。彼らは、品種改良をするどころか、聖牛を、みすぼらしい品種に落としてしまったのだろうか。

一方、ケルレルは、家畜ウシの起源はアフリカ大陸には求められないと主張し、その唯一の根拠として、アフリカに野生のウシがいない(本当はいたわけだが)ことを挙げていた。ところがここでは、まったく逆に、インドにオオツノウシの品種がいないのに、オオツノウシはインドの原産だと主張している。こんな手品は通用しない。それゆえ、ケルレルの系統史は、強引なだけでなく、書かれたときから、論理的に破綻していた。

オオツノウシの系統の伝播方向は、逆であったに違いない。中央アフリカは、私の考えでは、ウシの品種改良(もちろん聖牛としての意味を含めて)の中心地であった。私は後に、エジプト古記録による証拠を示すが、中央アフリカからは、各地に種オスの供給が行われていたに違いない。というのは、ウシに優雅な名前をつける習慣はアフリカの各地にもある。そしてこれは、サラブレッド競走馬の場合と同様に、種オスの選抜、血統の確認という作業でもある。選り除けられたオスは、去勢ウシとされ、生贄にもされた。しかし、その前に、このすばらしいオオツノウシの血統は、周辺の諸民族にもわけ与えられたに違いない。

ところで、人間の品種改良といっては、大変に失礼に当たるが、ワッシ貴族が飛び抜けて高身長になった原因についても、似たような経過が考えられてもよい。そして、その論拠となるような記述が、ヘロドトスの『歴史』の中で語られている。しかし、これは牧畜文化とは離れてしまうので、予告にとどめ、次には、ヘロドトスの『歴史』、つまり、エジプト・オリエント・ギリシャの古代史に欠くことのできない動物、ウマの原産地を探ってみよう。

ウマはモンゴルの草原で飼い馴らされたともいわれ、現存のターパン馬という野生状態にあるものが、その祖型であると主張されてきた。しかし、これにも相当に疑問が出はじめている。また、ここでも、アフリカには野生ウマがいなかったと主張され続けてきた。それがやはり、怪しくなっている。

5　騎馬帝国

ウマの話には、まず、アフリカの騎馬帝国の盛衰史を知っておいていただくと、イメージ・アップがしやすい。アフリカの中世帝国について書いた本は何冊かあるので、興味のある方はぜひ直接当たっていただきたい。ここでは、簡単な紹介にとどめる。

なぜ、中世帝国の話になるかというと、ウマとか騎馬民族とかについては、モンゴルその他の内陸ユーラシア帝国の印象が、強烈すぎるほど、私たち日本人の脳裏に焼きつけられているからである。しかし、アフリカにも強力な騎馬隊を持つ中世帝国がたくさんあった。サラセン帝国も、もちろん、アフリカに根拠地を置いていたのだが、その他にも無数にあった。

日本でいえば、秀吉の小田原城攻めの前年に当たる一五八九年、モロッコ軍が現在のマリを中心に栄えていたガオ帝国に侵入した。それを迎え撃ったガオ軍について、イギリス人のマーガレット・シーニーは、「騎兵一万八〇〇〇、歩兵九〇〇〇名の軍勢」（『古代アフリカ王国』、八七頁）と書いている。しかし、これに対するモロッコ軍は、四〇〇〇挺の鉄砲を持っていた。ガオ帝国軍は敗れ、以来、西アフリカ諸国は乱世に突入した。

これより少し前、一五〇五年に、西アフリカ経由でインドまでの航海をしたポルトガル人は、現在のセネガルに勢威を振るっていたジョロフ王国について、こう書いた。

《ジョロフの王は一万の騎兵と一〇万の歩兵を戦野に送る力あり。》（『アフリカの過去』、一六〇頁）

以上、イメージ・アップのために、騎兵の数字が挙げられているものだけを引用した。しかし、この他にもたくさんの記録がある。それらによれば、騎馬武者たちは、銅製のカブトをかぶり、鉄の鎖カタビラ、木綿の刺し子のヨロイを着用していた。当時の西アフリカは、商工業の中心地であり、サラセン帝国に向けて、染色された木綿布や金属製品を輸出していた。そして、現在も各地に、華やかな彩りの装束を身につけ、長剣をたばさみ、馬に乗って往来する貴族の末裔が残っている。

これらの騎馬武者たちは、一体、いつからあらわれたのであろうか。まず一一世紀初頭のガーナ帝国（現在のガーナではなく、モーリタニアからマリのあたりを中心にしていた）には、アラブ人の記録によれば、二〇万人の戦士がおり、そのうち四万人以上が弓隊であった。騎兵の数は不明だが、皇帝が謁見する大天幕の周りには、金の布で装ったウマが立ち並んでいたと記されている。ガーナ帝国の起源は、三世紀頃とされており、日本の大和朝廷のはじまりよりも古い。そして、次の証拠からして、最初から騎兵、もしくはウマに引かせる二輪戦車隊の編成があったに違いない。これまた、サハラ先史美術の証言である。

サハラには、無数のウマの絵があった。疾駆するウマ、ウマに引かれる二輪戦車、戦車を駆る男たち。しかも、それらの絵の分布地点をつないでみると、見事なサハラ縦断ルートがあぶりだされてきた。このルートは、現在のマリ、かつてのガーナ帝国の故地からサハラの中心に至り、そこから二手にわかれてアフリカ大陸の北海岸に達していた。

紀元前五世紀、ヘロドトスは、このサハラ縦断ルートの中心付近に首都を置く、ガラマント王国の存在を記録にとどめた。ガラマント王国には、ヒツジがたくさんおり、ナツメヤシが栽培されていた。その頃のサハラは、まだ完全には乾き切っていなかった。そして、ガラマント王国の戦士は、二輪戦車を駆使していた。彼らは、カルタゴと同盟を結び、ハンニバルとともにイベリア半島に渡り、ピレネーを越え、アルプスを越えてイタリア半島を南下し、ローマへと進撃した。

では、ガラマント人が、サハラでウマを飼い馴らしたのだろうか。彼らは、六〇〇〇頭もの家畜ウシを描いた牧人の後裔であろうか。

しかし、その証拠はまったくない。家畜ウマの絵は、突加としてあらわれているかのようである。ある学者は、この絵に、紀元前一五〇〇年頃という年代を与えている。だが、これも推定でしかない。牧人の絵にはウマは登場しておらず、まったく、つながりが断たれている。では、サハラに野生ウマはいなかったかというと、やはりこれもいた。狩猟動物を描いた中に、「種類不詳の馬」（『タッシリ遺跡』、一三三頁）があった。狩猟民の絵だから、当然、野生ウマである。現存のウマとのつながりがよくわからないにしても、野生のウマは確かに、サハラにいた。その上、現在のモーリタニア、つまり、かつてのガーナ帝国の故地の周辺から、新しい証拠も出てきた。

川田順造によれば、「モーリタニア馬という名で学者がひとまとめにしている、体形のかなりまちまちな一群の馬がいて、やがて絶滅したらしい」（『マグレブ紀行』、七八～七九頁）。

どうして体形が「まちまち」だったのだろうか。いろいろな種類の野生ウマがいたのだろうか。それとも、家畜ウマの品種改良の歴史を、暗示しているのだろうか。

6　神話の崩壊

さて、アフリカ大陸の方のイメージ・アップをした上で、オリエント起源説の問題点を追求してみよう。地図（**図版1・9頁**）を参照しながら、読んでいただきたい。

ウマのオリエント、またはユーラシア内陸起源説は、これまで、当然のことのように主張されてきた。決定的な定説として取り扱われてきた。ところが、そこにはウシのオリエント起源説の場合よりも、もっと鮮明な形で、従来の学説の破綻が見受けられる。

まず、最初の説によれば、アフリカにウマがもたらされたのは、オリエントからヒクソス（古代エジプト語で外国人の君主の意とされている）が侵入したときだとされていた。ヒクソスの軍勢の勝利の原因も、ウマに引かせる二輪戦車の威力によるものとされてきた。ところが、それにしては奇妙な事実が明らかになった。美術史学者の木村重信は、その間の事情を次のように書いている。

《当時の絵画や浮彫を調べてみると、ヒクソス人がナイル・デルタで支配権を確立した前一八世紀には、ヒクソスの兵士は徒歩で戦闘しており、馬や戦車は描かれていない。》（『アフリカ美術探検』、八〇頁）

つまり、ヒクソスによるウマの伝来説には、何らの証拠もなかったのである。ウマはオリエント方面で飼育されはじめたという仮説的主張が、エジプトの古記録によるヒクソスの侵入の事実と結びつけられ、現代風の説明を与えられた。つまり、強力な新兵器の開発こそが勝利への道である、という死の商人たちの論理に、結びつけられたわけである。

もう一つの有力な学説は、現在のトルコにあったヒッタイト王国に、ウマの起源を求めていた。ヒッタイトの言語は、少し特殊な文法を持っていたが、インド・ヨーロッパ語族の古い型のものとされている。それゆえ、ヨーロッパ系の学者は、この国の歴史に特別の関心を寄せている。インド・ヨーロッパ語族【注】の言語が使用された国家としては、最古のものだからである。この王国は、前一六世紀に興隆し、前一五世紀にはオリエントに覇を唱える帝国と化した。前一四世紀には、エジプトに戦いを挑み、この後、平等の資格で講和条約を結んだ。

【注】現在では「語族」にわける議論そのものに矛盾が続出して崩壊し、欧米中心主義の似非学問として批判されている。

ヨーロッパの言語学者たちは、一方、インド・ヨーロッパ語のウマの呼び名が、その発音の祖型を、サンスクリット語の「アスヴァ」にまでさかのぼりうるという学説を立てた。そして、インド・ヨーロッパ語族の言語を使用する民族が、一番最初からウマを飼っていたのであり、ウマとともに四方に広がったのだと主張しはじめた。

そのため、ヒッタイト王国の歴史を再現しようとするヨーロッパ系の学者は、その言語学的な推測を、「定説」として取り扱ってきた。ある歴史書には、まさに、軍馬はいななき、戦車は走るといったような、ヒッタイト王国興隆史が、生々しく語られている。ところが、こういう説が唱えられはじめた頃には、ヒッタイト語そのものの研究は、まだ充分ではなかったのである。

やがて、ヒッタイトの表音文字が解読された。ウマは、「アスウァ」と呼ばれていた。そして、この呼び名は、隣国のミタンニ王国の言語から取り入れたものであると判断された。ウマの呼び名だけでなく、ウマの飼育・調教について解説した粘土板が発見され、それらの用語も、ミタンニ語からの借用であり、実際にはミタンニ人の調教師が雇われていたこともわかってきた。

ミタンニ人は、言語の面からみても、考古学的発掘の結果からみても、ヒッタイト人より後からイラン高原を下り、チグリス・ユーフラテス両河のほとりに建国したとされている。だから、ヒッタイト人は、最初はウマを持たずにトルコ半島に進出し、その後、ミタンニ人からウマを貰ったという結論が出てきたわけである。

こうなってくると、インド・ヨーロッパ語を使用する遊牧民族が、イラン高原あたりで、ウマを飼いはじめたと仮定しても、それは、ヒッタイト人の分離以後のことにすぎない。

ともかく、オリエント史学者の岸本通夫は、前述のウマの呼び名「アスウァ」の研究に基づいて、従来の「定説」を批判し、次のように書いている。
《前世紀以来の定説――「馬はインド・ヨーロッパ語とともに古い」とのインド・ヨーロッパ語学者の固定観念に重大な修正を加える必要のあることを意味するであろう。》(『ヒッタイト史の諸問題』、一五四頁)

さて、ミタンニ語の「アスヴァ」と、サンスクリット語の「アスヴァ」とは、確かに非常に近い関係にある。そして、岸本通夫は、サンスクリット語、つまりイラン高原に近いところにいた民族のウマの呼び名である「アスヴァ」から、ミタンニ語の「アスウァ」が地方型としてわかれたのではないか、と主張している。しかし、これは、ウマのイラン高原起源の仮説(岸本通夫はこの説に立っている)を認めた上での、もう一つの説明方法でしかない。

ミタンニ王国の本拠地を挟んで、イラン高原と真反対には、アラビア半島がある。そして、現在のアラブ語では、ウマを、「フウッスアン」と呼んでいる。もしかすると、こちらの方が祖型に近いのではなかろうか。つまり、アラビア半島からオリエントへ、ウマの供給が行われたのではないだろうか。その手掛りになるようなものは、何か発見されてはいないだろうか。

7 森林の野生ウマ

話はまたアフリカ大陸に戻る。

つい最近の一九五九年、現在のスーダンから、家畜ウマの骨が発見された。そこはかつての要塞の跡であった。当然、軍馬と考えられる。そして、そのウマは、紀元前一六七〇年頃のものと推定された。この紀元前一六七〇年という年代は、ヒッタイト王国の興隆以前でもあり、また、ヒクソスによるエジプト支配以前でもあった。

一方、私の知る限りでは、オリエントの周辺からの古い家畜ウマの骨の出土は、報告されていない。どういうわけかよくわからないのだが、ともかくどの本にも書いてない。古い年代を示すものが出土していないと判断する他はない。私は、それゆえ、スーダンからアラビア半島にウマが渡ったもの、と考える。このルートは、いまでも聖都メッカへの巡礼に使われている。大昔からの移住ルートでもあった。

では、スーダンでウマが飼育されはじめたといえるかというと、これも証拠はない。しかし、スーダンから、メッカ詣での巡礼ルートを逆行すると、また西アフリカに達する。そしてそこには、もう一つの謎が隠されている。

ウマの起源をオリエントに求めるとすれば、西アフリカのウマは、サラセン種に近いものでなければおかしい。事実、中世には、サラセン種のウマが西アフリカに輸入されていた。ところが、それでは説明しきれない系統のウマがたくさんいる。西アフリカに永らく研究生活を送った川田順造が、こう書いている。

《アフリカの馬の問題はまだ解明されたわけでなく、西アフリカ、ダオメー北部の小型のコトコリ馬の由来など不明のままである。》（『マグレブ紀行』、七九頁）

コトコリ馬の分布はかなり広いらしい。しかも、これに結びつけうる中世帝国の歴史が、熱帯降雨林地帯にも展開されていた。私も最初は、「ダオメー北部」という表現の意味が、よくわからなかった

図版12　ベニンで発掘された
黄銅製の騎士像
（『古代アフリカ王国』 p109）

のであるが、アフリカの植民地戦争の歴史を読み直していたら、次の事実に気がついた。

ダオメーは、かつてのダオメー帝国の跡なのだが、この帝国は、北部の熱帯降雨林地帯を根拠地としていた。そして一七世紀には、ギニア湾岸までを支配下に置いた。しかし、一九世紀にはフランス軍の侵入と戦いつつ、また北部へ撤退し、ゲリラ戦を数年間、続けていた。

だが、残念なことに、このダオメー帝国に騎兵隊がどれだけいたのか、それともいなかったのかについては、どの本にも書いてなかった。それでうっかり見逃していた。何となく日本の北海道の道産子馬のような、農業馬のたぐいのような気がしてしまったのである。

ところが、このダオメー帝国は、隣国のナイジェリアにあったヨルバ連合王国と、何度も戦っていた。そして、ヨルバ連合王国の一つ、ベニンの黄銅美術には、騎馬武者の像がたくさんあった。写真（**図版12**）のようなものだが、この国の黄銅美術は、世界的に最高級の水準を行くものとして評価されている。

ここでもまた、独特のデフォルメが行われているので、このウマが小型であることを、うっかり見逃していた。しかし、日本でも足利尊氏の乗馬姿の絵がよく教科書などに紹介されているが、あのウマも小型に描かれている。そして事実、日本馬は小型であった。ナイジェリアのウマも、本当に小型だったに違いない。

私はここに、重要な鍵を見出した。しかもそれが、もう一つの事実と結びついてきた。というのは、従来の定説によると、モンゴルの草原に野生していたターパン馬が最初に飼い馴らされ、次いでヨーロッパの森林馬（現在は絶滅）が別系統、もしくはターパン系とかけ合わされて、飼育種になったとされていたのである。私は、このヨーロッパ森林馬と呼ばれているものが、人間に追われて、草原から森林に逃げ込んだのだとばかり思い込んでいた。

ところが、コトコリ馬と、ギニア湾岸の熱帯降雨林地帯に展開された騎馬帝国の歴史に想いを馳せていたら、突然、もしかすると、人間に飼われる前の野生ウマは、森林動物になっていたのではなかろうか、という疑問が湧いてきた。

自然環境や、弱肉強食の法則に追われて、棲むところを変えた動物は、いくらでもいる。一番典型的なのは、陸上の哺乳類から海棲動物に変わったクジラである。しかし、新しい環境に充分適応できなければ、そこで絶滅してしまう。

ウマは、もしかすると、草原では肉食獣に対抗しきれず、森林に隠れ棲み、絶滅寸前のところを、人間に発見されたのではないだろうか。そして、家畜として品種改良が加えられ、再び草原性を取り戻したのではないだろうか。この疑問が湧いてきたときには、我ながら、びっくりした。いままでに教えられたり、本で読んだりしたことが、少なくとも、ウマの進化の最終段階のところで、まったく違ってしまうのだ。

だがその後、あらゆる角度から検討してみた結果、私はこの考え方に確信を深めた。以下、その根拠を述べてみたい。もっとも、ここでは、野生ウマが小型であったかどうかは、原則的には関係がない。ヨーロッパ森林馬は、逆に、大型であった。寒いところに棲む動物は、一般に、寒さに対抗するために大型になる。そして、熱帯の森林地帯では、一般に小型になる。動物の大きさは、環境によって変化する。

まずこれもイメージ・アップのために、宮崎県都井岬の野生状態のウマの例を出しておきたい。都井岬には、江戸時代から放牧されていた日本馬が、約七〇頭いる。観光案内などには、森のそばの草原に、ウマが何頭か群れている写真が載せられている。ところが、私が行ったときには、全部、森の中にしかいなかった。じっと立ったまま、ときどき静かに頭を垂れては、草をむしりとっていた。

さて、問題の第一点は、保護色である。茶褐色の肌、黒いたてがみ（家畜化されて以後の変異は別問題）、どれをとっても、薄暗い森林にぴったりである。草原動物は、こんな肌色をしてはいない。

アフリカの草原にも、ウマ科の動物がいる。いうまでもなく、シマウマである。あのシマ模様は、実に見事な保護色である。動物園で見ると、やたらに目立つが、アフリカの草原ではまったく事情が違う。猛獣映画の制作者の手記によると、アフリカの草原では、照りつける太陽のために、強いかげろうが立ちのぼる。そのために、シマウマの群れはなかなか発見できない。かげろうの中に、あのシマ模様が溶け込んでしまうのだ。

シマウマは、この見事な保護色を獲得しただけではない。肉食獣に襲われると、円陣を組んで、後足を一斉に蹴り上げる。ウマ科の動物にはウシ科の動物のような角がない。その不利を、シマウマは、新しい戦法を学ぶことで補っている。これに比べれば、ウマは、草原動物として落第である。特にアフリカの草原では、生き残る可能性はない。

もう一つのウマ科動物は、ロバである。ロバの肌は沙漠や山岳地帯の保護色、薄茶色になっている。足は遅いが、代わりに耳が発達した。そして、危険を察知すると、石のように動かなくなる習慣を身につけた。飼育種のロバにも、この性癖は強力に残っている。ロバはイヌの吠え声などを耳にして、いったん、立ち止まると、押せども引けども絶対に動こうとしない。

ウマには、草原をつい最近まで走っていたにしては、まだまだおかしな点がある。まず、ウマ科の中では、一番大きなヒヅメを持っている。しかし、それが脆くて、割れやすい。私は、ウマの唯一の身を守る方法が、森林の暗がりに、じっと立っていることだったために、ヒヅメが変わったのだと考える。じっと立っているためには、安定をよくしなければならない。ヒヅメは大きくなった。しかし、走り回らないので、脆くなった。これが唯一の説明方法だと思う。

またウマは火を見ると極端に怯える。ウマ科の眼の構造を比較した研究は、残念ながら発見できなかった。だが、おそらくウマの眼は、森林の暗がりに適応したのではないだろうか。火がきらいだというよりも、明るい光に耐えられないのではないだろうか。しかもウマは、暗い厩舎の中では、安心して、あの大きな、うるんだような眼を見開いて、じっと立っている。

モンゴル草原のターパン馬は、それゆえ、もともとは家畜ウマで放牧の群れから離れたものの、森林に潜り込めなかった仲間ではないだろうか。その頃には、人間がトラやオオカミなどを、あらかた追い払っていたので、彼らは細々と生き延びることができたのではないだろうか。

その上に、私は、草原性動物の家畜化という発想そのものに、重大な疑問を抱くようになった。

8 人間と家畜

まず、ウマが家畜になったのに、どうしてシマウマは、飼い馴らされなかったのだろうか。シマウマのいるところでは、そういう考えが浮かばなかったのだろうか。東アフリカや南アフリカの人々は、どうしていたのだろうか。

実際に、シマウマを飼い馴らそうとした実験例がある。ところが、シマウマには、家畜としての耐久力がなくて、諦めざるをえなかった。草原を走り回ることに馴れた動物は、人間によって閉じ込められることに、耐えられないのだ。もともとは肉食獣のネコについても、同じことがいえる。ネコは、狭い箱に閉じ込めると、狂い死にしてしまう。そして、ネコは、家畜とはいっても、ペットであり、独立性を保っている。なかなか、言いなりにはならない。

さて、大型、中型の家畜で、本物の草原動物だったのは、実際にいるのだろうか。ただし、ゾウは例外である。ゾウは巨大すぎて、天敵がいない。だから、大変に鷹揚《おうよう》である。親切にさえしていれば、暴れたり、逃げ出したりしない【注】。

【注】アフリカの古代遺跡には家畜のゾウが描かれている。北アフリカからスペインに広がっていたフェニキアの軍勢は、ゾウを連れてアルプスを越え、古代ローマに攻め込んだ。当然、アフリカ人には、家畜としてのゾウの飼育経験があったのである。しかし、アフリカ象は、インド象に比べ

ると人に馴れにくいので、上記の実例は、家畜化されたインド象の輸入とされている。アフリカ象については、生まれた直後から人が育てた実例を発見できなかったので、結論は保留とする。

まず、ウシ、ヤギ、ヒツジのウシ科動物がいる。この野生種は、山岳地帯にしかいない。やはり、草原を捨てて、食糧は乏しいが、逃げ隠れしやすいところに避難したのだ。ロバも同様だ。ブタやニワトリは、森林性の動物だった。ブタの野生種はイノシシだが、これは一つのイノシシ科になっている。イノシシ亜目には、ベッカリーとカバがいる。ベッカリーは、イノシシよりも草原を走るに適した足を持っているが、新大陸アメリカの森林地帯でしか生き延びられなかった。カバは河川地帯に潜り込んでいた。イノシシは草原などにもいるが、基本的には、草原動物ではない。ニワトリ、ホロホロ鳥、七面鳥などは、空を飛べず、羽根が退化した鳥類だ。ラクダやラマ、アルパカは、沙漠地帯に逃げ込んでいた。

このように、人間が、家畜として最適の条件を見出した動物は、すべて、動物の天国である草原や大空から、脱落したものばかりだ。それらの動物は、新しい環境の中でも、行き詰まり、辛抱強い性格を身につけざるをえなかったのだ。

ここに、ウマの問題を解く大きな鍵がある。しかし、この考え方は、もう一つの問題の鍵にもなる。つまり、なぜアフリカ大陸には、家畜の野生種がいなくなってしまったのか、という謎も解ける。アフリカ大陸には、多種多様な生物がいる。植物も動物も種類が多い。しかし、その陰には、生存競争に敗れて、絶滅していった生物も多い。家畜の野生種もそうだった。アジアやヨーロッパの辺境に落ち延びた仲間だけが、いまだに野生のまま生き残っているのだ。

なぜそういうことが最近になって起こったかというと、ホモ・サピエンスのヒト科動物だけではなく、ウシ科、ウマ科、ネコ科、イヌ科などの高等哺乳動物は、ほぼ時期を同じくして、現存の種へと進化を続けてきた。そして、同じような自然環境の中で、それぞれが典型的な進化を遂げてきた。つまり、喰うか喰われるかの立場は違っても、環境に適応した分化、発達では、同じ法則に従ってきた。

たとえば、ネコ科の代表、ライオン、トラ、ヒョウは、一代雑種ができる間柄である。そして、ライオンは草原、トラは山岳の森林、ヒョウは平野の森林を、主な縄張りにしている。彼らの肌色は、保護色ではなくて攻撃用の偽装色だが、これも完璧である。

ウマ科のわかれ方も、まったくこのネコ科の例に対応している。しかし、森林に入り込んだウマは、あまり成功しなかった。森林動物としては、身体も大きくなっていたし、シカのような角もなかった。ウマはただ、じっと立っている以外に身を守る方法を持たなかった。

このウマを、自然淘汰の法則から解放できたのは、人間だけだった。しかも、植物も動物も育て上げた経験を持つ人間だけであった。私は、ウマが飼い馴らされたのは、ギニア湾岸の熱帯降雨林地帯のどこかであると考える。そして、ウマだけでなく、ウシ、ヤギ、ヒツジも、最初は女たちの手で育てられたのではなかろうかと考える。

また、アフリカ人はすでに、紀元前四〇〇〇年頃にロバを飼っていた。ロバを飼い馴らした人々が、ウマを育ててみなかったはずはない。アフリカ人は、ネコも、カモシカも、サルも、ゾウさえも飼い馴らしていた。ウマの野生種が、アフリカ大陸にもいたことが判明した以上、アフリカ人がウマを飼い馴らさなかったという結論はありえない。

ところで、ヒヅメが脆くなっていたウマは、再び走り回ることになったとき、ヒヅメに蹄鉄をつけなければならなかった。では、鉄はどこで、誰によって発明されたのであろうか。一般には、やはり、製鉄のオリエント起源を説く学者が多いが、それは本当に確かなのであろうか。また、アフリカ大陸起源を主張する学者も続出しているのだが、その論拠は、どんなものであろうか。

第四章

鉄鍛冶師のカースト

図版13　アフリカの土製の高炉
（『黒色人文明の先行性』 PL.LXXXI）

1　現代の神話

ザイール（コンゴ）盆地の、広大な熱帯降雨林の中心部にいるバトワ民族（ピグミー）は、彼らの一族の中に鉄鍛冶師がいたという伝説を語り伝えている。鍛冶師の氏族は、アコアと呼ばれていた。《彼らは、誰よりも先に、鉄の矢と槍と斧と刀をつくった。その仕事場を覗くことは、職人以外には禁止されていた。ある日、一人の男が、その仕事場を見下ろす木の上に忍び込んだ。職長は鍛冶仕事をはじめた。彼は火を入れ、鉄を鍛えた。彼は斧をつくろうとしていた。しかし、いつものようにいかなかった。彼は誰かに見られていることを感じ、木を見上げた。彼は見知らぬ男をそこに認めた。そのとき、アコア族は、まるで妖精のように、ただちに消え去った。》（『ピグミーの世界』、一〇三頁）

そして、秘密を盗んだ男が、鉄のつくり方を広めた、というのである。

伝説があるぐらいだから、当然、バトワ民族は鉄器を使用している。鉄のヤジリ、ホコサキ、ナタ、包丁、山刀、鉄の火打石を使っている。また、同じ狩猟民のサン民族（ブッシュマン）も、鉄のヤジリ、ホコサキを使っている。以上の鉄器の使用状況は、私が、本やフィルムで確かめえたものだけだから、他の種類の鉄器を使っている可能性もある。

ところが、ほとんどの本では、バトワ民族やサン民族は、石器時代そのままであるとか、土器を使っていないから旧石器時代に近い、という説明がなされている。なぜかというと、彼らが鉄を、他のバントゥ系の民族から、物々交換で手に入れているからだというのである。この説明は果たして正しいのであろうか。

古典時代のギリシャ人は、やはり、鉄を物々交換で手に入れていた。鉄は、彼らにとって、どこからともなく運ばれてくる金属であった。彼らは、鉄鉱石の存在すら知らなかったのである。また、アッシリア人は、やはり鉄鉱石のない平野部にいたから、物々交換で鉄を手に入れていた。しかし、ヨーロッパ系の学者は、ギリシャ人もアッシリア人も、鉄器時代に区分している。

バトワ民族もサン民族も、鉄器を使用しているだけではない。鉄の棒を手に入れて、自分たちの手で、火を使って加工している。つまり、製鉄所からきた鉄塊を使って製品をつくる町の鉄工場のような仕事をしている。日本でも、「村の鍛冶屋」と呼ばれた人々は、自分の手で鉱石を掘り出したり、それを溶解して鉄を取り出したりする作業をやってはいなかった。しかも、それ以外の人々は、できあがった製品を使用しただけである。

だから当然、アフリカの狩猟民族を、石器時代に区分するのは、大変な間違いである。彼らは、ヨーロッパ人がアフリカにやってくるよりずっと前から、鉄器を使っていた。実際、アフリカ人で鉄器を使用しない民族は、どこにもいなかった。それどころか、アフリカ東海岸を通して、アラブ、インド方面に、大量の鉄が輸出されていた。少なくとも中世期のアフリカは、むしろ製鉄業の中心地であった。そして、私の考えでは、古代においても、確かにそうだったに違いない。

また、土器を使用していないと旧石器時代とか、中石器時代に区分するのも、大変な間違いである。世界中どこに行っても、狩猟民族というものは、大体、土器は使用していない。理由は簡単である。土器は重くて、しかも割れやすい。高級な土器、つまり陶器や磁器であっても、この性質は変わらない。だから、移動する必要のある民族は、土器を使わない。遊牧民族であっても、この事情はほとんど同じである。その代わりに、ヒョータンでつくった食器とか、皮の袋とかを使う。山登りにセトモノのドビンを持っていく人がいたら、相当のシロウトか気取り屋だと思われるに違いない。それと同じ理屈が、どうして考古学者や歴史学者にわからなかったのだろうか。それとも、わからない振りをしていたのだろうか。

この答は、わざわざ出すまでもない。ともかく、先入観というものは恐ろしいもので、専門家でさえ、一度つくられた印象に支配されてしまう。

たとえば、後に紹介するような古代アフリカの遺跡の数々を、熱心に調査したイギリス人のジャーナリスト、デヴィッドソンは、いかにアフリカ文明が誤解に包まれていたかという具体例を、次のように書いている。

《一九五八年になってからですら、ロンドン駐在の英領東アフリカ弁務官、サー・アーサー・カービーは……「過去六〇年間、つまりこの部屋にお集まりのみなさんが生きてこられた年月とちょっとの間に、東アフリカは完全に原始的な国、多くの点で石器時代よりも遅れた状態から発展してきたのです」といったほどである。》（『古代アフリカの発見』、二頁）

このカービーは、「サー」、つまり貴族である。そして、ロンドン駐在の弁務官というのは、仮に、一つの植民地を独立国にたとえると、そこからイギリスに派遣された外務大臣級の大使だ。そういう地位の人物が、つい最近まで、このような講演をやっているわけだから、なかなか反対できるものではない。

だが、アフリカの製鉄の歴史は、意外に早くから、ヨーロッパ系の学者にも知られていた。現在のスーダンには、メロエ（後に紹介）という古都があったのだが、そこには、約一〇メートルもの高さの二つのボタ山があった。調べてみると、これは鉄を取り出した後の鉱石のカス（鉱滓、カナクソ）であった。しかも、どう遅く見積もっても、このメロエの製鉄業は、紀元前六世紀頃にははじめられていた。イギリスの考古学者はびっくりして、これはアフリカのバーミンガム（イギリスの製鉄業の中心地）であるといった。しかし、歴史の順序から考えると、バーミンガムの方が、イギリスのメロエなのである。

また、製鉄の技術史を研究した冶金学者は、すでに一八八〇年代から、アフリカ大陸こそ鉄の発明が行われたところに違いないという考えを発表していた。私も以下に紹介するような事実からして、その考えに賛成である。

しかし、考古学者も歴史学者も、なかなか冶金学者、つまり鉄鍛冶師の末裔の意見には賛成しなかった。それはなぜだろうか。

2　不吉な金属

鉄はまず、錆びるのが早い。しかも、芯まで錆びてしまう。つまり、大気中の酸素と結びついて、ボロボロの酸化鉄の粉になる。水分が多いと、この作用は速く進む。だから、考古学的な発掘で出土する例は非常に稀である。

石器にはそういうことはない。材料によっては、分解することもあるが、土の中に埋もれていれば、まず残る。金は絶対に錆びない。そして、銀、銅、青銅、黄銅は、少し酸化（または硫化）するけれども、表面に膜ができて、原型をとどめる。

鉄の考古学は、このために、大変に不利な条件を抱えている。ここでもまた、鉄の起源はオリエントだ、ヒッタイトだ、と主張されてきたのだが、アフリカ大陸の前進基地、つまり、肝心の古代エジプトのピラミッドから、鉄製品が出てこないと、なかなか反論しにくい。しかし、それだけで、オリエント起源だと、断定してよいものだろうか。

たとえば、紀元前三世紀頃とされる日本の月の輪古墳から出土した鉄の刀剣類も、すでに、ボロボロになっていた。古代エジプトの初期の王墓は、これよりも、三〇〇〇〜四〇〇〇年は古い。たとえその中に、鉄製品が副葬されたと仮定しても、影も形もとどめていない可能性の方が高い。もっと粗末な墓や住居跡なら、なおさらのことである。

この条件はさらに、二重の制約を生む。エジプトのみならず、ギリシャあたりでも、鉄は「不吉な金属」とされていた。他の貴金属類に比べれば、美しくもなく、すぐ錆びてしまうのだから、当然の評価であろう。

一方、ピラミッドの建造には、永遠性が求められた。副葬品も選び抜かれ、後世に伝える目的を持っていた。神殿の宝物も同様である。その上、面白いことに、金属器時代になってからも、古代エジプト人は黒曜石の道具を使っていた。現代でも、工業用ダイヤモンドが使われているが、やはり、固い石の特徴を、うまく利用していたわけである。また、宗教的な儀式のためには、石のオノを使ってもいた。打製、つまり、削っただけのものもあったし、磨製の見事に磨き上げられたものもあった。多分、余裕のなかったときと、余裕のあったときの、つくり方の差でもあろう。

こんな事情もあって、いまでは、磨かれた石器を、新石器時代の特徴と決めつけるわけにもいかなくなってきた。道具というものは、実用的なものだから、不必要な部分まで磨き上げなくてもよい。むしろ、磨き上げた石器というものは、金属製品の形を真似た、または、後世に伝えるためのものではなかろうか、という考えも出てきた。

もしかすると、磨いた石器を宗教儀式に使う習慣は、古代エジプト人だけのものではなく、アフリカ大陸全体に見られたことかもしれない。その可能性は充分に考えられる。

いずれにしても、鉄は、ピラミッドや神殿に収めるための道具をつくる材料には、なりにくかった。しかし、まったく鉄の出土品がないかというと、そうでもない。

3　スポンジ・アイアン

鉄の技術史を研究した市川弘勝は、鉄は意外に早くから知られていたと主張しており、次のように書いている。

《紀元前約三〇〇〇年頃につくられたといわれるケオプス・ピラミッドの石材の継ぎ目から鉄製のナイフが発見され、カルノック・スフィンクスの一つの足元からは鉄製の鎌が発掘されているので、鉄は相当早くから人類に知られていたものと思われる。》(『鉄鋼』、二頁)

また、同じく技術史家の立川昭二は、『古代鉱業史研究』の中で、ゲルゼの先王朝（古代エジプトの統一王朝以前）の墓から、鉄のビーズ玉が発見されたと書いている。紀元前一四世紀のトゥト・アンク・アモン（ツタンカーメン）の王墓からは、鉄製の短刀も出てきた。

こういう事実を指摘しているのは、不思議なことに、いわゆる歴史学者ではなくて、技術史家、つまり、冶金学者に近い研究者ばかりである。そして、歴史学者や考古学者は、たとえば鉄のビーズ玉（首飾りらしい）について、墓の盗掘者が落としていったのではなかろうか、などといっている。鉄のナイフも、やはり盗掘者がピラミッドに穴をあけようとして、抜けなくなったまま、捨てていったのではないか、などという疑いをかけている。

果たして、どちらが正しいのであろうか。また、どうして歴史関係の学者の考えと、技術関係の学者の考えとが、これほどまでに食い違っているのであろうか。

ほとんどの歴史書には、鉄の発明が行われたのは、紀元前一五〇〇年頃であり、その場所は現在のアルメニアあたりであるというように書かれている。これは、技術史家の主張している年代と比べれば、二〇〇〇年以上もの食い違いがある。どうして、こんなに食い違うのであろうか。

私も最初は、この「現代の謎」が解けなかった。ところが、イギリス人の技術史家、フォーブスが書いた本を読んでみたら、この学者は化学の専門家なのに、歴史学者と同じ見解をとっていた。彼は、鉄の発明がなぜ遅かったかという理由を、鉄の性質に求めており、次のように書いている。

《鉄の冶金は、銅や、その合金の冶金とはまったく違うものであった。……もっと高い温度を必要とした。》（『科学と技術の歴史』、一巻、六五頁）

これがまた、決定的な間違いである。古代の鉄の製法では、高温を必要としなかった。ところが、専門の技術者がこう書いているのだから、イギリスの歴史・考古学者は、当然、この説明を信じてしまう。その結果、イギリス系の学者を中心とするオリエント・エジプト史では、この先入観がすべてを支配したに違いない。

一方、すでに一八八〇年代、ドイツの製鉄史家、ベックは、鉄を鉱石から取り出すのは、銅の場合よりもやさしいという事実を指摘していた。鉄の溶解点は約一二〇〇度Cで、金、銀、銅の場合よりも、高い温度を必要とする。ところが、銅を鉱石から取り出すのには、約一一〇〇度Cの溶解点まで加熱しなければならないのに、鉄は、塊《かたまり》のままでも、還元され、鉱石から分離してしまう。先に挙げた「酸化」との関係でいうと、酸化されやすいものは、逆に、還元もされやすい。

たとえば、技術史家の中沢護人は、この性質に基づく鉄の取り出し方について、次のように書いている。《この還元と呼ばれる過程は四〇〇度から八〇〇度あれば進行でき、温度が低ければ、固体のまま還元して酸素を失った孔だらけの海綿状の鉄になり、もっと温度が高ければ、粘いあめ状の塊になる。これを鍛錬して鉄でない部分を十分に除去すれば、立派な鉄となる。》（『鋼の時代』、二四頁）

この海綿状の鉄塊（スポンジ・アイアン）の利用については、私も、セメント工場の経験者から、次のような話を聞いた。日本で、戦前に鉄鋼が不足した頃、というよりは軍需用に取られてしまった頃、町の鉄工場では、鉄鉱石を入手し、セメント用の石灰を焼くカマで、海綿鉄をつくった、というのである。日常の鉄製品の原材料だけなら、結構、この方法でも間にあうわけだ**【注】**。

ではなぜ、イギリスの技術史家が、こういう事実を知らなかったのだろうか。もっとも、まったく知らなかったわけではない。先に挙げたイギリス人のフォーブスは、温度が低いと、「スポンジ状のモエガラの塊と金属粒」ができるという事実も書き添えていた。しかし、彼はそれを、一つの失敗、加熱の不足というように理解していたらしい。

この後は、若干の推測をする他ない。しかし、大筋は当たっていると思う。というのは、ヨーロッパにおける高炉法（高いカマの意だが、高温で鉄を溶かして流し出す）の中心地は、ドイツだった。イギリスでは、古い製鉄法も行われていたが、この高炉法を輸入した。そこで従来の技術と新しい技術の断絶が起こったと考えられる。日本でも、明治以前と以後の技術史には、こういう例は多い。その結果、技術者が古い製鉄法を伝えなかったか、最初から知らない鍛冶師が出現したか、ともかく結果として知らないという状態になった。だから、低温で出てくる海綿状の鉄塊を、フォーブスのように、単なる「モエガラ」としか考えなくなってしまったのであろう。

【注】「セメント工場の経験者」は、私の亡父、勲である。戦前の旧制の帝国大学時代に九州大学工学部に学び、旧・浅野セメントに入社、中途、北支那開発公社に出向し、敗戦後、現・日本セメントに戻った。下関工場の生産課長から本社の生産課長として退職するまで、セメント工学の技術部門の職を歴任し、定年退職後に嘱託として付属研究所に通って研究を続け、九州大学工学部で博士号を取得し、鹿児島大学に工学部ができた直後、主任教授として赴任した。当時の弟子が、その後、日本セメントの本社生産課長を継いだ。

4 鉄鍛冶師の末裔

ドイツの製鉄業は、イギリスやフランスよりも古い歴史を持っていた。

なぜかというと、中世のドイツ諸国は、神聖ローマ帝国の中心になっていた。この帝国は、古代ローマ帝国の遺産を受け継いでいたし、バルカン半島にも延びていた。そして、バルカン半島の山岳地帯は、古代からの製鉄業の中心地であった。

ところが、バルカン半島の周辺には、謎めいた歴史がある。

まず、面白いことに、このあたりの製鉄地帯の地名と、旧約聖書に出てくる伝説的な鍛冶師の名前とか、古代エジプト語の金属や鉄の呼び名とかが、結びつくのである。私にも、別に確証があるわけではないが、一応紹介してみたい。

まず、旧約聖書では、鍛冶師の先祖は、タバルカインということになっている。「タ」を除くと、バルカインとなり、バルカン半島の呼び名にそっくりである。そして、バルカンとは、この半島北部の鉄鉱石が採れた山脈の呼び名にはじまっている。鍛冶師の山、と呼ばれていたのではないだろうか。

また、「タ」というのも、古代エジプト語の「ター」が、土地のことを意味しているから、鍛冶師の土地という呼び名が、人名になってしまったのかもしれない。

次に、ベックの『鉄の歴史』によると、古代エジプト語では、金属また鉄のことを、バ、バー、バーエネペ、ベト、などと呼んでいた。そして、古代エジプト語の直系であるコプト語では、鉄を、ベニペと呼んでいる。

さて、バルカン半島の西部にあるアルバニアは、古代に製鉄が行われた山岳地帯を含んでいる。バニアは、ベニペと結びつく。しかも、不思議なことに、アルバニアはもう一ヶ所あった。現在は、ソ連邦アゼルバイジャン共和国になっているのだが、古代にはここに、アルバニアという国があった。ここも、やはり、製鉄地帯を含んでいる。

また、この二つのアルバニアの中間にはアルメニア（現在はソ連とトルコに分割）がある。このアルメニアこそ、イギリス人の歴史家や技術史家が、鉄の発明された地帯だと主張しているところだ。だが、バ行とマ行とは、すぐに入れ替わる。日本語でも、サビシイといったり、サミシイといったりする。メニアがベニアだったと考えると、これも、ベニペに結びつく。

話が少し飛ぶが、フランスとスペインの国境地帯、ピレネー山脈も、古代の製鉄業の中心地だった。ところが、ここにも、バースク民族がいる。どうも偶然とは思えない。

さて、アルメニアはヒッタイト王国の本拠地でもあった。ウマの項で述べたように、ヨーロッパ系の学者は、この王国に特別な関心を寄せていた。

だが、すぐ近くのソ連邦グルジャ共和国には、かつて、コルキスと呼ばれた古代王国があった。これは、序章で紹介したように、ヘロドトスによれば、「色が黒くて髪が縮れている」コルキス人の国だった。ヘロドトスは、この方面にも旅行をしており、自分の眼で確かめている。そして、コルキス人自身が、エジプトからきたことを認めたとも書いている。これはどういうつながりになるのだろうか。

コルキスという呼び名は、さらに、現在のコーカサスという山脈の呼び名にもなり、コーカサス地方にもなり、例のコーカソイド（白色人種）という使われ方もしている。そして、なぜヨーロッパ系の学者が、コーカソイドという用語をつくりだしたかというと、このコーカサス山脈は、ギリシャ神話の舞台だったからである。

コーカサス山脈で、神の国から火を盗んで人間に与えた英雄、プロメテウスが、岩山に鉄の鎖でしばりつけられ、ワシに肝臓をついばまれる話は有名だ。もしかすると、これも、火を盗んだのではなくて、火を使って鉄をつくる製法を盗んだ鍛冶師の一族の伝説なのではないだろうか。また、ワシとタカとは同じワシタカ科の仲間であり、タカは、古代エジプトの主神、ホルスになっていた。これも、鉄鉱山と鍛冶場を守るエジプト軍の兵士の意味だったのではないだろうか。しかも、バルカン半島のアルバニア人は、ワシの息子（シキベタル）と称しており、このあたりの最古の民族とされている。何やら意味ありげな感じがしてくる。

さらに、このコーカサス山脈からアジアの内陸草原をみると、トルコ（モンゴルも含む）系の民族がいる。彼らは、鉄鍛冶師の子孫であるという伝説や儀礼を持っている。そして、あるとき、鉱山の岩壁を爆破して、平原に進出したのだ、とも語り伝えている。これも、もしかすると、エジプト軍の厳しい監視の下で働いていた鉱夫や鍛冶師たちが、反乱を起こしたということかもしれない。

では本当に、古代エジプトがこのあたりを支配していた事実はあるのだろうか。

まずヘロドトスは、古代エジプトのファラオ、セソストリスが、ヨーロッパまで遠征し、スキティア人をも従えたと書いている。スキティア人とは、現在の南ロシアの平原にいた騎馬民族のことである。そうだとすれば、当然、コーカサス地方は、征服された地帯に含まれたに違いない。ヘロドトスは、セソストリスとしか書いていないのだが、エジプト史学者によれば、一二王朝のセソストリス三世（前一八八七～一八五〇）は、確かにオリエントに進出している。

また、フランス人のエジプト史学者、ヴェルクテールは、少なくとも、一八王朝のトゥトモシス三世（前一五〇四～一四五〇）以後の、オリエント支配を認めている。ヴェルクテールの表現を要約すると、この時代、ミタンニ、アッシリア、バビロニア、ヒッタイトの諸王国は、エジプトに貢物を贈ることになった。そして、エジプトは諸王国の王族や貴族の息子たちを、エジプトに人質として連れ帰り、教育をした上で、エジプト文明を伝える使節として送り返した。ヒッタイト帝国の興隆はこの後である。

このような、古代エジプトによるオリエントや現在のトルコあたりに対する支配の事実は、いろいろな証拠物件もあり、広く認められている。また、ナイル河の下流域には鉱山がない。そこで、エジプトからは何度もシナイ半島に銅鉱山開発の部隊を送っていたという古記録もある。ときには何千人もの部隊を送り込んで、長期間の滞在を可能にしていた。

立川昭二が『古代鉱業史研究』で挙げている例によると、紀元前一八〇〇年頃のアメネムハット三世の時代に、農夫、水夫、鉱夫、アジア人、石工による二八四名の遠征隊が記録されている。また、紀元前一一六〇年頃のラムセス四世の時代に、支配人、書記、石工、鉱夫、シリア人、警吏、兵士による八三五七名の遠征隊が出されており、このうち、五三一〇名が兵士（士官を含む）であった。アジア人とかシリア人とあるのは、牧夫の意味であろう。

以上の事実から見れば、いわゆる鉄のヒッタイト起源説は、単なる第二次中心地の誤認でしかないだろう。唯一の論拠になりうるものは、古代エジプト人、またはアフリカ人が鉄の製法を知らなかったという仮説的主張以外にない。しかし、あれだけの古代文明を築いた民族に、どうして鉄の製法が発見できなかったわけがあろうか。本当にそんなことがいえるのだろうか。

なお、オリエントを離れる前に、もう一つの謎を指摘しておきたい。というのは、立川昭二の『鉄』という本によれば、ヒッタイトの故地から、鋼鉄の短剣が出土し、紀元前二三〇〇年と年代づけられた。この短剣の成分を調べると、ニッケルなどの含有量が高く、隕鉄の利用という可能性もあると説明されている。しかしまず、この二三〇〇年という数字は、まだヒッタイトの侵入以前である。この短剣は、本当に隕鉄を含んでいたのであろうか。どこで、誰の手によってつくられたものであろうか。

5　ヒエログリフ

ドイツ人のベックは、工学博士であったが、製鉄の歴史を詳細に研究した。『鉄の歴史』の第一巻は、古代から中世までの範囲を取り扱っている。彼はヒエログリフをも学び、第一章に「エジプト」を設定した。そして、従来のオリエント起源説の誤りを指摘し、次のように書いた。

《エジプト人の碑銘や彫刻から、彼らのところでは、すでに第四王朝の第一代の王の時期に、鉄が使用されていたことを知る。》(『鉄の歴史』、三一頁)

このベックの主張は、すでにピラミッドの壁やスフィンクスの足元から鉄製品が出土したことによって、証明されはじめたといってよいだろう。

ところが、エジプト史学者は、このヒエログリフの解釈に反対し続けてきた。なぜかというと、初期のヒエログリフには、「天の金属」と書いてあるから、鉱石から取り出した鉄ではなくて、天から降ってきた隕鉄を利用したのだという主張を組み立てた。鉄の利用は、隕鉄にはじまるという説明は、また、ほとんどの歴史関係の本にも書いてある。

このような説明方法は、すでに、エジプト史研究の初期から行われていた。だからベックは、同時に、この隕鉄の利用の可能性についても、研究をしていた。ベックは、地上に落ちた隕鉄は、表面が酸化し、「褐鉄鉱の外観を持っているから、これを純鉄として認識することは難しい」と指摘している。そして、実際に隕鉄を何種類も集めて、実験を行った。その結果、隕鉄は、「石器では加工できないほど硬い」という結論を得た。隕鉄の塊を、鉄のハンマーでたたくと、形は変わらず、コナゴナになってしまう、という実験結果も出ている。

それゆえ、もし隕鉄を利用したとすれば、それは、金属を熱処理する方法が知られてからでなければならない、というのがベックの結論となった。この結論は、私にも非常に論理的に思える。また、この主張に対する技術的な反論はまったく見出せなかった。むしろ逆に、隕鉄を最初に利用したという学説の矛盾が、はっきりしてきた。

たとえば、イギリス人のフォーブスは、「隕鉄は、何世紀も前から知られていたけれども」、鉱石から鉄を取り出す方法は、エジプト人には知られていなかった、という説明をしている。理由は、すでに紹介したように、鉄の冶金には高温が必要だということであった。ところが、ニッケル含有量の多い隕鉄、つまり、ニッケル鋼を加工するためにも、高温が必要なのだ。現在の技術では、焼入れに、八二〇～八七〇度Cを適当としている。しかし、古代の鉄の製法では、四〇〇～八〇〇度Cしか必要でなかった。つまり、鉱石から鉄を取り出す方が、ニッケル鋼の隕鉄の加工よりも低温でできた。明らかに、フォーブスの説明は、矛盾している。

次にフォーブスは、古代エジプトで、ベンガラ（酸化第二鉄の赤い顔料）が使用されていたことを認めているが、これを、鉄鉱石の熱処理による製品だと考えていない。これも大変に矛盾した考え方である。現在では、硫化鉄鉱の熱処理によって、ベンガラが得られることがわかっている。また、ベンガラは自然に転がっているものではない。ベンガラを最初につくりだした民族は、鉄鉱石の熱処理を知っていたに決まっている。

このように、古代エジプト人が、製鉄法を知らなかったという主張は、矛盾だらけである。しかし、古代エジプトの本拠地には、鉱石はほとんどなかった。鉱石を、農作物や家畜の野生種に置き換えてみれば、これなしには鉄の発明は成立しない。

では、鉄鉱石があり、しかも、鉄の発明の条件を持っていたのは、どこであろうか。

6　土師部の女

一八三一年に、現在のルワンダからザイール、ローデシアに広がるルンダ帝国を訪れたポルトガルの軍人、アントニオ・ガミット大尉は、このあたりでは鉄鉱石が、「地表にたくさんあって掘り出す必要がないほどである」（『アフリカの過去』、二四二頁）という報告をした。これはどういうことであろうか。地表に、鉱石が転がっていたのであろうか。

この謎の手掛りは、もともとは地理学者であるシュレ＝カナールの『黒アフリカ史』の中にあった。彼の研究範囲は西アフリカの旧フランス領植民地を中心としているのだが、そこには、「ラテライト性の露出鉱」がたくさんあった。もちろん、鉄鉱石のことであり、シュレ＝カナールはこれを、アフリカで製鉄法が発明されるための有利な条件だと指摘している。また、このラテライト性といわれる土壌は、アフリカ大陸全体に広がっている。では、ラテライトとは何だろうか。

ラテライトは、熱帯地方特有の分解土壌のことであるが、シュレ＝カナールによると、最近では、「古鉄土」という総称が使われている。この中には、酸化鉄分の含有量が非常に高いものが多く、砂状、礫状、粘土状、岩盤状などの形をとっている。砂の状態のものは、砂鉄として採集されるし、礫、岩盤状のものは、鉱石として採掘される。

なぜこういう「古鉄土」がアフリカ大陸に多いかといえば、やはり自然環境に特殊性がある。照りつける太陽と、豪雨とが、鉄分を含む岩山を酸化し、破壊し、流出させる。いったん、固まった「古鉄土」も、また同じ目に会う。これが繰り返されると、砂金や砂鉄の採集と同じことが、自然に起きる。比重の重い金属は下に沈み、分離されてしまう。そして、表面の土砂が流されると、露出鉱となる。

ラテライト性の鉄鉱石は、それゆえ、アフリカ大陸の平野部にいくらでもある。山岳地帯に採鉱師が行く必要はなかった。こんな有利な条件がアフリカ大陸にはあった。しかも、自然に起きた金属の沈澱物の中には、マンガン、ニッケル、コバルトなどの重金属が含まれていたので、最初から特殊合金鋼ができた。アントニオ・ガミットは、「この鉄は熱いうちは鉛のように延びやすく、またそのように割れないが、冷えると鋼鉄のように固い」と報告していた。

一般には、鉄の本格的利用について、浸炭法（炭と一緒に焼いて炭素を染み込ませる）による炭素鋼、そして焼入れ法の発見までは、鉄器は普及しなかったと説明されている。しかし、アフリカ大陸では、その発明を待つ必要がなかった。

アフリカ人は、特殊鋼を易々とつくりだした。そして、東海岸回りで、インドや地中海方面にも輸出していた。デヴィッドソンも、「ソファラの鉄は、その豊富なこと、良質なことで、インドの鉄より有名」だったとしている。ソファラは、現在のモザンビーク海岸に古くから栄えた貿易港のことである。また、一二世紀のアラブ人は、このソファラの鉄がインドで高く売れる、と書いていた。

しかし私は、もっと意外なことを推測している。というのは、この自然条件の下で、誰が鉄の製法を発見したか、ということである。私はこれも女たちだ、と考えている。また一般には、鉄鍛冶師が突然出現したかのように説明されているようだが、これにも、必然的な過程があるに違いない。

まず、アフリカの農耕民の社会では、技術者の最上位のカーストは、鉄鍛冶師とされている。ところが、シュレ＝カナールの研究によると、ほとんどどこでも、このカーストの女性は陶工、または土器製作者である。

しかも、アントニオ・ガミットの報告によると、彼は、「採鉱中のアフリカ人の女を見たい」と希望した。だが、「この仕事は実際にそれをしている者だけが見ることを許されていて、そうでないとこの金属が見失われるという迷信」があって、その希望を断わられたのである。

ところで、明らかに鉄器よりも、土器の方が先に発明されている。ということは、土器をつくっていた女たちが、鉄の製法を発見し、男たちに力仕事、つまり加工作業を手伝わせたとも考えられる。その

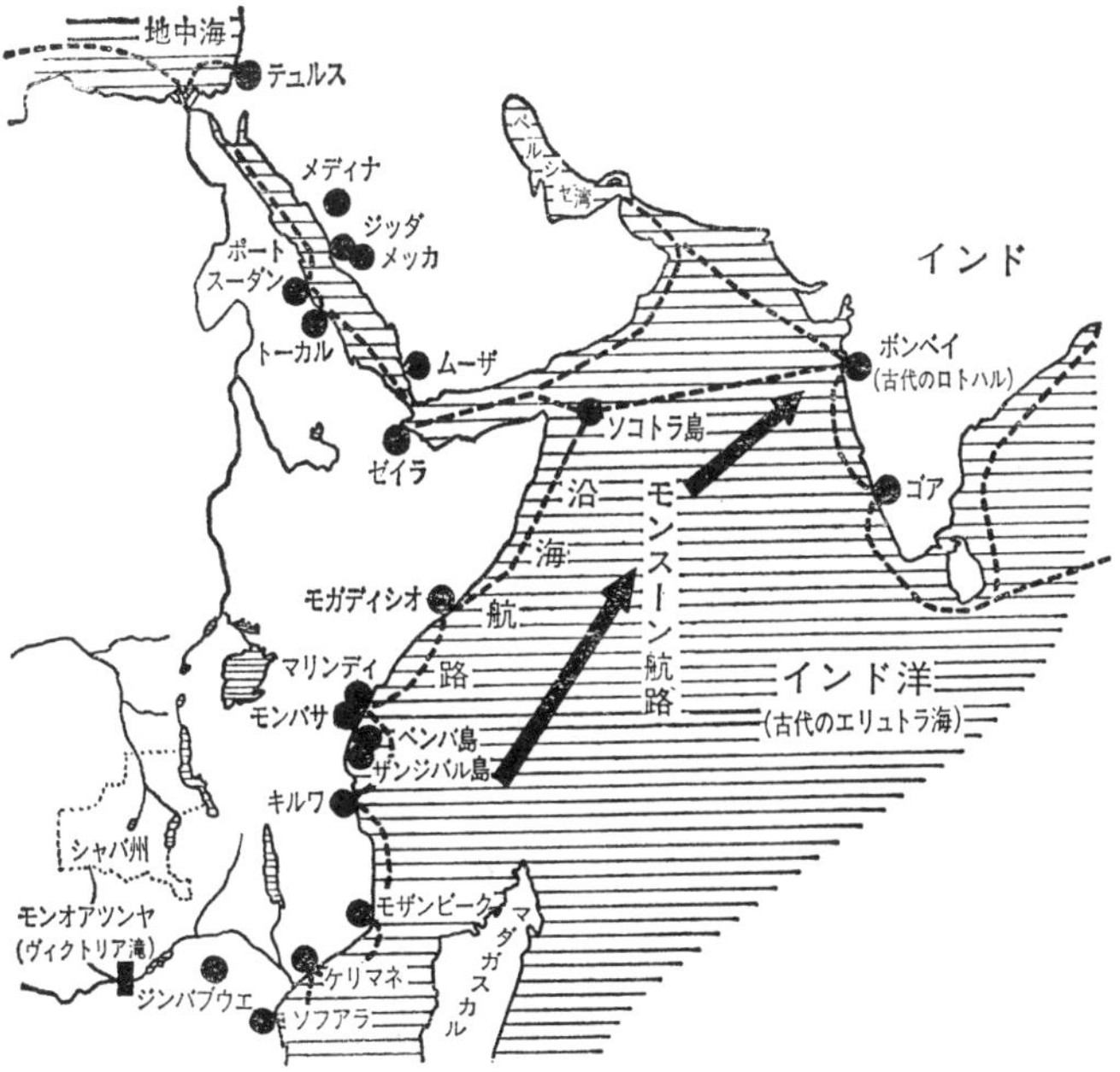

図版14　東アフリカ沿岸の貿易ルート

鍵になるものは、ラテライト、または「古鉄土」のもう一つの特殊性である。つまり、「古鉄土」は粘土状でも存在する。そして、土器の原料と同じ形で、地表にあった。この条件が決定的なものではなかろうか。

そして、もちろん、アフリカ人は早くから土器をつくっていた。紀元前六〇〇〇年のケニア高原の遺跡について、コルヌヴァンは、「とりわけ豊富な土器」という表現さえ使っている。

では、どういうことをしているうちに、鉄の製法が発見されただろうか。偶然だろうか。私は、これも必然的な結果として考えている。なぜなら、土器の製作には、すでに五〇〇〜七〇〇度C以上の高温が必要であったし、そこには、さまざまな実験の跡が見られるからである。たとえば、手元の百科事典にも、次のように書いてある。

《土器は一ヶ所の粘土で焼成したこともあったが、数ヶ所の粘土をまぜ、粘着力の強いものとし、さらに焼成の際の亀裂を防ぐため、石英や長石などの砂粒をまぜたりしている。貝殻・滑石・石英の粉末をつくってまぜたもの、植物繊維を混入したもの、サンドイッチ状に二枚の薄い粘土板の間に植物繊維などを挟んだものなどもある。》(『大日本百科辞典』、「土器」)

実験には当然、多くの失敗例がある。古鉄土性の粘土が多い地方では、土器製作過程で海綿鉄の塊が得られるという可能性は、充分に考えられる。逆に、よくいわれる例だが、カマドの積み石や焚火の下の地面に、鉱石が混じっていて、それが溶けて人目につくという可能性は、非常に乏しい。料理用の火の温度は、はるかに低いのである。

長い間、土器をつくっていた女たちは、その上に、実験的訓練を経ていたし、できあがりのよさ、色彩を競い合ったに違いない。女たちの研究心は旺盛であった。奇妙な黒い鉄の塊の利用方法に気づくのも、人一倍早かったに違いない。

さらに、発見された最初の鉄塊で、何がつくられたか、ということも考えなくてはならない。歴史学者は、刀剣類に重点を置く傾向がある。しかし、石器と同様に、金属器も最初は生産用用具、特に農耕用具として開発されたと考えるのが、本筋であろう。

コルヌヴァンによれば、南方アフリカのサンゴアン様式にはじまる石器の系列には、一貫して、「木工に適した、ツルハシ、タガネ、ノミ」のたぐいが見られた。ツルハシは、木製の掘り棒とともに、ヤムなどの採集に使われたのであろう。タガネやノミは、もしかすると、ヤシの実に穴をあける道具だったのかもしれない。私は、最初の鉄塊が、この種の道具に鍛え上げられたと考える。

では、このような土器製作者による鉄器製作、つまり、土師部と鍛冶師の兼業は、他の大陸にも、痕跡をとどめているであろうか。

まず、旧約聖書には何ヶ所も、粘土と金属とが一緒に並べて書いてある。ギリシャや中国の哲学者は、万物を、「土（地）、水、火、風」の要素に分解しようと試みた。金属は、土の一種にすぎなかった。また、それ以外には考えられなかった。

日本ではどうだろうか。土師部は、土器、ハニワの製作者だと説明されている。しかし、アカハニという種類には、赤い色の酸化鉄分が含まれており、すでに、鉄鍛冶師と結びつけて考えている学者もいる。私は、土師（ハジ）が、鍛冶（カジ）に変わったのだと思う、土器、陶器、磁器については、中国、朝鮮から進んだ技術を持つ陶工が移住してきたので、従来の土師は、鍛冶に専念するようになったのではないだろうか。

また、鉄とシャーマニズム（呪術的な古代宗教）の結びつきは、広く認められている。そして、日本のシャーマニズムは、トルコ、モンゴル系の由来で説明されている場合が多い。

ところが、アフリカでも、鍛冶師のカーストは、呪術師と医者を兼ねている。やはり、シャーマンである。私は、日本の稲作農耕民が、東南アジア回りで、アフリカのシャーマニズムを伴ってきたと考えてもよいと思う。最近の新聞報道によれば、タイで、紀元前三〇〇〇年頃の青銅器文化の遺跡が、発掘されている。むしろ、東南アジアの金属文化の方が、中国やモンゴル草原よりも、早くから発達していた可能性がある。当然、鉄器文化も早かったであろう。日本の鉄器文化とシャーマニズムは、アフリカ大陸に由来しているのかもしれない。

ついでながら、女王ヒミコは、シャーマンであった。つまり、私の考えでは、女王ヒミコも、アフリカの鍛冶師、または土師部の女の系譜に属することになる。

さて、先に、紀元前二三〇〇年頃と推定される鉄の短剣の例を紹介した。この短剣には、ニッケル分などが含まれていた。果たして、隕鉄を利用したものであろうか。それとも、アフリカの「古鉄土」による製品だろうか。

私は、この短剣も、アフリカ大陸に由来すると考える。もちろん、まだ決定しようはない。だが、隕鉄の利用、つまり、自然に転がっていた鉄塊の利用、という発想には、いささか注意を要する問題点がある。

鉄はやはり、土の中から、火によって鍛え上げられ、火によってのみ出現するものであった。それゆえにこそ神秘性、魔力を人々に覚えさせた。アフリカの神話には、火が天から降ってきたというのもある。「天の金属」とは、この思想に由来するものかもしれない。そして、火によって土を鉄に変える技は、土器づくりとともに、化学の系列に含めなくてはならないだろう。後にこの系列は、アルケミア、ケミストリーにつながっていく。人々は、火によって新しい金属を得ようとしはじめた。

大地から、新しい性質の物質を選び出し、火によって加工すること、支配すること、これは無機物の世界への支配力を、人間が手に入れたことを意味する。農耕・牧畜が、有機物の世界への支配を意味しているとすれば、ここにまた、新しい分野が開拓されたことになる。この契機としても、鉄の発明は重要である。

では、アフリカ大陸に、早期からの鉄の利用を示すような証拠は、どれだけ出ているのだろうか。

7　鉱山遺跡

ここでまず指摘しておかなければならないのは、アフリカ人や、アフロ・アメリカ人の学者が、鉄の起源の問題を非常に重視していることである。

アフリカ人は、先に述べたように、鍛冶師をカーストの最上位に置いていた。彼らの神話はすべて、神から直接に金属を与えられたということを語っている。独自の技術（図版13・131頁参照）に誇りを持ってもいた。

神話そのものを比較してみても、大変に興味深い現象が見られる。ヒッタイトの神話は知る由もないが、ギリシャ神話では、プロメテウスが火を盗んだ。ところが、バトワ民族の神話は、鉄の秘法を盗まれたと語っていた。また、ギリシャ神話の英雄たちは、ヘーパイストスという天上の神に頼んで、武具をつくってもらうことになっている。そして、ヘロドトスは、ヘーパイストスを、エジプトの太陽神ラーと同一視している。一方、トルコ・モンゴル系の神話では、彼らが最初から鍛冶師だったという記憶しか残っていない。

つまり、自分たちが「鉄の秘法」を知っていたと、はっきり語り伝えているのは、上記のうちでは、アフリカのバトワ民族だけなのである。しかも、ギリシャ神話の暗示するものも、ヘロドトスの『歴史』も、すべてアフリカを強く意識している。

では、神話の裏づけは、どこに隠されているのだろうか。たとえば、アフロ・アメリカ人の歴史学者、ウッドソンは、一九四七年に出版された『我々の歴史における黒色人』の中で、次のように主張している。《大陸の中心部に近いアフリカ人は、この貴重な金属の効用を最初に知った人たちである。》（『黒人の歴史』、六頁、再引用）

ただし、この引用文だけでは、ウッドソンの論拠はわからない。また、原著は入手できなかった。だが、他の事情からして、私は、ウッドソンが、次に紹介するドイツ人、ルーシャンの説を採用したものと判断する。

ルーシャンは、アフリカ大陸の各地を回った。彼は、鉄の製法を調べた。おそらく、ベックの学説も知っていたに違いない。そして、アフリカの製鉄法が、最も祖型に近いものと考えたようである。羊の皮製のフイゴなどにも注目している。

そして、ソ連のコスヴェンが、このルーシャンの説と、新しい発見とを結びつけて、次のように書いている。

《一九〇二年にドイツの学者フェリクス・ルーシャン（一八五四〜一九二四）……が、鉄の溶解と熱処理の最初の発明者はネグロで、他の民族はこの技術を彼らから学んだのであり、従って鉄の冶金術はアフリカから西ヨーロッパに伝わったのだと確信をもって述べた。……これに関して注目される考古学の記念物は、北ローデシアのムンブア洞窟で、そこでは新石器時代の用具とともに鉄の溶炉趾と鉄鏃が発見された。この記念物は、極めて疑問が多いが、紀元前二千年紀と年代づけられている。》（『原始文化史概説』、一九八〜一九九頁）

他にも、やはりソ連のペシキンが『鉄の誕生』の中で、同じようなことを書いている。彼の表現は、より確定的であり、アフリカ大陸で、「何回も発掘が行われた結果、紀元前二〇〇〇年にアフリカでは鉄の熱間加工が広く普及していたことが確認された」となっている。

残念ながら、ペシキンの記述には、遺跡の名称、場所が記されていない。また、コスヴェンのそれは、「極めて疑問が多い」ともなっている。しかし、ソ連では、こういう見解が有力なのであろう。

また、すでにベックが、一八八〇年代に、西アフリカの「古い土着の製鉄業」にも注意を向けていた。そして、現在のスーダン西部の民族が「大昔からの鉄鍛冶として有名」だったとしており、「非常に進んでいた」と評価している。

ここでも不思議なのは、古い型の技術を伝えている民族が、なぜ他の学者によっても、最古参に想定され、その作業仮説に基づいて研究されなかったのか、ということである。ドイツや、やはりドイツの技術を取り入れたロシア、またはソ連からはこの発想が出ているのに、イギリスやフランス系の学者は、まったくこの点を無視している。これでは、鉄製品の出土が難しいという条件の上にあぐらをかいて、最後までアフリカ文化の評価を遅らせようとしている、といわれても仕方あるまい。事実、セネガル人のディオプは、こういう歴史学者（彼の場合はフランスの学界が相手）の態度に、強い不満を表明している。

だが、いずれ、決定的な調査結果も出るに違いない。というのは、デヴィッドソンによれば、ローデシア周辺だけでも、古い鉱山の遺跡は、「おそらく六万ないし七万に達する」。アフリカ大陸全体では、数十万ヶ所といってよいだろう。

コルヌヴァンは、一九六七年までの新しい調査結果を列挙している。それによると、わずか六地点だけで、紀元前四〇〇年から紀元後四〇〇年の数字が出ている。

この数字はまだ、紀元前後のものでしかない。しかし、古い時代のものになればなるほど、遺跡の絶対数は少ないに決まっている。年代の確定したものは、それゆえ、ピラミッドにたとえれば、途中の階段にすぎない。数十万にものぼる鉱山遺跡の中で、わずか数地点の調査だけでも、これだけ古い年代が示されたと評価したい。

また、統計学的に評価すれば、紀元前後には、大量の鉄生産が行われていた、と推定できる。

なお、アフリカの鉄器文化については、別系統に独自の発生を見たとする説もある。しかし、私はすでに農耕の章でもふれたように、安易な多元説には反対である。アフリカ大陸は、そんなに孤立したところではなかった。

さて、もう一つ、ナイジェリア南部にも、鉄器文化をめぐる謎がある。

8 テラコッタの証言

ナイジェリアの南部地帯には、すでに紹介したように、多くの騎馬帝国が栄えていた。ベニンとかイーフェとかは、黄銅美術でも有名だ。

ところが、この地帯の少し北に、ノクという地名の錫《すず》鉱山があった。そして、この鉱山の採掘現場から、大量のテラコッタ（焼き粘土の意）、つまり土製の人物像（日本のハニワに似ている）が出土した。

これはノクの小像文化とも呼ばれているが、このテラコッタには、鉄の鉱滓（カナクソ）がこびりついていた。しかも、コルヌヴァンはこう書いている。

《いくつかの発掘地点では、通風管の破片、鉄の鉱滓、溶鉱炉の痕跡が、実際に発見された。》（『アフリカの歴史』、一五八頁）

つまり、動かしようのない鉄生産の証拠が出てきた。そして、この事実も私の考え方のヒントになったのだが、土器またはテラコッタの製作と鉄の溶鉱との結びつきが暗示されている。同じカマを使っていたために、テラコッタにカナクソがこびりついたもののようだ。

ところで、このノクの鉄器文化の年代は、どういうことになっているのだろうか。私には、この地点に関するたった一ヶ所のデータの研究方法が、いかにも不可思議に思えてならないのである。一般には、このノクの鉄器文化の年代を、紀元前三〇〇年頃とする学者が多いのだが、私は、その年代の決め方に、異論を差し挟みたい。そして、もっとずっと早かったのではなかろうかと考えている。

というのは、ノクの一地点で四つの炭化した木片が採集された。そして、カーボンテストの結果、紀元前約三五〇〇年、二〇〇〇年、九〇〇年、紀元後二〇〇年という年代を示した。ところが、最初の二つの数字は除外されて、残りの数字の中間が採用されている。しかも、ちょうど真ん中は紀元前三五〇年となるはずなのに、少し削って、紀元前三〇〇年という仮説が発表され、それが「定説」として取り扱われている。これはどういうわけであろうか。しかも、さらに奇妙な事実が出てきた。何冊かの本に、資料の取り扱い方の食い違いが出てきたのだ。

まず最初に、このノクの四つの木片を採集して、カーボンテストにかけたのは、イギリス人の考古学者、ファッグである。デヴィッドソンは、先に挙げた四つの年代測定の結果を書き、古い方の年代を捨てた理由について、こう説明している。

《「最初の二つの年代は」とバーナード・ファッグは注釈をつけている。「ほぼ確実に、それ以前の沈澱物のため生じたものだ」。》(『古代アフリカの発見』、五〇頁)

なぜ「ほぼ確実」なのだろうか。「それ以前の沈澱物」とはどういうことだろうか。ファッグは、四つの木片を採集するときに、それぞれの状態に、いささかなりとも差異を見出していたのだろうか。カーボンテストにかけるまでは、同格に扱っていたのではないだろうか。論理的には、紀元前三五〇〇年を示した木片の方が、鉄器文化と同時期のもので、他の三つの木片の方が、後から、その後の何千年のうちに新しく生え、朽ちていった木の根の破片だったのかもしれない。しかも、このノクは、熱帯降雨林地帯、つまり、一番植物の繁茂が激しいところなのだ。

ところが、この疑問を抱きつつ、コルヌヴァンの『アフリカの歴史』を読んでいたら、そこでは、木片の数が三つに減り、紀元前三五〇〇年に相当する数字が、消え失せていた。コルヌヴァンは、フランスのアフリカおよび海外研究・資料蒐集センターの所長である。彼は、あらゆる個所で、詳しいデータを挙げている。そういう資料の活用者が、どこで間違ったのだろうか。

この「現代の謎」を解く鍵の一つは、デヴィッドソンが編集した資料集、『アフリカの過去』の中にあった。そこには、ファッグ自身が書いた別の文章、つまり、先に挙げたデヴィッドソンの『古代アフリカの発見』に引用されたものよりも、後に書かれた論文が抄録されていた。

驚いたことに、そこでは、紀元前二〇〇〇年頃という数字さえ消滅していた。しかも、注意して読むと、紀元後二〇〇年、つまり一番遅い年代を示した木片は、いわゆるノクの小像文化、または鉄器文化の最盛期よりは、はるかに遅い年代のものだったのである。

ファッグはこう書いている。

《いままで小像《フィギュリン》を出したことのないようなそれこそ最も若い推積層の中に、灰色の粘土にすっぽり包まれた元のままの位置で、しっかりした胴体の材をいくつか発見するのに成功した。これらの標本を分析した結果、ほぼ紀元二〇〇年頃というのが適当な日付であることがわかった。小像《フィギュリン》の材が発見された下方の砂礫層から出たものは、ほぼ紀元前九〇〇年を示した。》（『アフリカの過去』、六五～六六頁）

これによると、紀元後二〇〇年という数字は、小像文化期の、最も新しい年代を示していることになる。しかも、胴体に木材が使ってあるように、若干、手のこんだものである。

それゆえ、紀元後二〇〇年という数字は、ノクの小像文化という芸術的様式が、この年代まで続いたということは示しているとしても、鉄器の発生年代を決める手掛りにはなりえない。この数字の方こそ、採用してはならないものなのだ。

次に、なぜ紀元前三五〇〇年と二〇〇〇年の数字が捨てられたのか、ということだが、まるで理由が記されていない。本人に聞いてみなければ、これ以上のことはわからない。しかし、傍証として挙げることができる事実には、すでに述べたように、イギリスの歴史・考古・技術史学者の頑強な、紀元前一五〇〇年頃という年代のヒッタイト起源説がある。この仮説的主張を捨てて、新しい角度から見直すことなしには、古い年代数字の評価はできないわけである。

しかし、ノクのテラコッタは、まだまだたくさん地中に眠っている。鉄の鉱滓をつけて、カーボンテストに必要な木片を伴って、やがて新しいテラコッタが出現するであろう。

さて、私は土器製作の副産物として、鉄の発明を位置づけた。それゆえ、この発明がそれほどに困難なものだったとは考えていない。火によって土を変える技を知っており、一方で、樹木の伐採などをしていた人々、つまり、鉄の発明の主体的条件を持っており、固い金属、または固い道具を必要としていた人々には、早くから、この発明をする必然性があった。しかも、すぐそばには、世界中でも稀にみる状態の粘土から岩盤までの、すぐれた鉱石が転がっていたのである。

それゆえ、私は、紀元前六〇〇〇年頃には、中央アフリカあたりで、鉄の発明が行われていたと想定しておく。しかも、紀元前四〇〇〇年頃には、その鉄がエジプトにも到達していたのではなかろうかと思う。先に挙げたゲルゼの先王朝の王墓から出た鉄のビーズ玉は、いまのところ、最も古い直接的な手掛りである。素直に解釈するならば、この鉄のビーズ玉は、紀元前三六〇〇年頃、人々がすでに、円い小さな鉄の玉をつくり、それに穴を穿つことさえ知っていたという事実を示している。

だが、エジプト周辺には、鉄鉱石があまりなかった。また、簡単に特殊合金鋼をつくりだせる「古鉄土」の鉱床もなかった。オリエント方面に遠征しても、そこの鉱山から採れる鉄鉱石では、軟鉄しかできなかった。炭素鋼の発明以前のエジプトでは、どういう解決法が求められたであろうか。

9　ミルラの秘蹟

フランス人のド・ボーが書いた『アフリカ探検五千年史』によると、紀元前二三〇〇年頃に死んだ古代エジプトの王女のミイラのそばから、アンチモンが発見された。この金属は鉄を触媒にして、輝安鉱という鉱石と一緒に熱すると、還元され、分離してくるものである。

アンチモンはすでに、紀元前四〇〇〇年頃から、陶器の壷の装飾などに使われはじめていた。しかし、これもエジプトには鉱石がない。そこでド・ボーは、現在の分布からして、ローデシア産の可能性ありと指摘している。ローデシアは、すでに紹介したように、六万から七万にも達する鉱山遺跡があるところだ。

一方、同じローデシアから、古代エジプトの神、オシリスの小像が発見された。それには、紀元前一五世紀のファラオ、トゥトモシス三世の碑銘が刻み込まれていた。また、ザイール（コンゴ）からも、紀元前七世紀と年代づけられる別のオシリス小像が発見された。ザイールのシャバ（カタンガ）州にも、やはり、数千ないし数万の鉱山遺跡がある。ここでは、現在でも、銅、ウラニウム鉱山などが開発されている。しかも、このシャバを中心にして、南はローデシアから、北はルワンダ（巨人の多いワッシ民族のいるところ）にかけては、つい最近まで、ルンダ帝国が勢威を誇っていた。このあたりに、中世の内陸貿易ルートが縦横につながっていた。

以上の事実、およびド・ボーの指摘から、どういう推測がなしうるだろうか。

中央アフリカの鍛冶師、または土師部の女たちは、早くから、鉄だけでなく、アンチモン、ベンガラその他の金属粉末をつくりだすことを、学んでいたのではないだろうか。そして、古代エジプト人は、そのような金属粉末または金属塊を、必要としたのではなかろうか。壁画の顔料や、陶器の模様として、いわば安全な場所に閉じ込められたものは、現在に伝わっている。しかし、もしかすると、軟鉄しか採れない鉄鉱石を利用し、中央アフリカから、ニッケル、コバルト、マンガンなどを取り寄せて、特殊鋼をつくっていたのではないだろうか。壁画や壷の絵の彩色は、その余技として発達したものではないだろうか。

中央アフリカの土師部の女たちは、いろいろな場所の粘土から、さまざまな色彩の土器ができあがることを知っていた。できあがった鉄が固くなったり、軟かくなったり、ときには脆くなったりすることも知っていた。この条件の下でこそ、諸金属の分離、精錬がはじまったのではないだろうか。私は、この謎の鍵を、「ミルラ」に求める。ミルラは、一般に、神殿で使う「没薬《もつやく》」として説明されているものである。

古代エジプトのファラオは、ミルラを求めて何度も南方に遠征隊を送っている。その記録は、第一王朝ないし第二王朝にはじまっている。第五王朝（前二五六三〜二四二三）のサフラーは、南方の国プーントから、「八万枡《ます》のミルラ、六二〇〇斤のエレクトロン（金銀の合金）、二六〇〇斤の貴重木」（『アフリカ探検五千年史』、八頁）を持ち帰ったことを、記録にとどめている。

このプーントが、どこにあった国かということは、ミルラとは何か、ということとともに、大変な謎である。従来のエジプト史・オリエント史学者は、このプーントの国を、現在のエチオピアの北、ソマリアの海岸地帯に求め続けてきた。しかし、現在のソマリアやエチオピアからは、何らの考古学的証拠も発見されていない。一方、セネガル人のディオプは、例のローデシアで発見されたオシリス神像と、エジプトの壁画に残るプーントの王族の姿（**図版18・199頁**。第六章の扉絵）、風俗を根拠に、プーントはローデシア近辺に違いないと主張している。

私はまず、ディオプの主張にほぼ賛成であるといっておこう。そして、ミルラをどう解釈するか、という問題を先に片づけておきたい。

ミルラは、神殿で使われたとされている。では、神殿では誰が、何をしていたのだろうか。「八万枡」ものミルラは、線香のように燃やされていたのであろうか。

ところが、あらゆる学者は、古代の金属精錬が神殿で、神官によって行われたと主張している。私はこれに、巫女の役割を加える。私の考えでは、巫女そのものも、中央アフリカの鉄鍛冶師の一族の出身であった。彼女たちは、金属精錬の秘法を守っていた。ミルラとして総称されているものの中には、何種類もの稀少金属、重金属が含まれていた。巫女たちは秘法を知り、奇蹟を行うものとして、あがめられていた。

さて、英語で奇蹟のことをミラクルというが、これはラテン語のミラクルムに発する。私はこれを、仮に（正確にはたどりにくいので）、ミルラ・ケムと解釈する。ケムは化学、ケミストリーの語源である。つまり、ミルラを使った冶金化学が、奇蹟または秘蹟と考えられたわけだ。ラテン語の動詞、ミロールは、それゆえ、「驚嘆する」「崇拝する」という意味を持っている。また、英語で金属の総称となっているメタルは、ギリシャ語に由来している。ギリシャ語でメターラは、金と銀の鉱山の意味であるが、この語根を持つ単語の中には、粗鉱という名詞であるとか、変えるという動詞であるとか、金属精錬を意味する単語がたくさんある。このメターラも、ミルラの変化に違いない。

ギリシャ人やローマ人は、エジプトを征服する以前に、金属類の輸入者であった。彼らの金属や化学に関する単語は、ほとんど古代エジプト語に由来している。これだけでも、ミルラの正体については、充分な証明になるだろう。

しかし、さらに面白いことがある。ド・ボーの記述によると、ミルラは、オーとも呼ばれていた。ギリシャ語では、鉄をオラオーといった。オーと、オラオーとは、つながりがある。そしてこの系列の単語は、英語でまた、オーとなり、鉱石、粗鉱の意となっている。私は、普通の鉄鉱石に、ミルラ、つまり、重金属類を加えて特殊鋼をつくっていたのだと考えるから、言葉としてのミルラとオーの歴史的なつながりにも、大いに惹かれる。

さて、プーントの位置の問題に戻ってみよう。今度は、他の要素も加味して考えたい。

紀元前二三〇〇年頃、古代エジプトの貴族ハルクーフが、ナイル河上流に、二回の旅をした。これは現代風にいえば、スパイとして調査活動を行ったのである。そして、四回の軍事的遠征を成功させた。旅については、最初は七ヶ月で帰ってきたことを誇っており、二回目は八ヶ月かかっている。相当に遠くまで行ったことになる（**図版19・204頁**参照）。

まずハルクーフは、「精霊の国」から小人を連れて帰った。そしてこの小人は、かつて「宝物係りのブールデッドがプーントから連れて帰った小人と同じような踊る小人の神様」であった。つまり、ハルクーフより前に、「宝物係りのブールデッド」が、「プーント」に行ったのであり、そこには、「小人」がいたのである。ハルクーフも、間違いなしに、プーントの近くに行っている。中央アフリカに住む現在のバトワ民族には、毎晩、焚き火を囲んで踊り、歌う習慣がある。非常に踊りが巧みであることについては、いろいろな証言もあり、どの学者も、この「小人の神様」を、バトワ民族と結びつけている。

ところが、現在のソマリア周辺には、バトワ民族に類する背の低い集団は、まったくいない。そこでプーントの国をソマリアに設定する歴史学者に呼応して、ヨーロッパ系の人類学者は、昔はいたのかもしれない、そういう伝説もあるから、などといっている。しかし、巨人伝説と同様に、小人の伝説を持たない民族というのは、探す方が難しいぐらいである。このような根拠に基づく学説は、まったく、砂上の楼閣に等しい。むしろ私の考えでは、小人や巨人（ワッシ民族が最大の候補）の伝説を持っている民族は、中央アフリカに出発点を持つ人々を加えているのだ。現在のバトワ民族の分布から素直に解釈して、プーントの国、または精霊の国は、ザイール盆地周辺にあった、と仮定するのが、本筋である。

次いで、ハルクーフは、「精霊の国」またはプーントの国から、二回にわたって雄ウシを持ち帰ったことを、碑銘にとどめている。自分の墓の碑銘文に記すぐらいだから、これは大事なことなのである。しかも、この「雄ウシ」の位置づけについては、もっと他にも材料がある。

紀元前一五世紀、トゥトモシス三世は、やはり、ミルラとともに、プーントの国から遠征隊が雄ウシ三〇五頭を持ち帰ったこと、その後、南方の征服地から雄ウシ六〇頭を献上されたことなどを、神殿に記録している。

私は、この雄ウシ、つまり種オスの問題を、すでに予告しておいた。これは、中央アフリカのオオツノウシの系統以外の、何ものでもありえない。そうでなければ、何を苦労して遠征隊が大量のウシの群れを連れ帰り、しかも、神殿に報告したりするであろうか。逆に、オリエントやインドからウシを輸入した記録はどこにも見当たらない。

この記録はそれゆえ、同時に二つのことを証明している。第一には、家畜ウシまたは聖牛の起源は中央アフリカにあることであり、第二には、プーントの国は中央アフリカにあったということである。これを否定する学者には、はっきりした反証を提出してもらう必要があるだろう。

ところで、すべての本や辞典には、ミルラは植物から採る樹脂であるとか、胃腸薬であるとか書いてある。この説明もしなくてはなるまい。

まず、貴重なミルラが、本当に植物から採れるものだったら、古代エジプト人は万難を排して、その植物の栽培をしたであろう。何も、大遠征隊を送る必要はない。

私の考えでは、古代エジプトの支配階級は、当然、ミルラの秘密を隠していた。もしかすると、神官と巫女だけの秘密になっていたのかもしれない。そして、神殿に掲げた壁画にさえ、ミルラが採れる樹木の絵を描き込ませた。それほど大事な秘密だったのである。彼らの権力は、ミルラによる金属精錬、特殊合金鋼の生産能力にかかっていた。

だが、ギリシャ人やローマ人の技術者は、ミルラの秘蹟を見破ってしまった。そして、メタルとか、ミネラルとかいう、鉱物の呼び名をつくりだした。

ところが、近代の学者は、プーントの国を神秘化してしまったので、ミルラそのものが、どんなものだったのかを考えようともしなかった。彼らは、再び、古代エジプト人に騙されたのだ。

最後に、プーントの位置の決め方について、最も肝心なのは、その名称である。この名称は、少なくとも一五〇〇年間、まったく変わっていない。そして、プーントに類似する名前の国は、ソマリア近辺にはまったくない。

確かに、地名はよく変わる。ところが、なかなか変化しにくい単語というものもある。それは人間自身の呼び名だ。この「人間」という単語の系列は、どの言語族でも、明瞭なつながりを示す。そして、中央アフリカから熱帯降雨林にかけての広大な地方で、人々は、自分たちのことをバントゥと呼んでいる。ここからの変化、またはエジプト訛りへの変化は、ブーントを経て、プーントである。謎の古代国家、あらゆるエジプト史学者、オリエント史学者のあこがれの国、プーントは、バントゥの国に他ならないのだ。

「バ」は複数形の接頭辞、「ントゥ」は力を意味する。つまり、バントゥの国とは、力ある人々の国なのだ。しかも、バントゥの思想体系（終章「王国の哲学」で詳述）においては、その力は人間だけに与えられたものであり、人間だけがその力を用いて、植物・動物・鉱物の中に潜む「凍った力」を引き出すことができると規定されている。

思想は決して、頭の中から生まれてくるものではない。ミルラを用いた金属精錬を、一つの秘蹟としてしか理解できなかった古代エジプト人の思想と、このバントゥの哲学の持主たちの思想との相異は、何を意味するのであろうか。私は、この謎を、最後（終章「王国の哲学」）に残しておきたい。私の考えを述べるためには、まだまだ材料が不足している。

まず、バントゥの本拠地、アフリカ大陸の周辺に眼を向けてみよう。従来の学者たちは、常にアフリカ大陸への、人類そのもの、そして文化・文明の外来起源説を、主張し続けてきた。しかしその逆に、アフリカ大陸に、最初の農耕・牧畜・金属文化が発生したとすれば、それは必ずや、外側に広がったことであろう。その痕跡は、果たして、とどめられているだろうか。

第五章

巨石文化の影

図版15　イギリスのストーン・ヘンジ
(http://www.bouletfermat.com/backgrounds/)

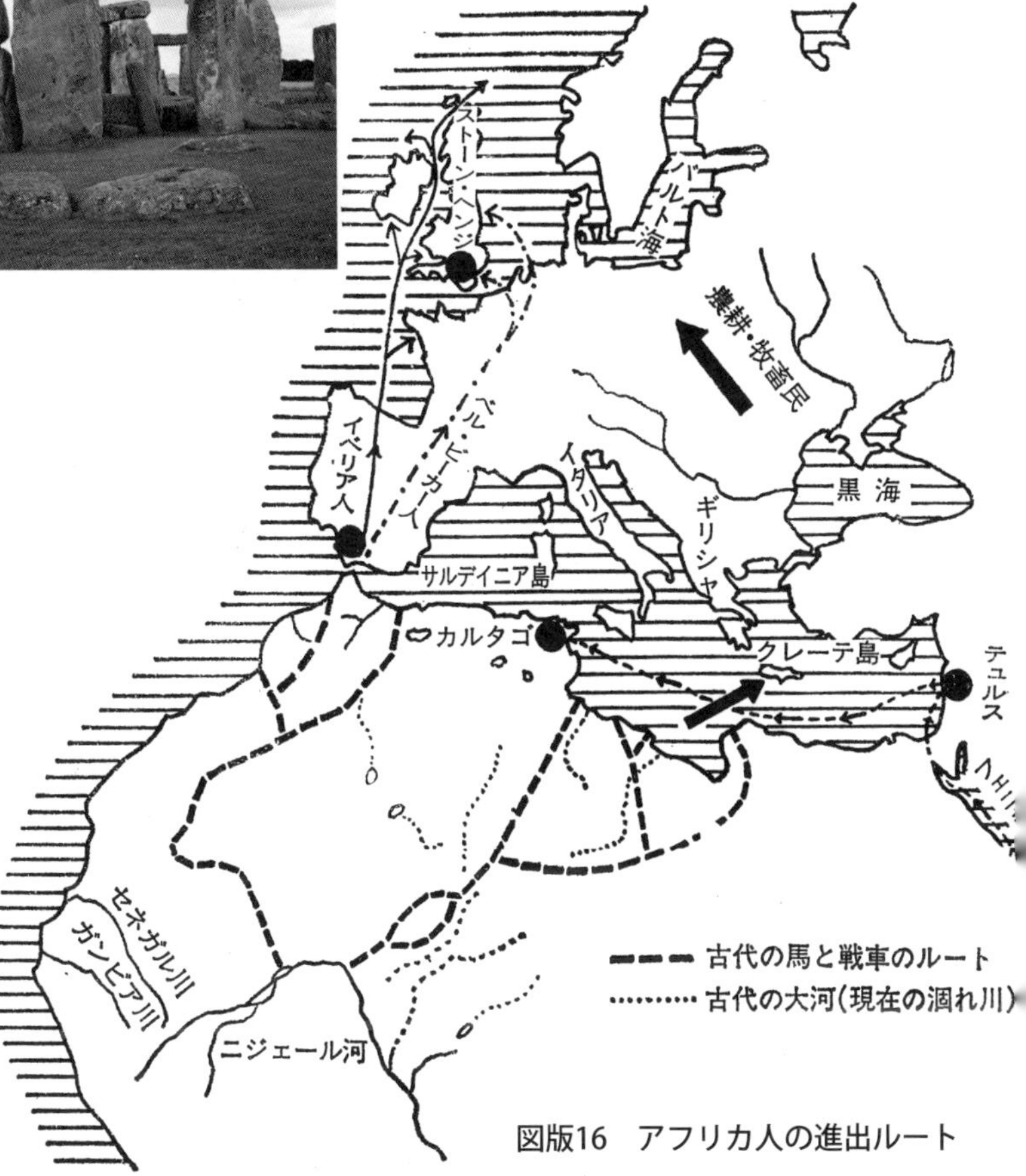

図版16　アフリカ人の進出ルート

1 フェニキア人

一九二〇年代、フェニキア人の植民都市として有名なカルタゴの神殿遺跡の発掘が行われた。タニットの神殿と呼ばれるフェニキア（カルタゴ）人の聖所には、一つの石棺があった。フランス人のピッタールは、一九二四年に、この石棺から発見された遺体について、次のように書いている。

《カルタゴの……タニットの女神像のあの驚くべき石棺……外形はおそらく女神自身をあらわしている、この石棺こそは、宗教上の最も高貴な人物の墳墓であったに違いない。ところで、そこに埋葬されていた女は類黒人の特徴を持っていたのである。人種的には、一人のアフリカ女であったのだ。》（『人種学的に見たる民族発達史』、四分冊、五〇頁）

このピッタールの本は、当時台頭しつつあったファシズムとの戦いの一環として書かれたものであった。しかし、この「類黒人」（ネグロイド）の特徴を持つ女性について、その後の人類学者、歴史学者は何も語っていない。これはどういうことであろうか。また、フェニキア人とは、本来、どういう人種を中心にしていたのであろうか。

まず第一に、ヘロドトスの証言を見てみよう。彼は、ペルシャの学者にも、フェニキア人自身にも尋ね、同じことを二ヶ所で書いている。ここでは、フェニキア人自身の言い伝えによる部分を紹介しよう。文中、カッコ内は、ヨーロッパ系の学者による注釈である。

《フェニキア人は、彼ら自ら伝えるところによれば、古くはエリュトラ海辺【ペルシャ湾岸】に住

んでいたが、その地からシリアに移り、シリアの海岸地帯に住むようになったという。》（『歴史』、巻七、八九章）

エリュトラ海とはどこかというと、古代ギリシャ人にとって、紅海・ペルシャ湾を含むインド洋全体のことであった。それゆえ、エリュトラ海を「ペルシャ湾」に限定するのは、明らかな間違いである。むしろ、紀元後六〇年頃のギリシャ人水先案内人によって書かれた『エリュトラ海周遊記』は、当時のインド洋貿易の中心が、インドと東アフリカにあったことを語っている。

当時のアフリカ大陸東海岸には、すでに二三ケ所もの港町があった。季節風を利用する、定期的な沿海貿易が発達していた。デヴィッドソンは、『エリュトラ海周遊記』の中から、東アフリカ沿岸の状況を書いた部分について、次のように要約している。

《海岸伝いの航海は、立ち寄る港や市場が決まっている一般に認められた多数の「一日行程」に区切られており、これらの港や市場が供給し、また求める品は、はっきりわかっていた。貿易船の船長が心得ておくべき政治的状態の概要も、ついでながら述べられている。》（『古代アフリカの発見』、一四五頁）

この貿易ルートの歴史が、どれほど古いものかはわからない。しかし、インドのボンベイの近くからは、紀元前三千年紀にはじまるロトハル（ロータル）港の遺跡が発掘されている。この古代の港湾都市は規模も大きく、焼きレンガづくりの荷役用ドックさえ備えていた。アフリカ東海岸からのエジプトやインドへの鉄などの輸出の歴史は、意外に古いのではなかろうか。その証拠はまだ見つからないのだろうか。

確かに、もっと早くから定期的な貿易ルートがあったという証拠は、まだないようだ。しかし、エジプトの古記録には紀元前二三〇〇年頃、水先案内人のクネムホテップが、一一回の旅をしたと記されている。フランス人のド・ボーは、この記録を根拠に、王女（または巫女？）のミイラのそばにあったアンチモンを、ローデシア産ではないかと考えたのである。このクネムホテップの旅は、まさに、ハルクーフがナイル河をさかのぼったのと同時期だが、一般に、クネムホテップの方は、紅海回りでプーントの国を目指したものとされている。その可能性はあるだろう。

というのは、当時のファラオは、必死になってミルラを求めていた。紀元前三〇〇〇年頃から、サハラの乾燥化がはじまったため、サハラから、遊牧化した民族が、エジプトの南国境に流れてきだした。そのために、国境紛争が起こり、ナイル河による貿易路は寸断されはじめた。ミルラを手に入れなければ、ファラオたちは、秘蹟を続けさせることができない。宗教的権威も弱まるし、武器にも不自由した。そして事実、紀元前二三〇〇年頃から二〇六五年頃まで、古代エジプトは、第一中間期と呼ばれる戦国時代に突入してしまう。

また、紀元前一三八〇年頃には、ナイル河と紅海を直接に結ぶ大運河が掘られた。古代のスエズ運河である。これは、紅海回りのミルラ・ルートに違いない。しかも、フェニキア人のオリエント史への登場が、これ以後であるのも興味深い問題である。このような背景からしても、私はフェニキア人の出身地を、東アフリカだと考える。

ただし、フェニキア語はセム語族という先入観が強いと思われるので、この点にも一言しておく必要があるだろう。簡単な例を挙げれば、いわゆる華橋のビジネス・イングリッシュ（ピジョン・イングリッシュ）がある。貿易商人という職業ほど、外国語の習得が早く、母国語を捨て去る職業は、他にはあまりない。

では、フェニキア人が東アフリカ海岸に根拠地を持っていたと仮定して、もう一つの謎を解いてみよう。フェニキア人の貿易と、切っても切り離せない国、または民族に、タルシシがある。

2 タルシシの船隊

タルシシ（タルシシュ）は、オリエント史学者にとっては、謎の国である。いまだに、タルシシと呼ばれた、金、銀、銅、鉄、錫、象牙などを産する豊かな古代国家の位置についての定説はない。

旧約聖書には、フェニキア人（ツロと呼ばれた）について、何度も長い章句が出てくる。ソロモンの栄華は、フェニキア人の貿易なしには成立しえなかった。そして、フェニキア人が金属類を求めたところは、タルシシと呼ばれていた。タルシシには、大きな船が何度も渡っていった。しかし、フェニキア人は、タルシシの場所を秘密にしていた。それは、彼らの独占権を守るための当然の行為であった。

そこで、オリエント史学者のキュリカンの表現を借りると、「このタルシシュという神秘的な場所の位置についてある混乱が起こってきた。ソロモン以後の時代に属する聖書の筆者たちは、タルシシュの場所についてはまったく漠然とした考えを抱いていたにすぎない」。そして、ヨーロッパ系の歴史学者は、彼らが知っている地中海の周辺に、タルシシに当たる国を探し求めた。

タルシシと似た名前の国は、確かに地中海周辺にもあった。イベリア半島の南端に、タルテッソスと呼ばれた古代王国があった。しかし、このタルテッソスが、フェニキア人と貿易をしていたとすれば、フェニキア人から買ったはずの象牙細工や青銅製品が、発見されなくてはならない。ところが、たくさんの出土品がありながら、フェニキア人独特の商品がもたらされた証拠は、紀元前七世紀にしかさかのぼりえない。

ソロモンは、紀元前一〇世紀の王である。このソロモンと結びつけて語られているタルシシは、それゆえ、イベリア半島南端のタルテッソスではありえない。しかも、奇妙なことには、現在のサルディニア島（イタリア）から、タルシシと明記された石碑が出てきた。これはどういう意味だろうか。

私は、タルシシというのは、フェニキアと同様に、ある民族の呼び名だと考えている。たとえばローマは、カルタゴと戦ったわけだが、この戦争を、ポエニ戦争、つまり、フェニキア人との戦争と呼んでいた。日本にも、ヤマトとか、クマソ、クマノといった地名がやたらにたくさんあるが、これはある系列の民族の移住、発展の跡を示すものだ。山があるからヤマトなのではなくて、ヤマトと呼ばれる民族の呼び名が、地名になったものである。

つまり、私は、イベリア半島にも、サルディニア島にも、タルシシ人の植民地ができたと考える。では、タルシシ人の本拠地はどこだろうか。

旧約聖書は、ソロモン王の栄華と権勢を語り、次のように伝えている。

《王が海にタルシシの船隊を所有して、……タルシシの船隊に三年に一度、金、銀、象牙、サル、クジャクを載せてこさせた。》（『列王紀上』、一〇章）

つまり、この章句を素直に読むならば、タルシシの船隊は、ゾウ、サル、クジャクがいるところに赴いたのである。ヨーロッパ系の学者の中には、後世の記録に異国趣味が取り入れられたという主張をする者もいる。なぜかというと、これらの動物群は、イベリア半島あたりにはいないからだ。しかし、そういう都合のいい解釈をするのなら、最初から、旧約聖書を引き合いに出してはならないだろう。

さて、クジャクがいるのは、インドとセイロンだけである。しかし、これだけでは決定的な材料にはならない。インド洋の貿易船は、インドにもアフリカ東海岸にも、続けて航海したかもしれない。しかも、途中にはたくさんの中継貿易業者がいた。つまり、直接に現地へ行けば安く仕入れられる商品を、都合によっては途中で、運賃込みの値段で仕入れたに違いない。インドに行った船隊は、帰途の中継地点で、東アフリカの特産品も積み込んだであろう。そして、東アフリカに行った船隊は、その逆のことをしたであろう。

しかも、決定的な決め手は、まず、金、銀である。インドは、金や銀の特産地ではなかった。そして、古代の証拠はまだ不足しているにしても、中世には確かに、東アフリカが、金、銀、および象牙の特産地であった。さらに、アラブ人は、東アフリカ一帯を、ザンジ人、ザンジの国と呼び続けてきたこと、そこには現在もザンジバル島があることを指摘したい。

タ行とザ行は容易に入れ替わる。また、ラ行(この場合はアール)ほど不安定な発音はない。タルシシ、ザルシ、ザンジである。私には、ヨーロッパ系の学者が、こんなに明確な類似を無視し、しかも、何千年にもわたる東アフリカ海岸の貿易の歴史を、タルシシと結びつけて考えないことの方が、かえって不思議である。視点さえ変えれば、タルシシは、まったく謎の国などではない。

また、フェニキア人の貿易については、青銅製品にスポットが当たりすぎているが、彼らは鉄も、その他の金属も取り扱っていた。むしろ、鉄は常に登場している。たとえば、エゼキエル書には、「タルシシは……銀、鉄、錫《すず》……ダマスコは……銑鉄」(二七章)といった具合に、鉄の状態まで書きわけてあり、かえって、銅や青銅が含まれていないこともある。

それゆえ、フェニキア人といえば地中海、そして青銅器の独占販売といったイメージは、後世の歴史家によって、つくりだされたものといえる。また、青銅の普及は、鉄器の発明より後のことだと、技術者、技術史家がいっている。この点についての説明は省くが、私も、その考えに賛成である。

青銅はしかも、錫がなければつくれず、錫鉱石の産地は限られていた。そして、当然のことながら、錫がないところで、錫の利用法が発明されるはずはない。オリエントや地中海周辺で青銅が発明されたと主張するヨーロッパ系の学者は、わずかに、イベリア半島やブリテン諸島に錫の鉱山があったとつけ加えるだけである。しかし、このあたりの鉱山開発は、後のことにすぎない。錫が大量にあったのは、やはり、アフリカ大陸であった。ザンジ（タルシシ）の錫によってこそ、容易に鋳物にできる青銅の普及は、可能になったのである。もちろん、アフリカ大陸には銅山もたくさんあった。

フェニキア人はまた、ポエニと呼ばれていた。私はこれも、古代エジプト語の鉄、ベニーペに結びつける。彼らは鉄商人、鉄屋と呼ばれたのではなかろうか。そして、旧約聖書の、ツロという呼び名は、フェニキア人の都市、テュルスに由来するとされている。これも、本来はタルシシ人の居住地のことだったのではないだろうか。

さて、地中海といえば、いかにもヨーロッパ諸国の内海のように表現されている場合が多い。しかし、この海は、アフリカ大陸の北の海でもあった。地中海のさらに北方への、アフリカ人の進出は見られなかったのであろうか。

3 海神ポセイドン

クレーテ島を中心に、紀元前三〇〇〇年から栄えたミュケナイ文明の建設者は、誰であろうか。彼らについて、イギリス人のキトーは、次のように書いている。

《彼らは自らの彫像を残しており、これは彼らが北アフリカに起源を持つ、ほっそりとした、肌の黒い、黒髪の「地中海」の血統であったことを明らかにしている。この民族、その中のある者が人のいないクレーテ島へ到着したときには、すでに旧石器時代を過ぎていた。また、彼らの中の別の者がさらに北上してギリシアの各地に定住したのだろうか？　これは我々の知りえないものである。》（『ギリシア人』、一二四頁）

ここでは若干、用語に異議を唱えないわけにはいかない。「北アフリカに起源」ということは、アフリカ大陸起源ということに他ならない。当時のサハラは、まだ乾燥しきっていなかった。アフリカ大陸の南北は、完全につながっていた。そして、「地中海」、もしくは「地中海人」という言い回しも、ヨーロッパ系の学者の慣用句にすぎない。クレーテ島の人々はアフリカからきた、そして、アフリカ人だった。

彼らはまた、突如として北アフリカ海岸で、舟を仕立てて、地中海を渡ったのだろうか。私はそうではないと思う。

たとえば、サハラの先史美術には、「籐でつくった三隻の丸木船」（『タッシリ遺跡』、六九頁）が描かれていた。そして、湿潤期のサハラ周辺には、大きな湖もあり、地中海に注ぐ大河があったことは確かだ。つまり、サハラの高原と地中海とは、水路でつながっていた。

　サハラの住民、つまり先史美術が証明するような、黒色のアフリカ人は、早くからこの水路によって、地中海方面へと進出したに違いない。

　ところで、アフリカからクレーテ島への移住が確かだとすると、もう一つの謎が浮かび上がってくる。それは、例のサハラ縦断ルートの各所に描かれたウマと戦車の絵の問題である。

　美術史家の木村重信は、このウマの絵の様式について、次のように書いている。

《アンリ・ロートは、四肢を前後に長く伸ばして疾駆する馬の特異な表現に注目して、そのスタイルが、エジプト様式よりも、むしろミュケナイ美術の様式に近いことを指摘する。》(『アフリカ美術探検』、八二頁)

　どういうことかというと、ほとんどの学者が最初から、サハラのウマは、オリエントからもたらされたと主張してきた。ところが、オリエントからサハラに到達するには、エジプトを通らなくてはならない。一方、サハラの後代の岩壁画を、エジプトの影響で説明しようとする傾向、つまり、サハラ美術の創造性を否定しようとする傾向には、抜きがたいものがある。そこで、サハラのウマも、ウマの絵の様式も、オリエントからエジプトを通ってやってきたのだという主張が通用してきた。

　これに対して、フランス人のロートは、ミュケナイ美術からの影響、そして、エーゲ海からアフリカへのウマと人間の移住という考えを提出し、ウマの絵の様式の類似を、その根拠としているわけである。

　しかし、このロートの説明、つまり、クレーテ島からアフリカ大陸への移住説には、同じフランス人のシュレ=カナールも疑問を表明している。そして私は、はっきりとその逆だと思う。ヒトもウマも、美術様式も、サハラからクレーテ島へ渡ったのだと思う。その証拠には、クレーテ島などのミュケナイ美術には、アフリカの動物がたくさん出てくる。人々は、おそらくそれらの動物も連れていったのであろうし、アフリカ大陸を懐かしむ気持が、あの濃密な色彩の美術に表現されたのだと思う。農作物の研究は発見できなかったが、これも決め手になるだろう。

また、この事実との関係で面白いのは、ギリシャ人の海神ポセイドン信仰であろう。ポセイドンは、海神であると同時に、ウマの神格化でもあった。ヘロドトスは、ギリシャの神々のほとんどすべての系譜を、エジプトに求めている。ところが、ポセイドンに当たる神は、エジプトの神々の中にはいない。そこで彼は、リビア、つまり、この場合、北アフリカからサハラにかけてのアフリカ大陸に、ポセイドンの起源を求めている。ヘロドトスは、こう書いている。

《ギリシャ人がポセイドンを識ったのは、リビア人からである。本来ポセイドンなる神を持っている民族はリビア人以外にはなく、リビア人は昔から渝《かわ》らずこの神を尊崇しているからである。》（『歴史』、巻二、五〇章）

すでに、家畜ウマの起源のところで述べたように、「ウマはインド・ヨーロッパ語とともに古い」という固定観念があった。

ところが、いわゆるインド・ヨーロッパ系の言語を使用する民族の中で最古参の古代ギリシャ人自身が、ウマの信仰の起源を、アフリカに求めている。これは、従来のように、ウマの起源をオリエント周辺に求める学者には、まったく説明しきれない現象であろう。

私はすでに、ウマの飼育の起源を、アフリカの熱帯降雨林地帯に想定したから、このヘロドトスの説明は、まことに真相をついていると思う。また、ウマと一緒に地中海から上陸してきたアフリカ人の戦士の記憶が、上半身が人間で下半身がウマという、神話的映像として残ったと考えてもよいだろう。

もちろん、このことは直接的に、ギリシャ人がすべてアフリカ出身だということには結びつかない。ギリシャ人もローマ人も、古代の「市民」という範囲で考えるなら、古くからあった農耕文明の上に、征服者として乗り込んだ民族である。しかし、その前に栄えていた幾多の文化・文明の歴史を忘れてよいものではない。また、詳論は避けるが、ギリシャ・ローマ人自身、自らの姿を、黒い巻き毛、褐色の肌に描いていた。彼らも決して、北方のブロンド人種地帯からきた民族ではない。

さらに、地中海を突き抜けて、大西洋に出てみよう。ブリテン諸島にも、アフリカ大陸の文化が流れ込んでいた。

4　ストーン・ヘンジ

やはり紀元前三〇〇〇年頃、アフリカ大陸からジブラルタル海峡を渡って、西ヨーロッパに広がった人々の存在が確かめられている。彼らは、イベリア半島、フランスのブルターニュ、ブリテン諸島などに、有名な巨石文化（イギリスのストーン・ヘンジなど）や農業遺跡を残している。

このアフリカ起源の人々は、イベリア半島を第二次の起点としたので、イベロ族とか、イベリア人とか呼ばれている。そして、イギリスの歴史学者、モートンは、彼らについて次のように書いている。

《コーンワル、アイアランドおよびウェールズとスコットランドの海岸にそって、紀元前三〇〇〇年から二〇〇〇年の間にブリテンに移住したイベリア人ないし巨石文化人の残した遺跡が群がっている。……彼らは、短身、暗色の皮膚、長頭の人種で、……彼らの遺跡の大きさと見事さとは、彼らが多数のよく組織された人々であったことを物語っている。何千人もの人々が、大きな土塁を盛り上げるのに共同で労働を行ったに違いない。そして、輸送路が、整然たるやり方で定住地と定住地とを結んでいるのである。従って、イクニールド路は、ノーファクのブレクランドにある大規模な火打石採集場たるグライムズ・グレイヴズという産業の中心地とエイヴベリの宗教的中心地とをつないでいるのである。丘原地帯の段々は、鍬や鋤で集約的な農業が行われたことを示している。……

イベリア人の社会構造のより直接的な証拠は長い塚である。しばしば長さ二〇〇フィート【約六〇メートル】を超えるこれらの塚は、埋葬地であって、明確な階級区分が存在したことを示している。》（『イングランド人民の歴史』、一六〜一七頁）

この民族は、最初は、新石器文化の段階にあったようだ。この時代に、輸送路、火打石鉱山、宗教的中心地（ストーン・ヘンジのこと）、段々畑の集約農耕が見られ、しかも、その起源はアフリカに求められている。おそらくは、サハラ農業文化地帯の出身者であろう。

もっとも、この年代は、アフリカ大陸に古代エジプト上下王国が成立し、オリエントに進出した後なのだから、イベリア人の遺跡の巨大さは、驚くには当たらない。だが、この民族とつながりのある文化は、アフリカには残されていないのだろうか。ストーン・ヘンジなどの巨石文化の担い手は、アフリカ大陸のどこで、何をしていたのであろうか。

残念ながら、そういう研究をした学者はいないらしい。漠然と、「北アフリカ」出身を示すのみの場合が多い。

だが、西アフリカにも、同様な巨石文化があった。現在のガンビアにある巨石の遺跡は、イギリスのストーン・ヘンジよりは小さいが、同じ型のものである。そこには古墳もある。そして、同じような古代遺跡が、ニジェール河中流域にも見られる。しかも、この二つの巨石文化の中心地は、例のアフリカ稲の栽培地の真っ只中にある。しかし、これらの古代文明については、ほとんど調査がなされていないらしい。フランスの学者が唱える推定年代も、紀元前一五〇〇年から紀元後一〇〇〇年頃までといった具合で、まったくまちまちである。私はこれも、相当に古いのではなかろうかと思う。

また、サハラ沙漠の中にも、謎の遺跡が残されている。例のウマと戦車のサハラ縦断ルートの南端で発見された遺跡について、木村重信はこう書いている。

《壮大な石造の住居遺跡や墳墓……非回教的な巨大な古墳がいくつかあった……これらの住居遺跡や墳墓の絶対年代はわからない。》（『アフリカ美術探検』、九二〜九四頁）

サハラの砂の中にも、まだまだ遺跡が埋もれているに違いない。やがては、イギリスのストーン・ヘンジを建設した民族の出発地点も、推定できるようになるだろう。

イベリア人の他にも、やはりイベリア半島の南端から西ヨーロッパに広がった人々がいる。彼らは、金属精練用のルツボを各地に残した。このルツボが、つり鐘（ベル）をさかさまにしたような形なので、ベル・ビーカー人と呼ばれている。彼らも、おそらくアフリカ大陸の出身者であろう。

イベリア人やベル・ビーカー人の後から、ケルト語を使用する民族がやってきた。そして、現在の調査においても、「ケルト語族、特にウェルシュ人は小さくて皮膚も濃色であることが明らかになった」

（『人種とは何か』、一八二頁）。

つまり、イングランド南部、ウェールズ地方の住民には、かつてアフリカ大陸から渡ってきた先住民の特徴が、残されている。

しかし、以上のような、ヨーロッパ各地へのアフリカ大陸からの移住は、海岸伝いのルートによるものばかりではなかった。まず、最も明確なブロンド人種地帯とされている北ヨーロッパに飛んでみよう。

5 北ヨーロッパ人

長い間、北ヨーロッパの諸民族は、北方に起源を持つ「純粋種」であるという神話が、定説であるかのように、語り続けられてきた。

しかし、形質人類学、つまり、人類の生物学的研究が進むにつれ、北欧神話は崩れはじめた。たとえば、アメリカの人類学者、クーン、ガーン、バードセル（以下、クーンを代表とする）の三人の共著による、『人種』という本では、北ヨーロッパ人の中に見られる高身長で鼻の細くとがった骨格は、「紀元前五〇〇〇年を超えないある時期に、おそらくイランから農耕民・牧畜民としてユーラシアの草原に入ってきた」人々がもたらしたもの、と説明されている。

では、その当時、イラン高原にいた人々はどんな肌色をしていたかというと、クーンは、「淡褐色の皮膚、褐色の眼」をしていたと考えている。そして、イラン高原からインドに侵入した、いわゆるアーリア人についても、従来主張されてきたようなブロンド人種ではなかった、と説明している。では、淡褐色の肌色、褐色の眼の人々は、どういう時期に北ヨーロッパに移住し、ブロンド型になっていったのであろうか。
《その頃ウラル山脈の氷河の融解によって地表をあらわした地域は曇りがちであった。彼らは紀元前二〇〇〇年代に中央および北西ヨーロッパに到達した。彼らがここにきたのは雲多い時代の終末期であった。彼らは第一には原住民との混血により、第二には環境的淘汰によって、あるいはこの二つの経過に従って、皮膚、毛、眼に関するブロンディズムの遺伝子を獲得したのだろう。》（『人種』、一一四～一一五頁）

では、「原住民」は、どんな人種的特徴を持っていたのであろうか。そして、ブロンディズムとは、どのようなものであり、どのような自然環境の中で発生したものであろうか。

ブロンディズムは、雲や霧の多い、氷河期の北ヨーロッパ特有の気候の中で発生した。基本的には「白皮症」である。つまり、色素細胞の機能消滅である。この現象はどの地方でも発生するが、太陽光線の乏しい環境の中では、これが、かえって有利な条件となった。しかもこの環境はほぼ、紀元前の二二〇〇年まで続いた。ホメーロスも、北ヨーロッパについて、霧多き国とうたっていたほどである。

このことからすれば、北ヨーロッパ人の「純粋性」を主張する際には、最も色素沈着の少ない住民を挙げなくてはならないだろう。事実、クーンは、こう書いている。

《灰白ブロンドの毛はバルト海地方の東方および南方の中部ヨーロッパの、皮膚の青白く、灰色の眼をした住民の間では最も普通である。》（同前、一一三頁）

つまり、いわゆる金髪青眼ではなくて、銀髪灰眼の方が、北ヨーロッパの古くからの原住民だった。バルト海は北ヨーロッパの中心部であり、凍りついた海の上には、ツンドラ草原が広がっていた。曇りがちな空の下で、狩猟民が紀元前三〇〇〇年もしくは二〇〇〇年頃まで、つまり古代エジプト帝国がアフリカ大陸からオリエントに進出していた頃まで、氷河期と同じ生活を続けていた。現在のバルト海沿岸には、「白眼」と呼ばれる人々さえいる。

では、この銀髪灰眼の人々は、どんな骨格をしていたのだろうか。

《この種の色素を持つ人々の多くは、ずんぐりしており、顔は幅びろく獅子鼻である。彼らはモンゴロイドが完成した寒地適応の路を部分的にたどってきたのであった。》(同前、一一三頁)

つまり、人類そのものの生物学的な研究によれば、ずんぐりした身体つきの方が、表面積が少なくて、体熱の発散を防ぐ。この方が寒地適応型なのだ。もちろん、ここでモンゴロイドの典型とされているのは、氷原の狩猟民族、エスキモー人のことである。

結論として北ヨーロッパの原住民は、銀髪灰眼、ずんぐり型であったと考えられる。

高身長、細鼻の骨格形質は、クーンによれば、イラン高原に由来する。つまり、南方系であった。だが同時に、その骨格形質は、濃い色素細胞をも伴っていた。金髪青眼は、銀髪灰眼よりも、色素が濃い。つまり、金髪青眼の人々も、南方系との混血種に違いない。

だが、南方系の特徴は、これだけにとどまらない。

6　曲毛の人々

さらに重要で、なかなか消えにくい人種的特徴は、髪の毛にある。

巻毛、波毛について、ヨーロッパで独自に発生したものだという説を唱えた学者もいるらしいが、この説には何の証拠もない。クーンも、このような説の存在を記しているのみで、まったく取り合っていない。特にブロンド、灰色ブロンド地帯では、細い直毛が圧倒的多数である。

クーンはまず、「曲毛の大中心はアフリカとメラネシアである」という当然の事実を確認する。そして、ヨーロッパでは、「南アイルランド人、ウェールズ人、一部ノルウェー人、フィンランド人、それにババァリア人、およびその隣接山岳地帯のアルプス人」などに、この曲毛の特徴が見られることを指摘する。

さらに広大な曲毛地帯は、南ヨーロッパである。古代文明が栄えたバルカン半島、イタリア半島、イベリア半島には、現在も、曲毛、そして縮れ毛に近い巻毛の人々が、たくさん住んでいる。ローマ帝国末期の、大量のゲルマン系、スラブ系諸民族の移住を計算に入れると、古代の南ヨーロッパ人は、ほとんど曲毛だったと推定できる。肌の色も、相当に濃い褐色だったに違いない。私はこれを、アフリカ系の人々、と考える。

もちろん、あれはギリシャ・ローマ時代にアフリカからきた奴隷の血が混じったもの、という説明をする学者もいるだろう。しかし、そのことは、後にも述べるので、ここでは単に否定しておく。

さて、クーンは、ヨーロッパ大陸への曲毛形質の侵入を、ジブラルタル海峡を通じて入ってきたものと、イラン高原からきた人々の中の「少数のネグロイド形質」によって説明している。私は、そういう人々が意外に多かったのではなかろうかと考えているのだが、ともかく、そういう人々がいた。彼らはどこからきたのだろうか。

私の考えでは、この種の人々は、農耕・牧畜文化とともに、アフリカ大陸からやってきた。だが、それだけではない。さらに、いわゆるコーカソイド（白色人系）とされてきた骨格的な形質も、アフリカ大陸の真っ只中に出発点を持っていた。

すでにコルヌヴァンは、ケニアとタンガニーカで発見された紀元前約二〇〇〇年のいくつかの人骨の研究に基づいて、この型の人種はアフリカ大陸に古くから居住していたと主張している。その中には、現存の人種の例として、あの興味深い巨人、ワッシ民族も含まれている。

コルヌヴァンはこう書いている。

《このタイプは、アフリカにおいて相当有力な分布を示し、新石器時代の湿潤期から居住していたと見受けられる。だから、彼らがアフリカ大陸以外の他の場所からきたと主張することは、……アフリカの住民を外来の起源であると確言する理論が、つい最近まで支持されてきたものの……不可能と思われる。》（『アフリカの歴史』）

コルヌヴァンは、このタイプをいわゆるコーカソイド型の骨格形質という現存の人種群への「最後の鎖」、つまり、祖型と見なしている。私は、さらに論を進めて、このタイプの人々が、家畜の群れを率いて、相当大量にオリエント方面にも進出したと考える。クーンが「淡褐色の肌、褐色の眼」の人々としたイラン高原の農耕・牧畜民の主流は、このアフリカ大陸からきた人々だったと考える。牧畜起源地の設定が変わった以上、これは当然の推論であろう。

では、以上のようなアフリカ人の対外進出は、ヨーロッパ大陸の民族に、どのような痕跡を残しているだろうか。ギリシャ神話を見てみよう。

7　黒色の巨人神《タイタン》

ホメーロスの作とされる『イーリアス』の中には、次のような章句がある。

《ゼウス様は、ちょうど昨日、オーケアノスへ、立派なアイティオプスたちのところへお出かけになって、神様がたもみな、それについておいででした。》（『イーリアス』、第一巻、四二二〜四二三）

もちろんこれだけでは、まったく何のことかよくわからない。ゼウスは、ギリシャの主神である。だが、オーケアノスとか、アイティオプスになると、訳注を見ただけではよくわからない。私はこの章句の重要性を、ディオプの引用で知ったのだが、ここでは、私なりの解釈をしておきたい。

最初に概略を述べると、オーケアノスは、ナイルの源の大湖水であり、アイティオプス（エチオピア人）は、現在の巨人、ワッシ民族などに結びつけうる黒色人である。

ギリシャ人は、ともかく、オーケアノスを神聖な場所と考えていた。また、エチオピア人を、非常に尊敬していた。訳注にも、巨人神《タイタン》の一族の黒色人としてある。だが、この二つの単語の意味は、この先、決定的な重要性を帯びてくるので、もっと正確に確かめておきたい。

まず、オーケアノスとは何だろうか。

面白いことに、ギリシャ神話の世界は、アフリカ大陸を中心にしている。そこでは、陸地は一つしかなく、その中心をナイル河が流れている。この考え方を持っていること自体、ギリシャ文化の主流となる人々が、アフリカ大陸からの移住者であったことを物語っている。

さて、陸地の周りには、オーケアノス（英語のオーシャン）と呼ばれる大洋があった。そして、ナイル河は、向こう側の大洋から、こちら側の大洋に流れてくる。つまり、地中海に注いでくると説明されていた。では、向こう側の大洋とは何だろうか。

ヨーロッパ系の学者は、ここにくると、突然、沈黙してしまう。後に述べるように、ナイル河の水系は、古代エジプト人によって非常によく利用されていたし、詳しく知られてもいた。ところが、従来のエジプト史学者は、いろいろな理由で、古代エジプト人が、ナイル河の上流地帯と交流をしなかったと主張してきた。この奇妙な前提が立てられているために、向こう側のオーケアノスは、これまで、単なる神話的空想として片づけられてきた。

しかし、ナイル河の水源湖は、大海原としか考えられないような巨大な湖だ。古代人はこの事実を知っていた。だから、ナイル河は、向こうの大洋からこちらの大洋に流れてくると説明した。これはまことに自然の成り行きで、空想でも何でもない。当時には、これ以外の説明方法がなかった。ギリシャの神々は、何度も、向こうのオーケアノスに行く。つまり、ギリシャ人は、ナイル河水源湖を、一つの聖所と考えていた。

次に、アイティオプス（エチオピア人）だが、この用語の使用法が、近代になって、まるっきり変わってしまったので、相当な混乱が生じている。また、わざと混乱させているとしか思えない場合さえある。古代のエチオピア人は、むしろ、現在のエチオピア帝国とは、まったく関係がない。

たとえば、二世紀のギリシャ人で、天文学者として名高いプトレマイオスは、現存のものでは世界最古の世界地図（**図版17**）をつくった。

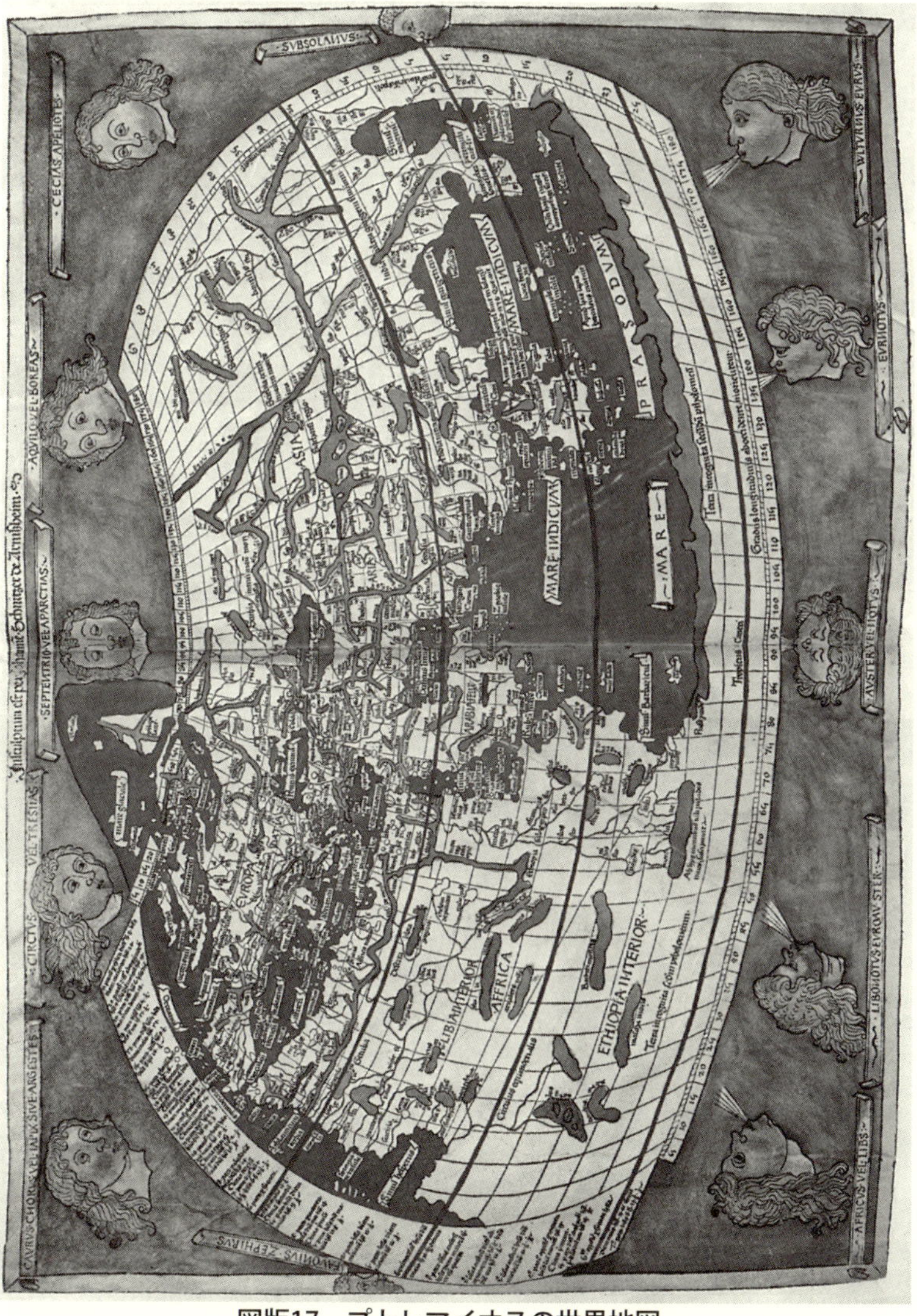

図版17　プトレマイオスの世界地図
（『大日本百科事典』）

地図で、エチオピアと書かれているのは、まさにアフリカ大陸の中心部である。このプトレマイオスの地図は、いわゆる地理的発見の時代まで、ヨーロッパ諸国では、世界の地理に関する唯一の知識源だった。だから、つい最近までのヨーロッパ人は、アフリカ南方の黒色の住民を、エチオピアンとか、ブラッカムーア（黒いムーア人。ムーア人とは、イベリア半島を征服したサラセン帝国の住民）と呼んでいた。ニグロという呼び名は、ポルトガルの奴隷商人たちが使いはじめたものにすぎない。

では、なぜ現在のエチオピアが、この国名を採用したかというと、これにも、アフリカの歴史を考える上で、またその研究史の誤りを指摘する上で、象徴的な事実が隠されている。

現在のエチオピアは、つい最近まで、アビシニアと呼ばれてきた（以下、混乱を避けるために、アビシニアと呼ぶ）。ところが、アビシニアには、先にも紹介したように、キリスト単性説という教派が生き残っていた。ローマ帝国期には、この教派は異端として、ローマ法王から破門され、迫害されたのだが、中世期のヨーロッパでは、別の評価が生まれてきた。

中世には回教圏が広がり、キリスト教圏は狭くなった。そこで、いつかきっと、エチオピアのキリスト教徒の王が、回教徒を打ち破って、ヨーロッパを救ってくれるという伝説が生まれた。エチオピア人は、後にも紹介するが、ギリシャ神話にも、聖書にも、何度も出てくるし、大変に強い人々だと考えられていた。つまり、ヨーロッパ人は、エチオピア人を尊敬していた。

ところが、奴隷貿易がはじまって、ニグロという呼び名が使われ出し、また、アビシニアにしかキリスト教徒がいなかったことがわかると、今度は、アビシニアだけがエチオピアと呼ばれるようになってしまった。尊敬すべきエチオピア人を、奴隷にするわけにもいかなかったのであろう。そして、ローマ法王は、異教徒なら奴隷にしてもよいという教書を出した。

8　王国の戦士たち

さて、歴史的背景の説明が長くなってしまったが、ホメーロスの章句に立ち戻ってみよう。ヨーロッパの学者は、しかし、エチオピア人を、アフリカ大陸と切り離すことはできなかった。そして、たとえばギリシャ・英語辞典では、エチオピア人、ニグロ、本来は、日に焼けた顔、と説明している。つまり、黒色人であることを認めている。

だが、これで満足してよいかというと、まだ納得できない点もある。というのは、アイティオプスが「日に焼けた顔」だという説明は、まず間違いなしに、後世になって行われている。確かに、アテネの標準語を中心に作成された古代ギリシャ語辞典では、アイティは、焼けるような暑さ、火、となっており、オプスは、顔となっている。

ところが、古い言葉の意味を、日常用語で解釈しようとするのは、どの民族にも共通した現象である。ギリシャ人は特に、意味のわからなくなった単語の語源を、こじつけるのが好きだった。また彼らは、口伝えに、エチオピア人の伝説を語ってきたのだから、正確な発音が守られていたものかどうかは、保証の限りではない。彼らは、しかし、エチオピア人が黒色人であることは知っていた。だから、類似の発音を持つ単語によって、その意味を説明したのであろう。

私にも、絶対にこうだといえる確証はない。しかし、果たして古代人が、肌の色によって、ある民族を呼んだものかどうか、特に、尊敬する人々を、「日焼けした顔」と呼んだものかどうかと考えてみると、納得がいかなくなる。材料として提供できるのは、古代ギリシャ語の次のような単語である。

まず、アイティについて、アイエートスがあり、これはワシを意味する。アイティアは、起源を意味する。しかし、一番適切なのは、アイデースである。これは、地上の世界の王、の意味である。ルワンダのワッシ民族は、彼らの始祖キグワが地上に追放され、農耕を発明し、それを諸民族に教えることによって、王となった、という神話を語り伝えていた。尊敬すべきエチオピア人の語源として、これが第一候補である。

オプスとなると、語尾の発音は最も変化しやすいので、容易に決められるものではないだろう。だから私は、自分の考え方に基づいて、当てはまる単語を探した。まず、オプスは、切り縮められた発音だと想定する。その際、アイティオプスの不規則な複数形に、アイティオピエーアスがあることを、手掛りにしてもいいだろう。つまり、オピエーアスに近いものを探すわけである。

そうしてみたら、これまたぴったりの単語があった。アテネ最古の二部族の一つに、オプレーテースというのがあった。また、オプリテースというのがあって、重装歩兵の意味である。この二つの単語は、明らかに関係がある。オプレーテースは、戦士の氏族だったのだろう。

つまり私の考えでは、地上の世界の王の戦士、これがエチオピア人の意味として、第一候補である。私が到達したバントゥの国、つまり、力ある人々の国の本拠地を守る民族に与えられる名称としては、これが最適である。ギリシャ人が、なぜ原義を忘れたかという問いに対しては、「去る者は日々に疎し」という格言で答える他はない。

この他に、『オデュッセイア』の中にも、エチオピア人についてのさらに詳しい叙述がある。またギリシャには、他にもたくさんの叙事詩があって、その中には、『アイティオプス』（五巻）もあり、エチオピアの王、メムノーンが、トロイエー軍の応援にかけつける話になっている。しかも、その構成が『イーリアス』と似ている。そのため、『イーリアス』そのものが、『アイティオプス』の一部を発展させたものではないかという説さえある。つまり、もともとは、『地上の世界の王の戦士たちの物語』といったようなものがあって、その一部がギリシャ人によって語り継がれ、潤色されてきたとも考えられる。

ヘロドトスも、このエチオピア人に、非常な関心を寄せており、随所にその話が出てくる。それはまた、新しい裏づけの材料を出したところで紹介するとして、古代エジプト人も、ナイル河上流地帯を神聖視していたことを、デヴィッドソンに証言してもらうことにしたい。

デヴィッドソンは、次のように書いている。文中、「西」となっている点については、後に私の解釈を示す。基本的には南である。

《偉大な先祖たちの霊の住む「神の国」は、王朝エジプトにおいては、東でも北でもなく、はるか南と西の方にあった。》（『古代アフリカの発見』、五四頁）

ここで再び、南方へ戻ることにしたいが、その前に、『イーリアス』の章句を、私の解釈に基づいて、訳し直してみたい。

《ゼウスは今日、すべての神々を従えて、地上の世界の王の戦士が捧げる生贄を召し上がっておられる。聖なる地上の世界の王の戦士たちを訪れるために、ゼウスは昨日、ナイルの源に赴いたのだ。》

では、ナイルの源には、どんな古代史が展開されていたのだろうか。また、古代エジプト人が、「神の国」と呼んだところは、どこなのだろうか。

第六章

バントゥの王国

図版18　プーントの王の壁画
(『黒色人文明の先行性』 PL.LXIII)

1　古代エジプト神話

エジプトには、活火山はない。隣のスーダンにもない。ところが、古代エジプト人は、火山とか、温泉とか、火山地帯でしか見ることのできないものを、知っていた。

それだけではない。雷雨とか、大瀑布の記憶さえ持っていた。これはどういうことだろうか。

エジプト神話の研究者、村上光彦は、古代エジプト人の祖先について、「アフリカの奥地に起源を求める説が有力になってきました」（『エジプト神話口承』、二二〇頁）とし、ピラミッド文書や、死者の書の中から、具体例を紹介している。これらのヒエログリフの文献は、ファラオのための、死後の世界、つまり先祖の霊が住んでいる国への案内書として、ピラミッド内に収められていたものである。

この案内書の中には、中央アフリカ以南でなければ、経験できないものが、たくさん含まれていた。

稲妻と雷鳴、雷雨――「天は溶けて水となり、星は戦いを交わし、射手が攻めてくる」、「天は語り、地は震える」

火山――「炎の湖」

温泉――「火傷するほどの熱湯」

大瀑布――「大いなる捧げ物の果てしない落下」、「轟きによって生ずる怖れ」、「その中にいる神は、その名を『捧げ物の落下の深み』といって、人がそこに近づかないように守護している」

特にこの大瀑布について、村上光彦は、「中央アフリカの、ザンベジの滝のことではないでしょうか」

と書いている。

この滝には、イギリス人が、ヴィクトリア滝という名前を勝手につけているが、現地名は、モシ・オア・ツンヤといい、雷鳴する煙の意だという。「一八五五年一一月一六日に探検家リビングストン博士が発見したときにも、滝のそばの小屋で住民たちが神への祈りを声高く朗誦していた」（『アフリカ』〈『世界の旅』、八巻〉、六一頁）というから、古くからの神格化が考えられる。

モシ・オア・ツンヤは、横幅約一五〇〇メートル、落差は一二〇メートル前後であるが、滝壷が普通の形と違い、地面の割れ目になっている。しかも、その割れ目の幅が、落差よりも狭く、五〇〜七五メートルであるため、落流はぶつかりあい、水煙が天高く立ち昇り、轟音を発する。水量の多い時期には、あたり一面に豪雨を降らせるようになる。

私は、古代の農耕民が、この滝に、雨雲の神が住むと考え、雨乞いの祈りを捧げたのだと考える。そして、この信仰が、相当広い範囲に広がっていたのではないか、と想像している。

古代エジプト神学の起源が南方にあるという、もう一つの論拠には、タカ神ホルスのトーテム信仰が挙げられる。ザンベジ河の近くにある、大ジンバブウェの遺跡からは、「タカまたはハゲタカの様式化された石像が、何体か発見されている。そして、デヴィッドソンは、「南バントゥー語族の多くの種族が、雷光を巨鳥とみなし、雷光をあざむき他にそらすため、巨鳥の像を建てたことが示された」と説明している。

ただし、巨鳥、またはタカ神の崇拝が、「雷光をあざむく」という目的ではじめられたという説明には、若干疑問がある。私は、この信仰もトーテム神崇拝なのではなかろうか、と考えている。というのは、タカをあやつる狩猟民が、戦士貴族になる例は多いのだ。

この推測に基づいて、タンザニア大使館の友人、ルヤガザに聞いてみたところ、やはり、タンガニーカ湖の周辺にも、日本のタカ匠と同じやり方で狩猟をする人々が昔からいた。そして戦士貴族はタカをあやつり、タカの翼をカブトの飾りにしていた。この点は、日本でも、タカツカサ、などという貴族がいたのと、まったく同様である。古代エジプトの、最初の戦争指導者も、やはり、タカ匠の一族だったのではないだろうか。

だが、肝心のエジプト史学者のほとんどは、古代エジプト人とナイルの源の人々とは、まるで交流がなかったかのように主張している。この先入観をも、打ち破っておこう。

2　母なるナイル

まずは、地図（図版19・204頁）を見ながら、ナイル河をさかのぼっていただきたい。

エジプト史学者のほとんどは、ナイル河中域、アスワンからハルツームまでの、六つの急流を、「瀑布」（カタラクト）として描き出した。そしてこの急流が、文化交流の非常な妨げになったかのように、主張してきた。

しかし、大型で、吃水の深い遠洋航海船ならいざ知らず、古代の葦舟をあやつる人々にとって、岩場の急流は、何らの障害でもなかった。日光の鬼怒川下りの、平底船の軽快な航行に似たものであろう。難所では、岸に上がって、葦舟を肩に担げばよい。

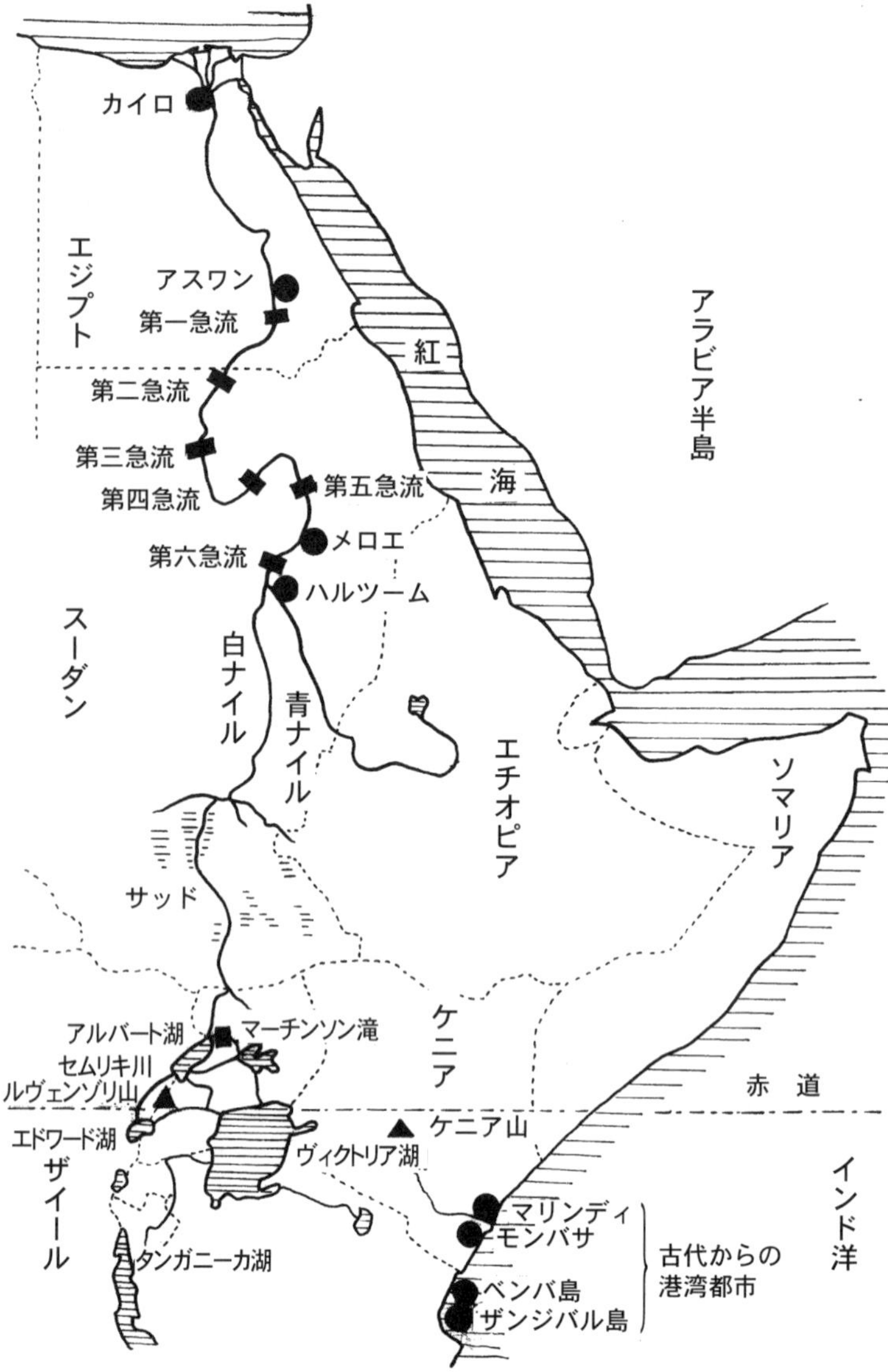

図版19　ナイル河の主要な水系

さらに、近代ヨーロッパの探検家たちは、冒険談の潤色によって、スーダン南部の湿原地帯を、一つの恐るべき魔境に仕立て上げた。これは日本の関東地方の総面積の二倍にも達する、広大な沼沢地だが、千葉県の水郷を、大きくしたようなものといえる。サッドという名で呼ばれているが、これもアラビア語で、単に浮草の意味でしかない。熱帯性の昆虫類や、ワニなどがいるのは確かだが、土着のアフリカ人にとっては、決して、危険地帯ではなかった。

実際にも、ヨーロッパの探検隊や侵入者が一番恐れたのは、「異教徒」の襲撃であった。そして、他ならぬ異教徒のアフリカ人は、この湿原に散在する島々を根拠地とし、牧畜・漁撈・農耕を営み、いくつかの王国を形成していた。浮草の間を自由自在に走り回る葦舟は、古代の王国にとって、水の都ヴェネチアにおける、ゴンドラのごとき交通機関であったろう。

これらの王国の兵士たちが、近代の奴隷狩り商人や、デヴィッドソンの表現を借りれば、「すべて植民地侵略の露払いであったヨーロッパ探検家」の侵入に対抗したのは、当然の行為であった。デヴィッドソンは、「一八八四年以前に東部および中部アフリカに入っていた約三〇〇名の宣教師のうち、アフリカ人に殺されたのがわかっているのは六名だけであり、この六名も勝手気ままに殺されたのではなかったようである。……生命への大きな危険のように見えたものは、ほとんど常に途方もない誇張であった」と書いている。そして、その当時のヨーロッパ諸国での旅行よりも、内陸アフリカでの旅の方が、はるかに安全だったとさえ断言している。

古代ローマの遠征軍が、このサッドに遮られて、引き返したことを、文化交流の障害の論拠とする学者もいる。しかし、古代ローマ軍得意のファランクス（重装密集歩兵槍隊）戦法や、ガリー船を漕ぎ寄せる海戦方式が、この地帯ではまったく通用しなくなることも、考えに入れなくてはなるまい。果てしなく広がるサッドの存在は、遠征隊の指揮官にとって、都に引き返すための、絶好の口実になったであろう。彼らより五世紀も前の、ペルシャの遠征軍は、この手前の沙漠地帯で、糧食が尽きて、撤退している。それよりは前進した、という理由で満足したのかもしれない。

さらに、サッドを越えて上流に向かうと、若干の急流はあるが、小舟艇の航行には差し支えない。アルバート湖から、本流のヴィクトリア・ナイルへ向かえば、確かに、マーチンソン滝がある。これがはじめての、本当の滝である。だが、ナイルの源は、もう一つある。アルバート湖から、ザイール（コンゴ）領内を通って、エドワード湖に通ずるセムリキ川の流れは、非常にゆるやかである。

セムリキ川について、地理学者の小堀巌は、次のように描写している。

《この川は二四〇キロメートルにわたってコンゴを通り、ゆるい水流となり、コンゴ、ウガンダの自然の国境となって東の方向に進み、最後にはアルバート湖に入る。水流は短いが、セムリキ川の流域は大変色彩に富んでおり、アフリカに棲んでいるすべての草原性の獣類――ゾウ、サイ、ライオン、カバ、カモシカなど――が棲んでおり、また沼沢性の川岸にはほとんどすべての種類の水鳥がたわむれている。》（『ナイル河の文化』、三六頁）

セムリキ川の水源に当たるエドワード湖は、魚類に富み、漁業はいまも、ウガンダ西部の重要産業の一つである。湖の周りには、間歇泉、火口湖群があり、観光・保養地ともなっている。

さて、セムリキ川の東側には、月の山として古代から知られた、ルヴェンゾリ山がある。この山塊は、「地上で最も湿っぽい場所の一つで、年間三六〇日は小雨が降り、降雨量は五〇〇〇ミリメートルに達する」

（同前、三二頁）。

ところが、いまでは頂上に雪を頂いたこの神秘な山塊が、かつては活火山で、紀元前六〇〇〇年頃に大爆発を起こし、巨大なセムリキ湖を埋め立てて、細い川にしてしまった、という意外な事実が明らかになった。しかも、その溶岩と火山灰の下には、何万年、何十万年となく続いてきた人類文化・文明の歴史が、ひっそりと埋もれていた。

もちろん、イタリア半島のヴェスヴィウス火山の爆発によって埋められた、ポンペイー市のような状景があらわれるはずはない。時代も違うし、特に、風土が違う。アフリカでは、沙漠的気候（エジプトも含む）のところを除けば、土壁の木造建物の方が住む人の健康にもよい。つまり雨季には湿度が上がる。この点は、梅雨季のある日本と同じだ。日本の建物が、漆喰塗りの壁、つまり土壁と、木や紙でつくられてきたのには、それなりの理由がある。

このへんの事情が、ヨーロッパ系の学者には、よくわからないらしく、アフリカで石造建築が発見されると大騒ぎするが、土造りの村落は軽視している。しかし、初期の人類文明は、疑いもなく、最も気候のいい、アフリカ大陸の高原地帯に花咲いたのである。

では、ルヴェンゾリの火山灰の下からは、どんなものが出てきたのだろうか。それは、どういう歴史を物語っているのだろうか。

3 ルヴェンゾリ大爆発

ルヴェンゾリ山の大爆発で、溶岩流と火山灰に覆われた広大な地帯の、一番南のはずれから、新石器文化の特徴を明確に示す遺跡が発掘され、イシャンゴ文明と名づけられた。

火山灰が、熱帯アフリカ特有の、土壌の分解、地層の崩壊を防いでいた。そのため、先史文化のすべての段階が、各地層にわかれて発見された。カーボンテストも成功し、イシャンゴの新石器文明は、紀元前六〇〇〇年と年代づけられた。

これだけでも、すでに、アフリカの新石器文化に関する、従来のすべての学説は、完全に破綻する。イギリス人の考古学者、ホィーラーなどは、すべての文明の起源をオリエントに求め、アフリカ内陸に新石器文化が到達したのは、紀元前三〇〇〇年頃だ、と書いていた。差し引き、三〇〇〇年もの、厖大な誤差が出てきたわけである。

イシャンゴ文明の出土品は、石臼、粉砕用石器(食糧を砕く)、装飾用具などの磨製石器であった。また、早くから骨製の、一段または二段の逆アゴつきの銛《もり》、ピンなどが使用されており、場所もアルバート湖畔であるところから、漁民の文化と認められている。しかし、石臼、粉砕用石器は、植物性食糧のためのものである。それゆえ、農耕をしていなかったとはいえない。おそらく、男たちは漁撈、女たちは農耕、という社会だったのではないだろうか。

ルヴェンゾリの麓には、まだまだ秘密が隠されているに違いない。しかし、イシャンゴ文明の発見は、ヴィクトリア湖を挟んで、ちょうど対岸にある、ナクル文明と結びつけられた。ナクルは、ケニア高原の「白人高地《ホワイト・ハイランド》」と呼ばれる肥沃な農業地帯の、一都市の呼び名である。

ナクル文明は、これまで、年代の決定ができなかったようだが、イシャンゴ文明の発見によって、それと同時代だと考えられるようになった。この意義もまた、高く評価されなければならないだろう。

ナクル文明もやはり、明確な新石器文化の要素を持っており、コルヌヴァンの表現によれば、「石の器、乳鉢、とりわけ豊富な土器」を出土した。狩猟用具もあったらしく、コルヌヴァンは、「狩猟・採集民の文化」と呼んでいる。しかし、私はそうは思わない。新石器の特徴はやはり、農耕文化以後に出現したものであろう。狩猟動物がたくさんいるところでは、どんな文化段階になろうと、男たちは狩猟をやめるものではない。

しかも、このナクル文明を築いた人々は、遺骨を残していた。これがまた、大変に興味深い。調査したのは、ケニアに住みついている、有名なイギリス人の考古学者、リーキーだが、彼は、いくつかの頭骨の、原型を回復することに成功した。ナクル人の大部分は、背が高く、長頭で、狭い顔立ちであった。ところが、一部の人々は、背が低く、短頭で、幅の広い顔立ちであり、現存の狩猟民であるサン民族（ブッシュマン）に似ていた。

つまり、同一地点に、同時代に、まったく違う人種的特徴を持つ人々が、一緒に暮らしていたことになる。私はこの事実を、農耕牧畜民と、狩猟民との協力関係があったことの証明、と解釈する。では、ナクル文明とイシャンゴ文明は、その後、どういう発展を見せたのだろうか。それを考えるために、ナイルの源から、はるか南方にかけて、たくさんの遺跡があることを続けて紹介したい。

そこには、古城もあれば、道路もあり、水道もある。巨大な王墓もある。それらは、いつ頃つくられたものだろうか。また、誰がつくったものだろうか。

4 中世の古城

大ジンバブウェとして知られる、ローデシアの古城は、最も有名である。そして、ナイルの源より南方の遺跡としては、年代が確定した唯一のものだ。ジンバブウェとは、土地の言葉で、石の家の意である。そして、ローデシアからザンビア、ボツワナにかけてはジンバブウェと呼ばれる遺跡が、なんと、三〇〇から四〇〇ケ所もある。そして、その中の最大のものだけが、大ジンバブウェとして紹介され、観光ルートに入っている。

大ジンバブウェの構成は、相当に複雑だ。まず、一二〇メートルの高さの、花崗岩の岩山があって、その上に城郭があり、中にはヤグラがある。山の下の平地には、楕円型の城壁がめぐらされている。そして、山上の城郭と、平地の城壁との間には、複雑に入り組んだ石壁がつながっていて、たくさんの石造家屋の跡がある。

この古城は、かつてモノモタパ帝国の名で知られた広大な帝国の、首都の一つだった。この帝国には、ローマ帝国から神聖ローマ帝国への移り変わりにも似た、何度かの、主導権の移行が見られるが、その点は省略する。ともかく、この古城に首都が置かれていた頃、アラブ人やポルトガル人が訪れた際の、記録も残っている。

アラブ人やポルトガル人が訪れた、ということは、つまり、中世または近世の話である。紀元前六〇〇年頃のルヴェンゾリ大爆発から、いきなり、中世に話が飛んで恐縮だが、この大ジンバブウェに関する、ヨーロッパ系の学者の姿勢を知っておいてもらうと、他の古代遺跡の紹介がしやすいのである。

大ジンバブウェは、長らく廃墟と化していた。そして、一八六八年に、アメリカ人の狩猟家の眼にとまった。その頃のアメリカ人やイギリス人は、アラブ人やポルトガル人が書き残した記録の存在を、まったく知らなかった。だから、この古城の主たちが、黒色のアフリカ人だったとは露知らず、研究をしはじめた。

すでに、フェニキア人とタルシシの船隊の話はしたが、旧約聖書はさらに、豊かな金の産地、オフィールの名を記していた。最近になって、フェニキア文字で、「オフィールの金」と刻み込まれた大きな瓶も発見されているし、実在した国か都市などの呼び名に違いない。

一九世紀には、アメリカでも、ゴールド・ラッシュが起きており、謎の金産国オフィールに対する関心は高かった。だから、大ジンバブウェの発見は、すぐに、古代のオフィールに結びつけられた。一八九一年には、イギリス軍がローデシアに攻め入り、大ジンバブウェの周辺を占領した。そして、指揮官は、次のような電報を本国に送った。

《いまやイギリス人は、オフィールの国に到達し、古代の宝庫を再び開かんとしている。我々は、かつてソロモン王が象牙の玉座を鍍金し、神殿の杉の柱を飾った黄金に、ヴィクトリア女王の姿を刻むことになるであろう。》

簡単にいうと、女王の浮彫入りの金貨を、たくさんつくれるようになる、という報告をしたわけだ。

まことに現金なエピソードである。しかし、この電文は、恐るべき悲劇のプロローグ（序詞）となった。ローデシアのアフリカ人の諸王国は、完膚なきまでに破壊された。ゴールド・ラッシュが起こり、遺跡は打ち砕かれ、考古学的な価値のある遺品も、あらかた鋳潰《いつぶ》されてしまった。

そこへ登場した学者は、研究に先立って、アフリカ人に巨大な石造建築がつくれるはずはない、という奇怪な前提条件を決めた。そして、シーニーの表現を借りると、「さまざまな新奇な説」を提唱した。ソロモンを訪れたことで有名なシバの女王と関係づける学者もいた。サバ人、ヘブライ人、フェニキア人、アラビア人、インド人、アジア人、あらゆる外来起源説が、次から次へと出現した。木村重信は、つい最近になっても、アメリカ人のジョン・ガンサーが『アフリカの内幕』で、アラビア人による大ジンバブウェ建造を主張しているとして、厳しく批判している。

しかし、一九〇五年に、最初の科学的調査を行った学者は、すでに、外来起源を否定し、「バンツー起源で中世のもの」と断定した。以後、数十年も論争、再調査が続いた結果、真相はほぼ判明した。ショナ、ロズウィなどのバントゥ系の民族が、同じ石造建築の技術を伝えていることも確かめられた。年代決定については、デヴィッドソンがこう書いている。

《一九五二年にシカゴで、一九五四年、再びロンドンで行われたカーボンテストは、「楕円型建物」の壁の下部から出土した排水用の木材の二つの破片について行われ、その結果、年代は西紀五九一年（プラスまたはマイナス一二〇年）と、西紀七〇二年（プラスまたはマイナス九二年）の間ということになった。》（『古代アフリカの発見』、二一一〜二一二頁）

この年代は、高松塚の装飾壁画古墳のそれよりも、少し古い。日本では、「古代史再発見」ということになっている。しかし、アフリカでは、この年代は中世である。

ところが、これでもまだ論争は収まらない。アフリカ人による建造が確定すると、今度は、年代の引き下げに熱中するヨーロッパ系の学者が出現した。たとえば、木村重信は、次のように書いている。

《学者たちの間では、問題の木材がタンブーティという、非常に寿命の長い木であることから、伐り倒されてから相当の期間を経た後に加工されたか、あるいは、いまは消滅した、もっと古い建築に用いられた古材が、後に排水溝のために再使用されたのではないか、との意見が強い。》（『アフリカ美術探検』、一七二頁）。

確かに、部分部分で、何度かの修復、増築の歴史はあるらしい。しかし、話がやたらと細かくなるし、こういう、年代引き下げの主張は無視しておく。むしろ、古材の再使用説については、逆の証拠がある。つまり、大ジンバブウェの石造建築以前に、木造の建物があり、それが焼失したのではないか、とも考えられる。というのは、デヴィッドソンによれば、石造建造物の下に、「『死の層』と呼ばれるものがあり、これは未解決のまま」である。まさか、焼け跡の灰の中から、「寿命の長い木」を拾い出した、と主張するわけでもあるまい。

本当の問題は、もっと大きなところにある。というのは、まず、ジンバブウェは、大小とりまぜて、三〇〇から四〇〇ヶ所もある。最初の建造は、小さな城郭からはじまった、と考える方が自然であろう。次に、アフリカ内陸の気候を考えに入れると、石造の城というのは、戦争のような、物理的破壊を防ぐためのもので、はるか古代には、土造の方が一般的だったに違いない。

また、石造技術そのものも、後に紹介するような、ダムや水道の建造にはじまっているのではないだろうか。多くの学者は、大ジンバブウェの石造部分の年代が決まり、しかも、アフリカ人がつくったことがわかってしまうと、突然、それ以前の歴史を考えるのを中止したかのようである。

だが、私は、大ジンバブウェの背景には、壮大な古代史が隠されていると考える。それは、以下に紹介するような、謎の古代遺跡が物語っているのではないだろうか。

5 巨大な土塁

デヴィッドソンは、ウガンダ西部、すなわちイシャンゴ文明の故地に近接する地点で発見された、「土塁の巨大なシステム」に注目し、この遺跡を、「アフリカ最大で、世界でも最大に属するもの」と表現している。

彼は、この土塁の重要性を強調するに当たって、それが「楕円型」をなしている点を指摘する。すなわち、ローデシアの大ジンバブウェの城壁と似ている、というのである。そして、「ローデシアと同じく、ここも広範囲な採鉱と、溶鉱の地域であった」といっている。

しかし、この遺跡に金属文化の証拠があることは、必ずしも、この土塁の建設開始の年代を、金属文化開幕以後である、と決定する材料にはならない。

たとえば、モートンは、イベリア人が残した巨石文化遺跡について、「現在の土塁は、かなり後の、主に鉄器時代に起源を持つものであるが、しばしば新石器時代の下層を持っている」という事実を指摘している。沙漠化などの特殊な事情がない限り、多くの文明中心地では、人々は遺跡の真上で生活を続けてきた。だから、そこに何層もの歴史が隠されているのは、まことに当然至極のことである。

またもし、このウガンダの土塁が、鉄器文化以後のものだとしても、今度は、鉄器文化の起源についての考え方が問題になってくる。ただ一ついえることは、このウガンダ西部という地点は、ルヴェンゾリの大爆発の灰、もしくは溶岩流をかぶった範囲に入っている。それゆえ、地上にある土塁は、紀元前六〇〇〇年以後のものであることは、確かであろう。

土塁の築かれた目的は、この周辺の牧畜民の生活から考えると、家畜を中に入れる、大きな屋敷の方式を、発展させたものと思われる。城砦都市の遺跡といってよいだろう。しかし家屋は土壁だったと考えられる。そして事実、地表からは、まったく姿を消している。正式の発掘をすれば、もっとよくわかるようになるだろうが、まだ、そういう報告はないようだ。

牧畜との関係については、シーニーが、土塁の中から、「家畜の頸に刺して血を抜き取るのに用いられた特殊なヤジリ」が発見されたと書いている。マサイ民族などが使っているのと、同じ種類のものだろう。私は、宗教的な儀式に使われたのではなかろうか、と考えている。

では、どんな人々が住んでいたのだろうか。伝説は残っていないのだろうか。

ウガンダ人は、この土塁、または城砦都市を築いたのは、巨人たちだといっている。他の国の場合と違って、ウガンダから、隣のルワンダ・ブルンジその他には、いまも二メートル以上の巨人が何十万人もいるのだから、この伝説には、リアリティーが出てくる。

さて、このウガンダの遺跡は、かつてのイシャンゴ文明と、ほぼ同じところにあった。ところが、イシャンゴ文明と対応するナクル文明の周辺にも、古代遺跡が、さらに大規模な分布を見せている。

6 灌漑農場

アフリカの農業といえば、すぐ焼畑耕作と一口に片づける学者もいるが、これがまた、大変な間違いである。

デヴィッドソンは、現在、ケニア白人高地と呼ばれている地帯に、大規模な灌漑農業が行われていた事実を、次のように指摘している。

《ハンティンフォードによれば、ケニアで廃墟が最も数多く、最も開発されているのは、まさに現在、ヨーロッパ人入植者が居住している高地地方である。この……目の覚めるような緑地帯には、さまざまなタイプの石造の居住地に、かつて明らかに多数の人口が住んでいた。……石造の囲壁、住居群、石塚、直線の土塁、灌漑工事……道路、溝、……湿地帯……築堤の上を通る道路……運河、階段状構築……鉱山や鍛冶屋の作業場、石塚や岩壁画など……。》（『古代アフリカの発見』、一八七～一八九頁）

しかも、この遺跡は孤立したものではない、同じケニア高原地帯を少し南に進むと、またも、巨大な廃墟の都市がある。

《ケニアとタンガニイカの国境地帯に……「大きな廃墟の都市」のあることが、一九三五年、タンガニイカの地方官吏によって報告された。……リーキー博士……は次のように書いた。「……斜面の主要な都市には約六三〇〇戸があり……谷間には約五〇〇〇戸の家がある……」。人口は「おそらく三万ないし四万と推定され、この数字でも低すぎるのではないかと思う」。》（同前、一八四頁）

デヴィッドソンは、この失われた都市の住民数との比較として、「中世のフィレンツェは人口約六万」という例を挙げている。この数字比較はいいとしても、やはり、中世期の遺跡だと断定する根拠は何もない。事実、彼は同時に、「この地域では、完全な考古学的調査らしいものはまだ一度も行われていない」と指摘している。この失われた都市は、エンガルカと呼ばれており、よく引き合いに出されている。しかし、何の調査もなしに、中世期に位置づけている本があるので、一言、その取り扱いに反対の意思表示をしておく。

私はむしろ、このあたりこそ、旧約聖書のタルシシのみならず、古代エジプトへのミルラの供給地として、想定されてしかるべきだと思う。それは、次の古代道路網の存在によっても、証明されるものではないだろうか。

7　道路網

ケニア高原から、ザンビアまで、そして、海岸地帯をも結ぶ、大規模な道路のシステムがあったらしい。これまた、その後の調査報告はない。しかし、この調査を抜きにしては、アフリカ大陸の歴史を、本当に語ることはできないだろう。

デヴィッドソンは、三人の学者の報告を基にして、アフリカ大陸の内部を縦横に結ぶ、巨大な道路システムがあった可能性を指摘している。その要点を抜き出すと、次のようなものである。

《多くの道路が存在……勾配がゆるくされており、「通常は幅一〇ないし一二フィート【三～四メートル】で」、その一方、「丘の中腹の層はむきだしで、道具でならしてあった。これらの……道路の最長のものは、……ニヤサ湖の水源地から今日の北部ローデシア【ザンビア】のアバーコーン【タンガニーカ湖の南端】に向かって、ケニヤの『白人高地』にあるアルシャやナイロビに達していたようである。……昔の道路（あるいはそう見えるもの）の短い断片は、……イリンガ【タンザニアの中心点】とニヤサ湖水源地との間にも報告されており、これらの断片の一つは幅約九フィート【三メートル】、『それを平坦にするため土を盛り上げたらしく、外側にそって小石の列がある』。……「これらの道路が突き止められた諸点から、大湖地方の東側で北から南に走る交通システムがあったと推察されるが」、……海岸地方との交通も存在していたものと見られる。》（『古代アフリカの発見』、一八七頁）

ザンビアのアバーコンと、ケニア白人高地のナイロビとの間の直線距離は、約一二〇〇キロになる。日本列島でこの距離を求めてみると、なんと、函館・鹿児島間の直線距離に相当する。

これは、やはり、大事業に違いない。しかし、モートンは、ブリテン諸島の巨石文化遺跡について、「何千人もの人々が、大きな土塁を盛り上げるのに共同で労働を行ったに違いない」と書いていた。ブリテン諸島のような辺境で、紀元前三〇〇〇年頃にできた仕事が、もっと人口の多いアフリカ大陸で、不可能なはずはない。

その後の調査が行われていない理由は、一九三〇年代からの独立戦争、第二次世界大戦にある。残念だが、いまのところ仕方がない。

しかし、これらの道路と結びつけうる、エジプトの古記録がある。すでに紹介した、ハルクーフの墓碑銘である。

このハルクーフの碑銘には、道路という単語が三回、出てくる。そのうちの一つは、最も遠いところにあるもので、「高原地帯の道路」となっている。つまり、ハルクーフがこの地帯にきた、と断定できれば、道路システムの存在は、紀元前二三〇〇年まで、さかのぼって考えることができる。

さて、この道路システムを、さらに南方へたどると、またもや、大規模な灌漑農業の遺跡が出現する。

8　ダムと水道

モザンビークの西部国境地帯に、ダムや水道が石でつくられていたと聞けば、やはり、驚かずにはいられない。

これもまた、年代などはまったくわからない。しかし私はすでに、大ジンバブウェのところで述べたように、こういう農耕に必要な、つまり、生活していく上で最も肝心なところから、石造技術が発達したに違いないと考えている。

デヴィッドソンは、こう書いている。

《階段式耕作は北部アフリカ独特のもののように思われていたが……消え失せた諸種族がリンポポ河【モザンビークと南アフリカの国境地帯】に至るまで、ケニヤ、タンガニイカ、ローデシア、モザンビックで広範囲にこれを行っていたことが、現在では知られている。》（同前、一八〇頁）

これらの集約農業の遺跡のうちで、現在までに発見された、最大のものは、モザンビークの西部国境地帯にある。

このリンポポ河流域の農業遺跡は、ニーケルク、イニヤンガという地名で知られている。デヴィッドソンの記述から抜き出してみると、そこには、次のような大水道網、ダムの石造遺跡がある。《階段状に構築……石造のダム……水道が非常に多く……しばしば数マイル……勾配は見事に計算されており、その技倆は精巧な機具を持つ現代の土木技師でも、必ずしも太刀打ちできるとは限らぬほどである。ダムはモルタルなしで自然の石を材料に、うまく丈夫につくられている。……深さは約一メートルの単なる溝……。》(同前、二二六頁)

水道は、リンポポ河の水を、耕作地に配るシステムをなしていたらしい。「数マイル」とあるのを、仮に五マイルと考えれば、それは八キロになる。日本で例をとれば、中央線の東京・東大久保間の直線距離に相当する。これが、「しばしば」ともなれば、山手線の一周りが加わるかもしれない。

要所には、「重さ一トンにも達する丸石」が使ってあり、どうやって動かしたのかもわからない。実物を見た学者は、ニーケルクのダムと水道網の建設について、「ここではピラミッドの建設に劣らぬ労働力が費やされた。あるいはそれ以上かもしれない」といっている。

この巨大な農業遺跡についても、これ以上の情報はない。現在、ポルトガル領植民地モザンビークでは、南ヴェトナムとまったく同様な、激しい戦いが進行中である。解放戦線側の村民を、皆殺しにするような大事件が、やっと伝わってくるような状態では、当分は考古学的調査の可能性はないだろう。

それだけに私は、何の根拠もなしに、この遺跡の建造年代を押し下げたり、過小評価に導くような記述には、大いに疑問を提出しておきたいのである。

謎はまた、遺跡の年代だけにとどまらない。栽培植物の起源と伝播経路にも関わってくる。デヴィッドソンによれば、この農業遺跡から出土した、「炭化した穀物の示すところでは、彼らの作物はキビ、高粱、豆類」であった。中尾佐助の説明に従えば、このうち、キビとはトージンビエの誤認で、高粱とあるのは、ソルガム（モロコシ類）の誤認である。トージンビエもソルガム、豆類も、中尾佐助の説明によれば、西アフリカのサバンナ起源であった。そして、南部アフリカ一帯は、従来の学説によると、ヤムイモ文化圏のはずであった。

しかし、南部アフリカにも、広大なサバンナ高原が広がっているし、また、いたのである。私は、このあたりの栽培植物も研究し直すべきではないかと思う。階段式の灌漑耕作も、意外に、このあたりの高原地帯、湖水地帯に発しているのかもしれない。謎は深い。

さらに、リンポポ河のすぐ南、現在の南アフリカ共和国トランスヴァール州には、モザンビークの農業遺跡と結びつくかもしれない、興味深い遺跡があった。

マプングブウェと呼ばれるこの遺跡は、絶壁に囲まれた岩山の、平らな頂上部にあった。現地のアフリカ人は、この岩山を神聖なものとして、その名を語るときは、背を向けて、畏怖の念さえ示したという。頂上に登る道はたった一つのトンネルで、そこは岩石で封じてあった。そのために、例のゴールド・ラッシュを免れたのである。

マプングブウェの発掘結果は、ここが王家の墓所に違いない、ということを示した。発見された二三体の人骨の一つは、約二キロもの金製細工品を伴っていた。全体の三分の一は、その足が、「渦巻にした針金からなる一〇〇以上の飾り輪で巻かれていた。見事な細工の金メッキのいくつかも発見され、約一万二〇〇〇個の飾り玉も発見された」(同前、二二七頁)。

このような、山頂を利用する遺跡には、要塞らしきものもあるらしい。そして、山頂の要塞と住居の遺跡の分布は、階段状構築の農業遺跡の分布と、重なり合っている。

デヴィッドソンはこう書いている。

《山頂の要塞と住居の存在も、同様に謎であり、至るところに見られる。それは南部ローデシアにもアンゴラにもあり、遠く南部アフリカのバストランドにもある。》(同前、一八一頁)

アンゴラも、モザンビークと同様に、ポルトガル領植民地のままであり、同じ戦いが進行中である。

《しかも、アンゴラの考古学は、石器時代にせよ鉄器時代にせよ、ほとんど完全に未知のまま残っているのである。》(同前、二五一頁)

それでも、アンゴラに隣接する、現在のザイール(コンゴ)のシャバ(カタンガ)州からは、相当に大きな王国、または帝国の存在を予想させるような、巨大な墓地の遺跡が発見されている。

中央アフリカ史の研究者、ヴァンシナ(ベルギーのブリュッセルから、フランス語の本を出している人物だが、ルワンダ人らしい)は、この遺跡を次のように描写している。

《中世あるいはおそらくさらに古く、一つの国家が、コンゴ川の水源にあたるキサレ湖の附近に存在していた。考古学者たちは、そこに、川岸に沿って幾マイルも延びる墓地を発見している。死者は、彼らの容器や装飾品とともに埋葬されていた。これらの副葬品のうちには、帯や、針や、そしてすでにいわゆる「カタンガ十字」などの、銅や鉄の製品が含まれていた。「カタンガ十字」は、銅の十字で、長い間通貨として用いられていたものである。》(『アフリカ史の曙』、一四六頁)

この遺跡の年代も、まったく不明である。しかし、このあたりは、金、銀、銅の鉱山遺跡が、数千あるいは数万にものぼるほど散在している。かつてはカタンガ州と呼ばれていたが、最近のザイール（コンゴ）では植民地時代の名称をすべて廃止した。そして、昔の地名であるシャバを復活し、シャバ州と呼んでいる。シャバとは、ザイール大使館に問い合わせてみたところ、銅のことであった。

また、このシャバ州は、遅くとも一六世紀以来、ルンダ帝国の中心地の一つであった。そして、このルンダ帝国は、南はローデシアから、北は、ルワンダまでを領地としていた。ヴァンシナは、「幾マイル」、つまり、数キロにもわたる巨大な王墓を築いた国家は、このルンダ帝国よりも、かなり前にあったものだと説明している。ともかく、相当に古いことは確かだ。

では、この国家は、アフリカ大陸の外には、まったく知られていなかったのであろうか。シャバという言葉は、いつ頃から使われていたのであろうか。その名称に類した言葉を、古代人は、伝えていないだろうか。

9　シバの女王

私は、ザイールのシャバこそが、旧約聖書に名をとどめたシバの女王の、本拠地であったと考える。シバの女王は、ソロモンを訪ねた。彼女は富める国の女王であった。シバは、国名または地名であろう。そして、シバは、タルシシやオフィールと結びつけられていた。旧約聖書の章句もそうなっているし、オリエント史学者も、そう考えている。

旧約聖書は、次のように、シバの女王の国が、金や、香料、宝石の特産地であることを物語っている。

《シバの女王は主の名に関わるソロモンの名声を聞いたので、難問をもってソロモンを試みようと訪ねてきた。……そして彼女は金一二〇タラントおよび多くの香料と宝石とを王に贈った。シバの女王がソロモンに贈ったような多くの香料は再びこなかった。》（『列王紀上』、一〇章）

シャバは、金、銀、銅の主要産出国であった。このシャバから、大ジンバブウェのあるローデシアを抜け、モザンビーク海岸のソファラ港に向けて、古くからの通商ルートが開かれていた。地図（**図版14・151頁**）を参照していただきたい。

ソファラはまた、古代の宝庫、オフィールに違いない。中世のアラブ商人は、このソファラから、金、銀、銅、鉄、象牙を求め、インドや、地中海方面に売り捌き、巨利を博していた。アラブ人の通商ルートは、古代のフェニキア人のそれを受け継いだものである。タルシシ、オフィール、シャバ（シバ）は、古くからの通商ルートであった。

では、この私の考えに対して、ヨーロッパ系のオリエント史学者は、どう答えるだろうか。彼らは、シバの女王の国は、アラビア半島の一土侯国だったのではなかろうか、と主張している。だが、アラブ人はあくまで、仲介貿易業者として栄えたのである。現代でも、スエズ運河は、東西貿易の要衝となっているが、この位置づけは、古代でも中世でも、まったく同じだった。しかも、アラビア半島からは、金、銀、銅の大量の産出は見られない。その他の物的証拠も、まったく提出されていない。

その上、オリエント史学者は一時期、私と基本的に同じ考えを、大々的に発表したことがある。彼らは、大ジンバブウェの発見に狂喜して、ただちにここはオフィールだ、シバの女王の国だ、と断定したのであった。つまり彼らは、金産国の位置づけ、古代・中世の通商ルートの位置づけなどに基づいて、東アフリカや中央アフリカを、最大の候補地と考えていた。

なぜ、この考え方が撤回されたのだろうか。私には、この「現代の謎」を解くべき物的証拠はない。しかし、「心証」は明確である。それは、大ジンバブウェの建設者が、生粋のアフリカ人であり、黒色人である、という事実が明らかになったからに他ならない。あこがれのシバの女王が、黒色人では都合が悪い、と考えたからに他ならない。

だが、旧約聖書のどこにも、シバの女王の人種的特徴は、描かれてはいなかった。その逆に、ソロモンの時代に大活躍したフェニキア人は、カルタゴの神殿の石槨に、明確な黒色人の特徴を示す貴婦人を、女神そのもののように葬っていた。シバの女王も、黒色人であったと考えるべきであろう。この「心理的」障害さえ突破すれば、すべては解決する。

さて、ザイールでは、シャバを銅の呼び名にしている。しかし、私は、シャバは本来、金属の総称だったのではなかろうかと思う。シャバ州は、銅を大量に産するので、この総称が銅のみを示すようになり、他の金属には別の呼び名がつけられた、と考えられる。こういう事例はたくさんある。たとえば日本では、カネが総称で、コガネ、シロガネ、アカガネ、クロガネといった。そして、ただカネといえば、鉄を意味していたり、青銅の鐘を意味したり、金・銀・銅を意味したりする。

では、金属の総称としてのシャバは、他の国に伝わらなかっただろうか。

私はまず、古代エジプト語のバ（鉄、金属）を思い出す。そして、シャバ、カバ、ケム・バ、つまり、化学（アルケミア）による金属と解釈する。日本語のカネもこれと無縁ではないだろう。

続いて、古代エジプトの第二五クシュ（エチオピア）王朝のファラオに、シャバ、シャバタカ、がいたことも指摘したい。この王朝は、少なくとも、中央アフリカのウガンダまでを領土としていた。シャバ州そのものとの関係もあるかもしれないが、金属生産を国力の背景としていたとも解釈できる。残念ながら、クシュ（エチオピア）帝国の本来の言語が、未解読なために、まったくわかっていない。しかし、私は、こういう基本的な単語のつながりには、かなりの確信を抱いてもよいと思う。

さらに面白いことには、この王朝のファラオに、もう一人、タハルカがいる。タを、古代エジプト語の土地または国と考えれば、ハルカの国の王者、と結びつけうる。そして、ハルカは、すでに指摘したバルカン半島（またはタバルカイン）と結びつけうる。また、プラトンのアトランティス説話には、オリュハルコンという特別な金属の名前が出てくる。ハルカ、ハルコン、バルカン、バルカインという語根は、どうも、金属と関係があるようだ。

さて、以上のコトバの謎は、指摘にとどめておきたい。いずれにしても、シバの女王をめぐる歴史は、せいぜい紀元前一〇世紀前後のことである。このへんを、アフリカ史のピラミッドの中段として、また、踏み台として、もう一度、紀元前六〇〇〇年頃の事件を振り返ってみたい。

まず、ルヴェンゾリの大爆発は、周囲にどういう影響をもたらしたであろうか。

10 太陽神ラー

地質学者の金子史朗は、一八八三年の、インドネシアにおけるクラカタウ火山の大爆発の観察資料に基づいて、次のように書いている。

《大気の上層部に達した火山灰の微粒子は、何ヶ月も何年も大気中にとどまって、光の回折や吸収、散乱などの物理現象を引き起こすからである。そればかりでなく、火山灰の遮閉により日射量が減少し（クラカタウ噴火ではその後八七パーセントに減少）、気候異変の原因となるばかりでなく、しばしば凶作とつながるのである。》（『アトランティス大陸の謎』、一〇八頁）

金子史朗は、プラトンのアトランティス説話に、紀元前一五〇〇年頃、エーゲ海のサントリン島で起きた、ミノア火山の大爆発を結びつけている。また、凶作が起きたのは、ナイル河のデルタ地帯だと想定しており、その凶作を、同じ頃に隆盛を誇った太陽神アトンの一神教の背景だ、と主張している。

この金子史朗の本は、結論として、アトランティス大陸の実在を否定している。あれはプラトンのフィクションだ、と主張している。従来のアトランティス伝説が、大西洋に「白色の古代文明人」がいたかのように、奇妙な解釈をしているのに対して、金子史朗の推理は、まことに科学的である。プラトンの時代には、黒色のエジプト人やエチオピア人が、最大かつ最古の文明人だった。プラトンは、アトランティス大陸の住民の肌色には、何もふれていない。むしろ、黒色人を想像していたと考える方が、自然である。

それはともかく、金子史朗は、プラトンがエジプトの神官の話にヒントを得た、と解釈している。ところが、その次に、「エジプトには活火山はないし、エジプト人が火山を知らなかったことだけは事実である」という考えが述べられている。

この、「エジプト人が火山を知らなかった」という前提条件には、すでに紹介した、村上光彦のエジプト神話研究が、反論となっている。つまり、金子史朗の論拠は、ここで崩れる。それゆえ、私は、ミノア火山の代わりに、ルヴェンゾリを設定してみたい。

だが、金子史朗の本によって与えられた示唆は、太陽神のことだけではない。彼は、大洪水伝説の由来をも、火山爆発に結びつけている。この点も面白い。一般には、大洪水伝説の起源地は、メソポタミアの発掘結果によって明らかにされた洪水に結びつけられている。しかし、河川の氾濫は、金子史朗のいうように、大小の差はあっても、定期的に発生するものだ。むしろ、ナイル河の氾濫は、恵みとして歓迎されている。ナイル河の水は大量の土砂とともに、サッドの湿原地帯から、緑褐色の有機成分を運んでくれるのだ。

しかも、アフリカの神話には、具体的な箱舟伝説がある。これがメソポタミアから伝わってきた、とはいえないだろう。私はアフリカの方が本家だと思う。水源地帯には、漁民もたくさんいたし、舟がたくさんあったに違いない。

また、金子史朗は、旧約聖書の『出エジプト記』に出てくる、「昼は雲の柱、……夜は火の柱」というくだりをも、ミノア火山の爆発に結びつけている。しかし、エジプトからサントリン島のミノア火山の、火の柱まで見えたとは思えない。私は、ルヴェンゾリの大爆発によって、ナイルの源を離れた人々の記憶が、伝えられたものだと思う。

では、ルヴェンゾリ大爆発によって、ナイルの源には、どういう事態が発生したであろうか。まず、地図（**図版19・204頁**）を見ていただきたい。

ルヴェンゾリが爆発し、溶岩が流れ、火山弾が降り注ぎ、火山灰が舞い下りると、ナイルの水系は半分以上、堰き止められる。何しろ、爆発の規模が大きい。コルヌヴァンによれば、現在のアルバート湖は、エドワード湖とつながっていた。そこへ大爆発が起きて、セムリキ川ができた。現在のセムリキ川は、長さが二四〇キロに達する。ところが、日本最大の琵琶湖の長径は、六三キロそこそこである。つまり、かつてのセムリキ湖は、琵琶湖の数倍の大きさと考えられる。琵琶湖の数倍の大湖水を埋め立てるだけの、溶岩、火山弾、火山灰とは、一体どれほどの量になるのであろうか。

しかも、同じことは、四方八方に起きた。かつてのセムリキ湖の、大量の水は、突如として津波と化した。ヴィクトリア湖から流れ出る水流も、ほとんど堰き止められた。あたりは一面の大海と化した。『創世記』では、水が地上にあった期間を、「四〇日」といったり、「一五〇日」といったりしているが、ともかく相当長く続いた。

一方、水没しなかった地帯でも、火山灰の影響で、農作物に被害が出はじめた。金子史朗の記述を借りると、古代エジプト人は、この記憶をとどめている。

《エジプトのパピルス文書の中に次の一節が見える。

「太陽は隠され、その輝きを見ることができない。太陽が雲で覆われれば、誰も生き延びることはできない……また太陽は人々の前から消える。仮にそれが輝くとしても、束《つか》の間……」

太陽はあっても月のように弱々しいといった言い回しが続いている。》（『同前』、一二〇頁）

人々は、いままでに聞いたこともないこの現象に驚き、ひたすら太陽の蘇りを祈る。特に、季節的な畠作物に頼っていた人々は、太陽の蘇りなしには、収穫が望めない。畠作物は、日射量が少ないと全滅してしまうのである。畠作農耕民の必死の祈りは、当然、通じたかに思えた。火山灰の影響は、いずれは消えたのである。だが、自分たちの祈りを聞き届けてもらえた、神の許しを得た、と思い込んだ人々にとって、このときから、太陽神ラーは畠作物の神になった。

太陽神ラーは、記録に残る限りでは、最初は上エジプトの一地方神だった。そして、第五王朝（前二五六三〜二四二三）になって、エジプト全体の主神（アモン）となり、アモン・ラーと呼ばれるようになった。私は、この事実を次のように解釈する。

まず、ナイル河谷でも、水量が多く、湿地、沼地が広がっていた時代には、樹木性農作物が多かった。しかし、乾燥期に入ると、水量が減り、季節的な農作物である畠作物が増えた。そして、畠作物派の農耕民が優勢になると同時に、畠作物の神、ラーが主神となった。つまり、ラーをトーテム神とする畠作農耕民の一派が、政権を握ったと考えたい。

さて、いずれにしても、ナイルの源の人々は、ルヴェンゾリ大爆発の惨害を切り抜け、新しい国づくりに励んだ。そして、いつ頃からか、巨人のワッシ民族が出現し、支配階級となった。古代人は、このワッシ民族について、何らかの証言を残してはいないだろうか。

11 マクロビオイ

まず写真（**図版18・199頁**）を見ていただきたい。これは、紀元前一五世紀に、プーント遠征をした古代エジプト人が、神殿に、その遠征の模様を報告した壁画の一部である。

プーントの王とされている真ん中の人物は、いやに顔が大きく、極端な胴長である。これはどういうわけだろうか。私も、最初はまったく意味がわからなかった。腰をかがめて臣従の礼をとっている形にしたのかな、などと考えていた。しかし、それにしては、右手の男が棒を持っているのが気になる。どうにも解釈のしようがない。

ところが、古代エジプトの美術様式についての説明を読んでいたら、この謎が解けた。古代エジプトの絵画や浮彫、群像の彫刻や塑像などでは、立っている人物の頭部の高さを、同一線上にそろえることになっていた。だから、この不思議なプーントの王の肖像は、腰から下をデフォルメされたのであろう。これは、背の高い巨人だったに違いない。遠征隊の記録係として同行した芸術家は、そのプーントの王を、リアルに伝えたかった。しかし、頭部をそろえる習慣を、崩すことはできない。そこで、最も簡単な、脚部の描写を犠牲にしたのだ。これ以外に、合理的な解釈は成り立たないだろう。

さて、続いて、ヘロドトスの証言があらわれる。ギリシャ人は、エチオピア人の中に、特に背が高い人々がいることを知っていた。そしてその人々を、「長命族《マクロビオイ》」と呼んでいた。ただし、このマクロビオイの語源については、長命に由来するものではなく、長弓をよく引くことに由来する、という説もある。しかし、一方のピュグマイオイ（ピグミー）が、肘の長さの人、の意とされていることから考えると、背の高い人、の意ではなかろうか。それとも逆に、ピュグマイオイの方が、短弓を得意とする人、の意だったのであろうか。

このへんの事情はよくわからないが、いずれにしても、マクロビオイとピュグマイオイという単語は、対になっていたに違いない。それゆえ、ついでながら、ヘロドトスの『歴史』の中から、「小人」に関する記述を拾い集めるのには、非常に熱心な姿勢を示すヨーロッパ系の学者たちが、マクロビオイを無視しているのは、奇妙といわねばなるまい。マクロビオイに関するくだりの方が、何度も出てくるし、非常に具体的なのだ。

たとえば、古代エジプト第二七王朝を開いたペルシャ王カンビュセスは、紀元前六世紀末、さらにナイル河上流域の征服を企てた。そして、まず、手はじめに、使節を装ったスパイを送り込んだ。

ヘロドトスは、事の次第を、次のように詳しく物語っている。

《カンビュセスが使節を送った当のエチオピア人というのは、世界中で最も背が高くかつ最も美しい人種であるといわれている。その風習は多くの点で他の民族と異なっているが、ことに王制に関して次のような慣習がある。全国民の中で最も背丈が高く、かつその背丈に応じた膂力を持つと判定される者を、王位に就く資格があるとするものである。

……エチオピア王は彼らがスパイとして来訪したものであることを見抜いて、次のようにいった。

「……この弓をあの男に手渡し、次のようにいってやれ。エチオピア王はペルシャ王に忠告する。ペルシャ人がこれほどの大弓を、このように易々と引けるようになったら、そのときこそ我らに優る大軍を率いてこのエチオピア長命族を攻めるがよい。しかしそれまでは、エチオピアの子らの心に自国領以外の国土を獲得する願望を起こさしめ給わぬ神々に感謝するがよい、とな」。

エチオピア王はこういうと弓をゆるめ、これを来訪者たちに渡した。

……寿命や食事について質問すると、エチオピア人の多くはその寿命が一二〇歳に達し、これを超えるものもあること、肉を煮て常食とし、飲物は乳であると王は答えた。スパイたちが寿命の話に驚いていると、王は一同をある泉に案内したが、この泉で水浴すると、さながら油の泉につかったように、肌が艶やかになった。そしてその泉は菫のような芳香を発していたという。》（『歴史』、巻三、二〇〜

二三章）

ここでまず面白いのは、背の高い男が王位継承の資格を持っていることだ。アフリカの王国は、ほとんど女系である。男の王は、軍事指導者である。そして、女系の血統の中から、選挙で選ばれる。多くの場合、選挙に敗れた男とその一派は、王国を立ち去るか、あるいは紛争を避けるために殺されてしまう。なお、この殺し合いを「未開」の証拠のように表現する学者もいるが、ヨーロッパや日本の中世期にも、まったく同じことをしている。国民を巻き込まないで解決するアフリカ方式は、むしろ、より人間的である。

さて、このような制度があったため、マクロビオイの直系の子孫は、ますます背が高くなった。背の低い男は、王位継承権が認められず、不満を抱きながら、別天地を求めて去ったに違いない。私の考えでは、現在の巨人、ワッシ民族は、エチオピア人の中でも特に背の高いマクロビオイの、直系の子孫である。

さらに、長寿の説明も、合理的である。中央アフリカ一帯には、火山、温泉が多いから、辻褄も合う。コーカサス山中や、ヒマラヤのフンザ王国などに、同様の長寿者が多いことを考えれば、あながち誇張とばかりはいえまい。

ヘロドトスは、さらに続けていう。

《カンビュセスは、大いに怒ってただちにエチオピアに向かって兵を進めたのであるが、あらかじめ糧食の準備を命令することもせず、また自分が地の果てに兵を進めようとしていることを考えてもみなかった。》（同前、巻三、二五章）

カンビュセスの軍勢は、このため、途中の沙漠地帯で糧食が切れ、その果てには、共食いさえはじまり、やむなく撤退したという。

では、ここで「地の果て」と表現されているマクロビオイの国は、果たして、現在の、ワッシ民族の居住地のあたりにあったのだろうか。

ヘロドトスは、別の章で、「リビアの南の海に面する地域に住むエチオピアの『長命族《マクロビオイ》』」という表現を使っている。ここでいう「リビア」とは、アフリカ大陸のことである。つまり、アフリカ大陸の南の海岸地帯にいた、といっているわけだ。だが、この「南の海」は、ヴィクトリア湖のことであろう。例のサッド、つまり、スーダン南部の沼沢地帯ではないか、と書いている学者もいるが、それでは、温泉の説明ができない。しかも、すでに紀元前八世紀には、古代エジプト帝国は、ヴィクトリア湖までつながっていた。

スーダン北部に根拠地を持ち、第二五王朝を開いたクシュ帝国は、ピアンキ（前七五一～七一六）の時代に、「北は地中海岸から東は現在のエチオピア国境まで、南はウガンダまで支配下に置いたが、それはアフリカ大陸の四分の一に及ぶ広さであった」（『アフリカ美術探検』、二二六頁）。

これは言い換えると、ナイル河流域を、水源湖に至るまで制圧したことでもあり、当時の世界で最大の帝国となったことでもある。その証拠は石碑に残されており、歴史の詳細はわからないとしても、ウガンダや、ルワンダ、ブルンジのあたりが、孤立した辺境ではありえないことを証明している。

次に、ディオプの研究には、写真（**図版20**）のような、ワッシ民族の髪型が紹介されており、ラムセス二世（前一二九八～一二三二）像の頭部デザインと比較されている。ディオプの主張の重点は、これ

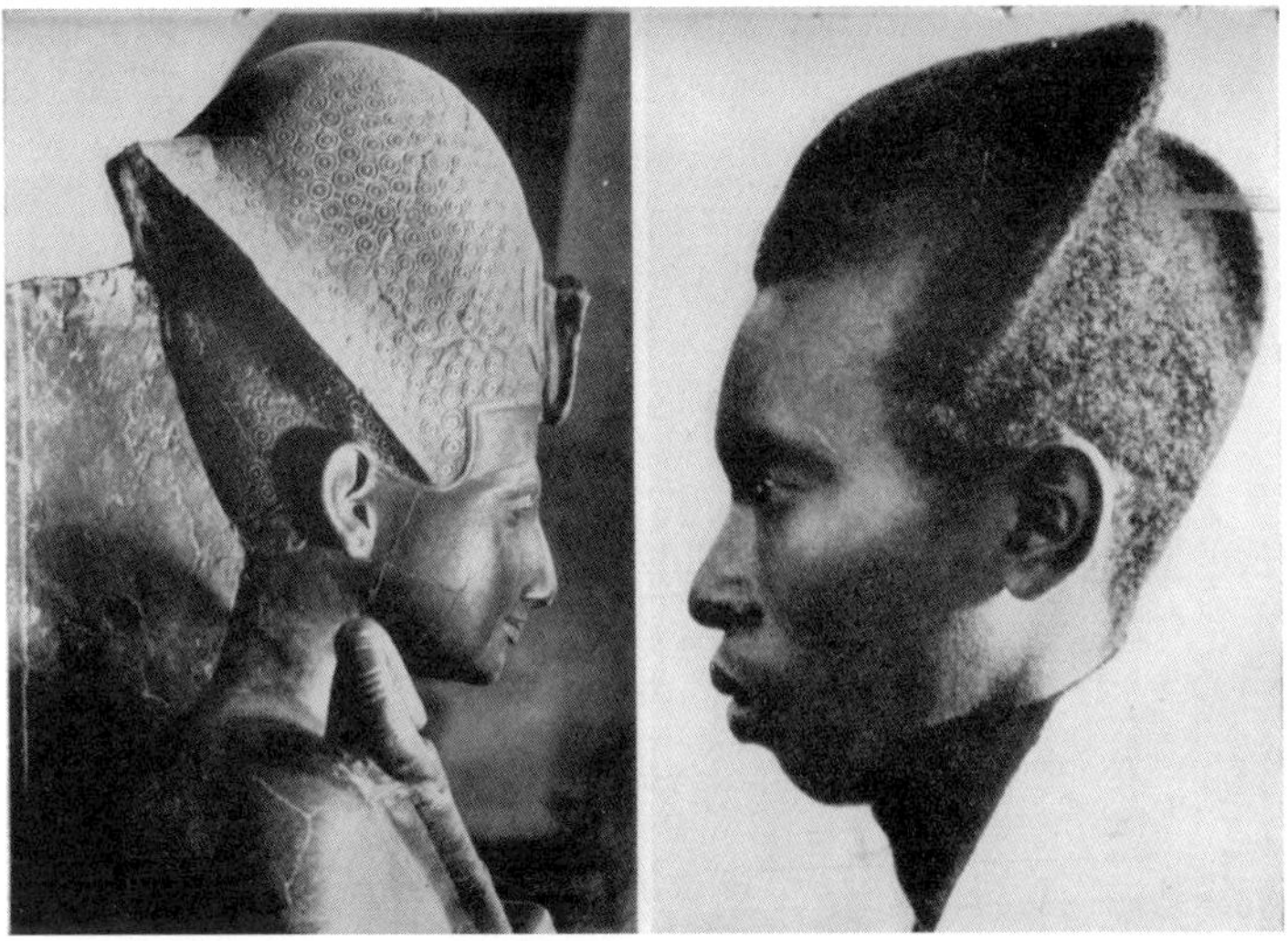

図版20　ワッシ民族の髪型とラムセス二世像の頭部デザイン
（『黒色人文明の先行性』　PL.XXXV）

らの小円を配置した頭部デザインが、「黒色アフリカ人の縮れ髪の髪型に由来する」というところにある。この指摘もいろいろと興味深い論争点を含んでいるのだが、賛成の意だけを表して、本書では割愛する。

古代人の髪型は、日本の武士階級のチョンマゲのように、強い伝統を持っていた。髪型の一致は、民族的なつながりを推定する上でも、重要な論拠とされている。ラムセス二世の祖父であり、第一九王朝の始祖であるラムセス一世と、第二代セティ一世とは、ヴェルクテールによれば、ともに「弓隊隊長」の経歴を持っている。そして、古来から、エジプト帝国軍には、クシュ（エチオピア）出身者の弓隊が重要な一翼をなしていた。この結びつきも見逃せない。おそらくクシュ帝国は、早くからウガンダあたりと、つながりを持っていたのであろう。

さて、古代エジプトは、上下、または南北の二重王国制をとっていた。この二重王国制は、ソロモンの国にも見られた。そこでは、北のイスラエル王国と、南のユダヤ王国とにわかれていた。この二重王国の原理は、どこで、どういう理由で発生したものであろうか。

12 二重王国

『イーリアス』の続編をなす、『オデュッセイア』には、アイティオプス（エチオピア人）について、さらに具体的な描写があらわれる。

オデュッセウスに敵対する、海神ポセイドンのエチオピア訪問中に、ゼウスたちは、オデュッセウス救援の策をめぐらす。文中、かの神とは、ポセイドンのことである。

《だが、かの神は、遠くに住まうエチオピア人、世の果てに、日の神ヒュペリオーンの、沈むところと昇るところにわかれて住むエチオピア人のところに、牡牛と牡羊のさかんな犠牲《いけにえ》を受けようとて、赴いていた。そこでかの神が座を占めて、宴《うたげ》を楽しんでいる間に、他の神々はオリュンポスなるゼウスの宮に集まっていた。》（『オデュッセイア』、第一巻、二二～二四）

ここでいわれているように、エチオピア人は、東西に「わかれて住む」ものと考えられていた。ヘロドトスも、「子午線が西に傾いている方角では、エチオピアが人の住む世界の涯になる」と書いている。さらに、紀元前一三〇〇年頃のハルクーフは、「ヤムの首長がテメーを天の西端まで打ち懲らしめるべく、テメーの国へ出かけるところを見た」。このことからしても、どこかに、「天の西端」と考えられたところがあったに違いない。そして、この場所は、当時の人々には、別に説明の必要がないほど、よく知られた場所だったのではないだろうか。

ところで、地図（**図版19・204頁**）を見ていただきたい。ヴィクトリア湖を挟んで、ほぼ赤道直下に、東にはケニア山（五一四九メートル）があり、西にはルヴェンゾリ山（五一二五メートル）がある。つまり、ケニア山とルヴェンゾリ山とは、位置も、その高さも、まことに対照的な姿を見せている。

しかも、この二つの高山は、かつて、活火山であった。この二つの活火山の中間に住む人々には、世界、または宇宙が、どのように見え、どのように解釈できたであろうか。太陽は、火を吐くケニア山の山頂から昇り、そしてまた、火を吐くルヴェンゾリ山の山頂に沈んでいくのだ。赤道直下であるから、北半球の日本で、夏至、冬至といわれる時期には、太陽の軌道が、あるいは北に、あるいは南に、少し傾く。しかし、春分、秋分には、真上にくる。

私は、この光景が、実に荘厳なおもむきを呈したに違いないと思う。人々は、きっと、自分たちが宇宙の中心にいる、と信じたに違いない。「日の神ヒュペリオーンの、沈むところと昇るところにわかれて住むエチオピア人」を想像するのに、こんなにぴったりの場所はない。

では、ここに、東西相対応する古代遺跡が、残されているだろうか。

私はすでに、その二つの遺跡を紹介しておいた。ウガンダ西部の「巨大な土塁」と、ケニア白人高地の「灌漑農場」の遺跡である。しかも、ほぼ同じ地点には、ルヴェンゾリ大爆発に埋もれた、イシャンゴ文明があり、ケニアのナクル文明があった。この地帯は、先進的なところであった。

さて、二重王国制は、古代エジプトの上下二王国制をはじめ、ルアンダ＝ウルンディ二重王国など、たくさんの例がある。アフリカ社会の二重主義という思想によるもの、と説明されている。たとえば阿部年晴は、かつて南部アフリカ一帯に覇を唱え、大ジンバブウェを首都にしていたこともあるロズウィ人の王国について、次のように書いている。

《王は、中央集権的に構成された……諸組織の共通の頂点であるが、その権力は双分的な色彩を濃く帯びている。

たとえば「真の都」と称される王都は、南北に一つずつある。王は「北の都」の宮廷に住み「南の都」の宮廷には第一王女が住む。これら二つの王都は同じ構造を持ち、同じ形の国鼓、王室舟艇、かい、槍などを持つ。二つの都の評議会も同じように組織されている。》（『アフリカの創世神話』、一三九頁）

この二重王国制の起源は、もしかすると、双分氏族制の強固な伝統の上に、成り立ったものかもしれない。しかし、もう一つの、後代の起源も考えられる。それは、ルヴェンゾリ大爆発、大洪水の教訓である。たとえば、「王室舟艇」というのは、箱舟を思わせる。

大惨害を経験した民族は、一族または王国の存続を期するため、常にその中心地を二つにわけ、同じ文化を伝えうるようにしたのではなかろうか。ルヴェンゾリの大爆発のときには、イシャンゴ文明は滅びた。しかし、対岸のナクル文明は残っていたのである。このような現実の土台なしに、二重主義という思想だけが生まれるはずはない。

二重王国制は、もしかすると、ヴィクトリア湖の東と西にわかれて住む、エチオピア人の王国にはじまり、アフリカ大陸全体に広まったのではないだろうか。私にも漠然とした想像しかできないが、この謎解きも面白いものではないだろうか。

さて、いよいよ古代エジプトの建設者が、黒色のアフリカ人であったかどうか、という核心に迫ることになる。しかし、ナイル河を再び下る途中のスーダンには、すでに何度も引き合いに出したクシュ（エチオピア）帝国の古都がある。一体、この国と古代エジプトとの関係は、どういうものだったのであろうか。

第七章

ナイル河谷

図版21　クシュ帝国の古都メロエの遺跡
（『古代アフリカ王国』 p32）

1　定着者たち

古代人の証言は、近代のオリエント・エジプト史学者の主張とは、まったく反対のことを伝えていた。ローマ時代の学者、ディオドロス・シクロス（前六三〜後一四）は、『世界の歴史』の中で、次のように書いていた。

《エチオピア人の言によると、エジプトは彼らの植民地であって、オシリスがそこへ【エチオピア人の一派である】エジプト人を連れていったのである。彼らによると、エジプトの国土は、この世のはじめには、海でしかなかった。しかし、そこへナイル河がエチオピアの泥土を大量に押し流し、ついには埋め立てて、大陸の一部としたのである。……彼らはそれにつけ加えて、エジプト人たちは、彼ら【エチオピア人】をエジプト人の創造者であり、先祖であり、エジプトの王たちの偉大な一族だと信じている、ともいう。》（『黒色人国家と文化』、第一巻、三八頁）

ヘロドトスも、やはり、エジプト人は、現在のスーダンにあったクシュ帝国の古都メロエからきたらしい、と書いていた。クシュという呼び名はエジプト人がつけたもので、エチオピアとも呼ばれた。本当の国名はわからない。

地質学的な研究によって、確かに現在のエジプトの大部分は、紀元前四、五〇〇〇年頃には、一面の大きな入江または湿原であったことが、確かめられた。エジプトへの植民が、上流地帯からなされたことは、疑う余地がなくなった。

いまだにエジプト人がオリエントからきた、と主張し続ける学者は、アラビア半島経由で、上エジプトに移住したのだ、という大変に苦しい説明をしている。

ところが、この苦心の修正をほどこしたオリエント起源説は、またしても、考古学的出土品によって、否定されることになった。現在のスーダン北部から、エジプトの南部にかけてを、ヌビアと呼んでいる。エジプト史学者の鈴木八司は、ヌビアに関する最近の研究に基づいて、次のように書いている。

《ヌビアにおけるナイル河畔の定着民がいつ頃から出現したかは明らかでないが、エジプトと同様に紀元前五〇〇〇年頃には、農耕・狩猟・漁撈などの手段を混合した民族が定住生活の営みを開始したと思われる。紀元前四〇〇〇年頃には明確に定住民が出現しており、彼らは当時の上エジプト人と同人種で、相互に交易もし、文化様相も似ていた。》（『ナイルに沈む歴史』、一九六頁）

つまり、スーダンの住民と、古代エジプトの中心となった上エジプトの住民は、同じ人種、同じ民族であった。ディオドロス・シクロスの証言は、ここでも裏づけられた。さらに、このあたりの初期の定着民は、ナイルの源、イシャンゴ文明のそれと似通った、骨製の銛《もり》を用いていた。一九六三年の調査では、ヌビアから、二〇個ほどの骨製の銛の破片が出土した。その銛が埋もれていた地層の、一番上の部分は、紀元前五一一〇プラスマイナス一二〇年、と決定された。

現在のスーダンの首都ハルツームからも、同種の骨製の銛が発見され、紀元前五〇六〇プラスマイナス四五〇年、と決定された。もっと上流からも、続々と似たような結果が出るであろう。

これに対して、オリエントからエジプトへの移住を主張する学者は、何らの物的証拠をも提出していない。古代人の証言をやみくもに否定し、しかも何らの証拠も提出できなかったのだから、これは重大である。

私の考えは、すでに述べてきたことから明らかであろう。ナイル河谷の住民は、中央アフリカから、流れに沿って下ってきた。さらに、サハラに進出したグループも、乾燥期に入って、ナイル河谷に合流した。クシュ（エチオピア）帝国も、古代エジプト帝国も、アフリカ人の国家である。

クシュ帝国については、詳しい本も出ているので、ここでは、古代エジプトとの関係だけに焦点を絞って、従来の研究の問題点を指摘するにとどめたい。

まず、多くの学者は、古代エジプトがスーダンを征服し、文化を伝えた、と主張している。それには、何らかの証拠があるのだろうか。

2　通商ルート

確かに、古代エジプトのファラオたちが、何度も、ナイル河上流方面に軍勢を進めた事実はある。たとえば、第一王朝のジゼールは、第二急流に、勝利の記念碑を残した。歴代のファラオも、同じようなことをやっている。

ところが、まず、第一に、ファラオたちは、オリエントにも進出し、やはり勝利の記念碑を残している。つまり、勝利の記念碑を材料にして、征服とか文化を伝えた、とかいうのなら、オリエントについてもそういわなければおかしい。ヘロドトスは、エジプトのファラオが、オリエントやヨーロッパから住民を連れ帰って、奴隷にしたと書いている。当時のエジプトからみれば、オリエントやヨーロッパは、人的資源しかない未開の地であった。

逆に、古代エジプトは、プーントの国のミルラを求めて、南方の通商ルートの確保に努めた。つまり、遠征の目的が違う。従来のエジプト史学者、オリエント史学者は、ミルラを「没薬《もつやく》」としてしか、理解しなかった。しかも、古代エジプトの歴史の最初から、唯一の通商相手の国家として記録されているプーントの国を、まともな根拠もなしに、ソマリア海岸に設定した。これでは、歴代のファラオの、ナイル河上流方面への遠征の目的が、わからなくなるのも当然である。

ファラオたちは、貴重な通商ルートを、掠奪型の遊牧民族の襲撃から守るために、何度も出撃したのである。

事実、エジプトの古記録を素直に読んでみれば、それ以外の解釈は成り立たない。あらゆる記録は、領土の拡張ではなく、「交易の成功」を誇らしげに報告している。そして、ミルラと雄ウシは、最上の商品だった。第三王朝のアメネムハト一世(前二〇〇〇〜一九八〇)は、第三急流に進出した。そして、「交易所」を築いた。同じ王朝第五代のファラオ、セソストリス三世は、これよりも後退し、第二急流近くに城砦を築いた。しかし、これも「交易所」であった。

この地点、フィラエの石碑の解釈については、本書の冒頭に紹介した。最初には、ネヘシの意味について追求したが、ここでは、碑文の内容が問題になる。「輸入のためか、または交易所で物を購入する目的……で越境する」ネヘシは「歓待される」、と明記されている。しかし、「家畜を連れてこの国境を越えてはならない」のであった。

コルヌヴァンも、この碑文を指摘し、当時のクシュが、通商の相手として、対等に評価されていたのだと主張している。私は、古代エジプト人が、ネヘシを、二種類にわけて考えていたと解釈する。通商の相手と、厄介者の遊牧民とである。

だが、古代エジプトの文化は、クシュの地に伝わった、と主張する向きもあるだろう。では、文化とは何だろうか。また、文化交流とは、果たして、一方的なものだろうか。

3　建築様式

エジプトの建築様式が、クシュ帝国の故地に散在する事実を、古代エジプトによる、スーダン征服の根拠に挙げる学者もいる。

しかし、明治時代の日本では、イギリスのヴィクトリア朝風のビルがたくさんつくられた。もともと建築様式ほど流行を取り入れやすいものはない。また、石工や建築家は、古代から、渡り職人の最たるものである。しかも、建築された年代が確定していないものが、クシュの故地にはたくさんあるので、本当はどちらが先なのかも、よくわからない。相互に影響し合ったのかもしれない。

それはともかく、クシュ帝国では、エジプトの様式が見られる前から、独自の文化も発展していた。その点について、コルヌヴァンは、次のように書いている。

《その起源はどうであれ、このクシュの王国は、エジプトがこの国との接触をはじめた、紀元前二千年紀のはじめには、ケルマにおけるライスナーの発掘（一九一二三年）によって示されたように、洗練された物質文明の持主であった。エジプト式の墓石の隣には、違った型の墓地がある。その中の一つには、土着の王公が、二〇〇人の女性と子供たちに取り囲まれて、葬られていた。寝台はエジプトの型ではなく、象牙細工で飾られていた。》(『アフリカの歴史』、八一頁)

このような墓の形式は、もしかすると、ザイールのシャバ州から発見された、「幾マイルにも延びる墓地」のそれと、つながりがあるのかもしれない。

また、クシュ帝国の古都メロエの周辺に、浴場の遺跡があることを、その建造年代もはっきりしていないのに、ギリシャ・ローマの風習を取り入れた、と説明している例がある。しかし、浴場は、ギリシャ人やローマ人の専売特許ではない。それよりも早く、紀元前三千年期の、インド黒色人によるインダス文明にも、浴場の遺構が見られた。これは、ギリシャ人やローマ人の影響ではありえない。

また、ヘロドトスが伝えているように、エチオピアの「長命族《マクロビオイ》」は、鉱泉に入浴する習慣を持っていた。もしかすると、中央アフリカの火山帯における、温泉・鉱泉の利用が、人工の浴場へと発展したのかもしれない。

以上の点に関しては、私の疑いすぎがあるかもしれない。しかし、これまでの研究の傾向を考慮に入れると、決定的なデータが提出されるまでは、疑い続ける必要がある。

さらに、一番の問題点は、その先にある。つまり、建築様式の比較が、その他の文化の伝播の説明にまで、エスカレートしていることである。このエスカレーションはまことに理不尽である。日本女性がパリ・モードを着こなしていれば、日本のイネの栽培まで、フランス直輸入と決めつけるような論理には、とても、付き合いきれない。

ところが、この理不尽な先入観念は、アフリカのあらゆる文化の外来起源説の、骨組みとなっている。

たとえば、メロエの神殿のそばにある、高さ一〇メートルもの、二つの鉄の鉱滓の山の評価にも及ばされている。シーニーは、「メロエの有名な鉄鉱業のくずである鉱滓《スラグ》の……小山の下に何があるかは、今後の発見にまたなければならない」と書いている。つまり、メロエの鉄生産の起源については、ほとんど調査されていない。

ところが、ほとんどの学者が、鉄器文明のオリエント起源説に基づいて、メロエの製鉄のはじまりは、ギリシャ人傭兵隊の侵入以後であるという。そして紀元前五九一年以後、などという細かい数字まで挙げて、断言してしまっている。まことに信じがたいような、そして、由々しき事態であるといわねばならない。

さらに、文化の問題だけではなく、この先入観念は、クシュとエジプトの政治上の結びつきの解釈にまで、影響している。古代エジプトの軍隊では、クシュ人もしくは、アイティオプスの弓兵隊が、重要な一翼を担っていた。この弓兵隊を、「黒人奴隷兵」と表現している学者が多い。まずは、政治的に、クシュとエジプトの間柄は、どんなものだったのであろうか。

4　ファラオの一族

古代人の証言を、正しく解釈するならば、クシュとエジプト、もしくは、アイティオプスの本拠地と、ナイル河谷の前進基地とは、永らく兄弟のような関係を保っていた。エジプト人は、エチオピア人（アイティオプス）がファラオの座に就くことを、公式に認めていた。そのことをヘロドトスは、直接的にではないが、確かに書き留めている。

ヘロドトスは、エジプトの神官から、歴代のファラオの業績を聞いて、詳しい記述を残している。その冒頭部分は次のようになっている。

《祭司たちは一巻の巻物を開き、それによってミン以後の三三〇人の王の名を次々に挙げた。このおびただしい数に上る世代にわたって、一八人はエチオピア人で、唯一人だけ生粋のエジプト人の女性がおり、他はすべてエジプト人の男子である。》（『歴史』、巻二、一〇〇章）

このように、「他はすべてエジプト人の男子である」と断言されている。ところが、実際に王名表を研究すると、ヘロドトスがエジプトを訪れる以前にも、たくさんの外国人王朝があり、外国人のファラオがいた。ヒクソス王朝、シリア王朝、リビア王朝などがあった。しかし、エジプトの神殿の公式記録は、その事実を否認しているわけだ。つまり、「エチオピア人」は別格扱いだが、その他の侵入者による王朝の歴史は認めない。外国人のファラオを戴くことは、国辱と思っている、と解釈する以外にない。従来のエジプト史学者は、このヘロドトスの文章に、何らふれていない。これ以外の解釈しか成立しないために、放置しているのではないだろうか。

また、従来のエジプト史学者によれば、第二五クシュ（エチオピア）王朝の五人のファラオ以外には、第一三王朝のネヘシィだけしか、クシュ出身とされていない。つまり、六人である。ところがヘロドトスは、「一八人はエチオピア人」と書いているのだから、差し引き一二人の、エチオピア人のファラオが行方不明である。この謎もよくわからない。だが、古代エジプトの王朝再建者は、ほとんど上エジプト、つまり、クシュ帝国またはエチオピア人の本拠地に近い方から出現している。このあたりに、謎を解く鍵がありそうだ。

背景には、強力な長弓隊の軍事力もあったであろう。これはあらゆる証拠が示している。しかし、日本の例でいうと、徳川御三家のようなファラオの一族が、エチオピア人の中にいた可能性もある。宗教的に南方が尊ばれていたことも、その傍証となるだろう。

さて、ヘロドトスはもう一つ重要な証言をしている。これを正しく解釈するならば、クシュ人またはエチオピア人の弓兵隊が、「奴隷兵」などではありえないことが、はっきりする。ファラオは、弓兵隊の伝統を、誇りとしていたのである。

たとえば、第一二王朝の対外進出は目覚ましいものであった。特に第五代のファラオ、セソストリス三世（前一八八七〜一八五〇）は、アジア・ヨーロッパに遠征し、史上最大の帝国を打ち立てた。ヘロドトスは、このファラオの足跡について、こう書いている。

《エジプト王セソストリスが各地に建てた記念柱は、大部分失われて残っていないが、私はパレスティナ・シリアで現存するものをいくつか見た。……またイオニア方面にも岩壁に浮彫にしたこの人物の像が二つある。……その男は右手には槍を、左手には弓を持ち、その他の服装もこれに準じている。というのは、つまり一部はエジプト式、一部はエチオピア式の服装をしているという意味である。そしてその胸部には、一方の肩から他方にわたって、エジプトの神聖文字で記した碑銘が刻んであるが、その意味は、

「我はこの地を、我が肩によりて得たり」

というものである。》（『歴史』、巻二、一〇六章）

この二つの人物像は、ファラオそのものを刻んだものだ。ファラオの「左手の弓」と「エチオピア式」の服装は、ファラオがエチオピア（クシュ）をエジプトと同格に重んじていたことを示す。また、弓兵隊の地位の高さをも示している。しかも、第一二王朝自体が、エチオピア（クシュ）の王族によって開かれた可能性さえ、暗示している。

このような、古代人の「エチオピア」観というものは、旧約聖書の章句にも、はっきり刻み込まれている。エチオピア（クシュ）王朝は、当時アッシリアの支配下にあったオリエント諸国の叛乱に手を貸した。この次第が、『イザヤ書』に、次のように記されている。

《ああ、エチオピアの川々の彼方なる、ぶんぶんと羽音のする国、この国は葦の船を水に浮かべ、ナイル川によって使者をつかわす。疾く走る使者よ、行け。川々のわかれる国の、丈高く、膚のなめらかな民、遠近に恐れられる民、力強く、戦いに勝つ民へ行け。……力強く、戦いに勝つ民から、万軍の主に捧げる贈り物を携えて、万軍の主の御名のあるところ、シオンの山に来る。》（『イザヤ書』、一八章）

これと同様な、エチオピア人の軍勢の来援に関する記憶は、ギリシャ人の神話にもとどめられている。すでに紹介したように、『アィティオプス』五巻は、『イーリアス』の原型とも考えられている作品である。ここでは、「エチオピアの王メムノーンが、ヘーパイストス神の造った鎧を身につけてトロイエー援助にやってくる」（『ホメーロスの英雄叙事詩』、三七頁）。

ヘーパイストスは、「ギリシャの火と鍛冶の神。……自分の宮殿に仕事場を持ち、オリュンポスの神々の宮殿はすべて彼の造ったもの」（『ギリシャ・ローマ神話辞典』）というのだから、これも面白い。エチオピア人と、鍛冶の神、つまり金属生産とが結びつけられている、とも解釈できる。

クシュ王朝は、アッシリア勢の侵入に際して、エジプト再統一のために立ち上がった。そして、アッシリアの侵入を再三、打ち破った。私はその背景として、メロエにおける大量の鉄生産を考えるべきだと思う。

ところが、イギリスのアーケルなどは、クシュ王朝が、何度もアッシリア勢を打ち破ったことを、まったく無視している。そして、『アフリカ史の曙』の中では、アッシリア人は鉄の武器を持っていたので、「クシュの部族民の原始的な武器は、鉄の武器を前にしては何の役にも立たなかった」などと断言している。「部族民の原始的」という表現もさることながら、アーケルのたくましい想像には何の証拠もない。

逆に、クシュ王朝のはじめの勝利こそ、大量の鉄の武器に帰せられるべきである。また、アイティオプスの長弓隊は、「原始的」どころか、騎馬武者隊への、恐るべき対抗手段であった。鋭くとがった鉄のヤジリをつけた重量のある矢は、うなりを発して、疾駆する騎馬武者を襲ったに違いない。事実、中世ヨーロッパでは、農民兵による長弓隊の編成が重要視され、それが小銃隊に移行している。アーケルの説明は、その点でもまったく意味をなさない。

クシュ王朝期のエジプトが、アッシリアに対抗しきれなかった理由は、旧約聖書の章句が語っている。『イザヤ書』第一八章は、すでに紹介したように、クシュ（エチオピア）の軍勢の来援を伝え、第二〇章は、「エジプトびとの虜とエチオピアびとの捕われ人とは、アッスリアの王に引き行かれて」という敗北の情景を描写している。そして、その中間の第一九章は、次のように、ナイル河谷の天災による凶作を物語っている。

《ナイルの水は尽き、川は割れて渇く。またその運河は臭いにおいを放ち、エジプトのナイルの支流

はやや に減って渇き、葦とヨシとは枯れ果てる。ナイルのほとり、ナイルの岸には裸のところがあり、ナイルのほとりに播いたものはことごとく枯れ、散らされて、失せ去る。漁夫は嘆き、すべてナイルに釣りを垂れる者は悲しみ、網を水の面に打つ者は衰える。》(『イザヤ書』、一九章)

ナイルは涸れる。アッシリア勢は攻め寄せる。まさに内憂外患である。アフリカ大陸の悲劇は、このように、乾燥期の襲来を抜きにしては語れない。たとえば、古代エジプトの税金は、ナイルの水の高さによって決められた。水が減り、沙漠が広がり、同時に、ファラオの一族たるエチオピア人の後背地が遠のいていったときに、オリエント勢の侵入は、本格化しはじめた。

では、それまでの古代エジプト人は、果たして、黒色人の特徴を保っていたであろうか。いよいよ、最初の謎に取りかかるときがきた。果たして、どれほどの証拠を、見つけることができるであろうか。

5 古代の証言

ヘロドトスは、コルキス人を、エジプトの遠征軍の残留部隊だと考えた。そして、両者が同一人種だと判断する第一の証拠として、コルキス人もエジプト人も、「色が黒く、髪が縮れている」点を挙げた。これを一応、男の特徴としてみよう。では、エジプトの女については、どうだろうか。

ギリシャの神殿の巫女は、エジプトからきたものだ、と信じられていた。そしてヘロドトスは、エジプトの神官が、このギリシャの巫女の伝説と、見事に符合する語り伝えを持っているのを発見した。つまり、かつて、二人の巫女が神殿から連れ去られ、一人はギリシャに行った、というのである。

ところで、ギリシャの伝説では、その巫女が、「黒鳩」として表現されている。ヘロドトスは、まず、ハトにたとえられたのは、巫女の言葉が、外国人であるギリシャ人に、ハトの鳴き声のように聞こえたからであろうと推理した。次いで、次のように肌色の問題を指摘した。

《その鳩が黒色であったというのは、つまり女がエジプト人であったことを意味しているのである。》（『歴史』、巻二、五七章）

私は、ヘロドトスがエジプト人の黒さを、他のことを論ずるための証拠に挙げている点を、積極的に解釈する。つまりヘロドトスは、これを動かしがたい証拠として挙げている。エジプト人が黒いというのは、誰しもが認めた事実だった。「エジプト人は黒い」というのは、「鉛は重い」というのと同様に、それ以上の証明を必要としない事実だった。

しかるに、ヨーロッパ系の学者は、このヘロドトスの証言を、いろいろな形で否認し続けている。その詳細については、後にまとめて取り扱うこととして、セネガル人のディオプが調べ上げた、他の古代人の証言のうち、典型的な二例を紹介したい。ディオプは、この問題でも二〇年来の論争をしている。

ギリシャの哲学者、アリストテレス（前三八九?〜三二二）は、アレクサンドル大王の家庭教師として有名である。彼は辺境、マケドニアの王子に、自分の哲人政治の理想を託した。この当時最大の文明国エジプトは弱体化していた。エジプト軍の主力は、ギリシャ人などの傭兵隊で構成されるようになっていた。エジプト人の戦士貴族たちは、いわば日本の平家の公達のように、文弱の状態にあった。そこで、アリストテレスは、『生理学』の中で、次のように主張する。

《あまりに色の黒い人間は臆病となる。それが当てはまるのは、エジプト人とエチオピア人である。》

（『黒色人文明の先行性』、三七頁）

また、ギリシャ人の文筆家、ルキニウス（後一二五〜一九〇）は、『航海記』の中で、若いエジプト人について、次のように表現した。

《この若者は、黒いだけでなく、唇が厚く、足が非常にほっそりとしている。》（同前、三七頁）

この「唇が厚い」という点と、「足がほっそりとしている」という点は、近代ヨーロッパの人類学においても、いわゆるネグロイドの特徴とされている。これも重要な証言である。

次には、古代人が残した物的証拠を、検討しなければならない。セネガル人のディオプは、さまざまな絵画・彫刻の例を挙げている。そして、その評価の仕方についても、ヨーロッパ人自身の間で、意見の相違が見られることを指摘している。

一七八三年から一七八五年、ディオプの表現を借りるならば、まさに黒色人奴隷制たけなわの時代に、フランスの著述家、ヴォルネイがエジプトを訪れた。彼の本『シリアとエジプトへの旅』から、ディオプはかなりの引用をしている。

ヴォルネイは、古代エジプト人の直系とされるコプト人に会い、ギゼーの大スフィンクスを訪れ、その感想を記している。文中、ミュラートルとは、一般に、黒色人・白色人の混血を指す用語である。

《コプト人は、みんなふくらんだ顔付で、眼ははれぼったく、鼻はつぶれ、唇は厚い。一言でいえば、ミュラートルである。私はこれを、気候条件によるものとして、解釈しようとした。しかし、大スフィンクスを訪れたときに、その容貌が、私に謎を解く鍵を与えてくれた。その頭部は、あらゆる点からみて、黒色人《ネグル》の特徴を示しており、私にヘロドトスの注目すべき章句を思い出させた。……すなわち、古代エジプト人は、アフリカ生え抜きの人種に属する、真の黒色人《ネグル》だったのである。その後、数世紀にわたって、ローマ人やギリシャ人の血が混じり、最初の皮膚の色の強さは薄れたものの、元からの人種形質の刻印は保たれた、という説明が成り立つ。》（『黒色人国家と文化』、四七頁）

ディオプは、一九世紀に派遣された、フランスの第一回調査隊の手になる大スフィンクスの線刻画（**図版22・258頁**）を紹介している。そして、「このプロフィルは、ヘレニズム（ギリシャ）的でも、セム的でもない。これは、バントゥである」と主張している。

念のために、一八三四年に描かれた、F・エンゲルスのスケッチ（**図版23・258頁**）も紹介しておきたい。この角度から撮った写真がまったくないのも、残念ではあるが、また、奇妙でもある。

さらにディオプは、いわゆるネグロイドの特徴を示すファラオ像をたくさん挙げているが、その中の最も特徴的なものを、写真（**図版24・259頁**）で見ていただきたい。女性像についても、第一八王朝、アメンホテプ三世の王妃テュイイ、もしくはこの二人の娘シトアメンのものとされている頭部像がある。一般には、この像の正面の写真しか紹介されていないのだが、側面から撮影したものを発見できた。写真（**図版25・260頁**）のように、明確な「突顎」が見られる。この特徴は、ヨーロッパ系の人類学者によると、いわゆるネクロイドの、不可欠の特徴である。

ただし、シュレ＝カナールが、次のように書いていることも指摘しておく必要があるだろう。

《〈突顎〉はよく〈黒色人種〉の特質といわれるが、それも案外一般的なものではない。》（『黒アフリカ史』、五一頁）

つまり、エジプトの美術の人物像に、いわゆる突顎が表現されていないとしても、それだけで、その

上　図版22　大スフィンクス　第１回調査隊の線刻画
（『黒色人文明の先行性』 PL.XIX）
下　図版23　大スフィンクス　エンゲルスのスケッチ
（Marx Engels Werke, erganzungsband, 2, Dietz Verlag, Berlin, 1967）

エジプト人は黒色人種ではなかった、という主張は成り立たない。その上に、突顎のような特徴は、環境によって変化し、都会的な人口密集地帯では、消滅する傾向にある。すでに、アメリカの人類学者、クーン、ガーン、バードセルの共同研究では、次のような結論が出ている。

《食物生産経済の課した生活条件に応じて、まず旧世界では顎骨の小さい、骨の繊細な地中海人的な顔の型式が生じ、一方、これに対応して、新世界ではとんがった顔のアメリカ・インディアンが生まれ、さらに都会ではこの顔面型式が極端な形態のまま最終的に明確化されるに至ったのである……これに反する実例はない。》（『人種』、一五一頁）

当然のことながら、これに反する分類も、これに反する記述も、許されてはならない。ヨーロッパ系の人類学者は、ネグロイド形質に「突顎」が不可欠であると主張し、それが観察されない頭骨には、コーカソイド（白色人系）とい

図版24　第二王朝のファラオ・ジゼール
（『黒色人文明の先行性』 PL.XVII）

図版25　第18王朝のテュイイ王妃
（『埃及美術史』　第41図）

う分類を、当然のこととしてきた。この誤りは、抜本的に訂正されなければならない。

また美術には、様式の変化、流行がある。リアリズムの時代と、極端な様式化の時代の作品とを、はっきり区別しなくてはならない。日本の江戸時代の人々が、浮世絵や役者絵のような顔をしていたわけではない。また、明治の女性は、黒田清輝の絵のような姿をしてはいなかった。

私は、いわゆるネグロイド的特徴を示す古代エジプト人の画像、彫像は、リアリズム時代の作品だと判断する。そして、様式化されたファラオ像の中にも、真っ黒に塗られたものが多いことを、併せて指摘しておきたい。後世になって、オリエントやギリシャの影響があらわれ、そして、混血のファラオや王妃が出現した時代の作品については、まったく論外である。

さて、以上のような古代人の証言、物的証拠に対して、従来のヨーロッパ系人類学者、歴史学者は、どのような態度で臨んだのであろうか。何らかの科学的反証を挙げたのであろうか。

6　近代の偽証

古代エジプト人が、黒色人ではなく、コーカソイド（白色人系）であると主張する学者たちは、まったく何らの証言も、物的証拠も、提出していない。

では、何をしたか。まず、誤訳、もしくは曲訳をした。

ディオプは、フランスの文化人類学界の権威、R・モーニーが、ギリシャ語のメラゴス（黒い）を、ブリュン（褐色）と訳した文献をそのまま引用している、と指摘している。私も念のために、ギリシャ・英語辞典を調べてみたが、メラグ、またはメラノを頭部に持つ単語で、褐色の何々、とされているものは、一つもない。明確にブラック、またはダークである。黒い、または暗い、の意味しかない。ギリシャ人自身が、褐色だったのだから、彼らが黒いというのは、まさに黒いのである。

もう一つの問題は、はなはだ微妙である。

ヘロドトスは、コルキス人がエジプトの遠征軍の一部である、と断定したが、その理由は三つある。第一に、コルキス人とエジプト人の双方が、その事実を認めたこと、第二に、両者とも「色が黒く、髪が縮れていること」、第三に、両者とも「昔から割礼を行っていること」である。

ところが、一般に流布されているヘロドトスの『歴史』には、明らかに、後世の学者の加筆がある。というのは、ヘロドトスの文章に限らず、古代の書物は、筆写によっていたため、異文が多いし、後世の校訂、注釈が本文に紛れ込む例が多い。それがこの場合に、微妙なニュアンスの違いをつくりだしている。
私がそのように断定する根拠は、たった三つの日本語訳を見ただけでも、相当な食い違いがあるからだ。以下、該当する個所だけを並べてみたい。
A《色が黒く、髪が縮れていることであるが、もちろんそれだけでは何の証明にもならない。そのような特徴を持った人種は他にもいるからである。》（松平千秋訳、筑摩書房版）
B《色黒くしかも毛が縮れているだけではなく（他にもこんな人種はいるから、これだけでは何の意味をもなさない）……》（青木巌訳、河出書房版）
C《皮膚は黒く、髪は縮れている（といっても他の諸民族《ネーション》がそうであるほどそんなにもひどくない）という事実によっており……》（貫名美隆訳、理論社、『アフリカの過去』）
さて、ギリシャ・ローマ時代には、カッコ入りの文章は、まったく存在しなかった。散文といえども、また歴史書といえども、文学として取り扱われていた。
ヘロドトスは、疑いもなく、「色が黒く、髪の毛が縮れており、しかも、割礼の習慣を持っている」としか書いていなかったのだ。これに、挿入句を加えることも誤りなら、ましてや、勝手な解釈を割り込ませてはならないのは、当然のことである。
特に、最後の文例、「そんなにもひどくない」というのは、古代エジプト人の肌色、髪の毛が、一般の黒色人ほど、「ひどくない」という意味である。「ひどい」というコトバは、「非道《ひど》い」の当て字もあるくらいで、語感も好ましくない。資料集『アフリカの過去』は、イギリス人のデヴィッドソンが編集したのだから、おそらく、イギリスでは、こういうテキストが公式に認められているのであろう。この挿入句は、たとえ無意識で書かれたとしても、意図的であり、改竄に近い。

イギリス人の歴史学者、人類学者は、この、改竄に近い挿入句入りの、ヘロドトスの『歴史』を、そのまま受け取っているに違いない。デヴィッドソンでさえ、疑問を差し挟んでいないのだ。彼は、「『黒い』といっても、批判の多いこの一節から、仮にも『人種問題』の結論を立てるのは軽率であろう」と注記している。しかし、「結論」を妨げるための意図を持った後世の注釈を、唯一の論拠とするような「批判」は、まったく論外である。

さて、後世の加筆は、やはり、その当時のナイル河デルタ地帯の住民が、相当に混血し、人種形質に変化を来《きた》していた事実とも関係がある。目の前の、近代のエジプトの住民の印象と、黒色人《ニグロ》は奴隷の種族であるという先入観念が、すべてを支配している。では、過去を復元する方法はないものだろうか。数字的に、後世の混血を証明することはできないものだろうか。

7　モンタージュ

ヨーロッパ系の人類学者、歴史学者は、「混血といってもほとんど取るに足らない」という考え方を表明している。

しかし、数字的に根拠を示した文章は、まったく発見できなかった。私の考えでは、これも証拠を隠すという、一種の偽証行為である。資料を一番たくさん握っていたのは、ヨーロッパ系の学者自身だった。セネガル人のディオプや、アフロ・アメリカ人の歴史学者たちが、それらの資料を活用できるようになるまでには、ヨーロッパ人の「地理的発見」以来、五〇〇年近い年月が流れた。

私にできることも、当然、限られている。しかし、過去を復元する方法はあるのだ、ということだけは、示しうると思う。簡単なスケッチを試みて、今後の専門家による研究を期待したい。

まず、古代社会を考える上での数字上の根拠を、古代アテネの人口構成に求めてみよう。エンゲルスは、次のように書いている。

《その最盛期には、アテナイの自由市民は、女も子供もあわせて総数約九万人からなっており、それと並んで三六万五〇〇〇の男女奴隷と、四万五〇〇〇の保護居留民——外国人と解放奴隷——とが存在していた。》(『家族・私有財産および国家の起源』、一五四頁)

この数字から、一般に、外部から侵入する征服民族の比率は、一〇%ぐらいなものと推定されている。私も、この考えを採用する。また、保護居留民などがやはり、一〇%程度であることも、参考になる。外から連れてくる職人や奴隷を、この数字で考えてみたい。

さて、ヴェルクテールは、ギリシャ・ローマの古記録などに基づいて、古代エジプトの本拠地の人口を、最大限七〇〇万人とふんでいる。ヘロドトスは、武士階級を約四〇万人としている。王族、貴族、神官その他もあり、家族も含めれば、支配階級は、一〇%を超えていたであろう。

一方、ヘロドトスによれば、ギリシャ遠征を行ったクセルクセスのペルシャ連合軍は、「陸上部隊の総数は一七〇万に上った」とされている。オリエント・エジプトの戦争では、一〇〇万前後の軍勢が組織されたと考えられる。

以上の数字から、古代世界の中心地であったエジプトに、何らかの、捕虜、移住、侵入などにより、一世紀に一割の流入があったと想定しても、決して過大ではないだろう。紀元前の三〇〇〇年間、つまり三〇世紀の間に、そのような機会を、一〇回と考えてみよう。

一回で、元からのエジプト人の血統、または人口比率は、一〇分の九になる。一〇分の九を一〇乗すると、〇・三四八六七八四七〇一、つまり三五％以下となる。クシュ王朝などの、南方からの進出もあるが、ほぼ半々にはなりそうである。

では、歴史上の事実はどうだっただろうか。

8 ファラオの世紀

デルタ地帯は、新開地である。このあたりの干拓、灌漑工事は、統一帝国以後に本格化した、とされている。大工事には、ピラミッドや神殿の建設もあり、捕虜、外国人の徴用があった。

少し時代は下るが、ヘロドトスは次のように書いている。

《セソストリスは大陸を席捲し、アジアからヨーロッパに渡り、スキュティア人およびトラキア人をも征服……征服した国々の住民を捕虜として随え帰国……多数の捕虜を次のように利用した。この王の代にその意をうけて多数の巨石がヘパイストス神殿に運ばれたのであったが、これらの石を曳いたのは、捕虜たちであり、また現在エジプトにある運河はことごとく、捕虜たちが強制労働によって開鑿したものである。》（『歴史』、巻二、一〇三～一〇八章）

このような、軍事遠征による戦時捕虜の連れ帰りは、何回にもわたった。そして、古代から中世にかけては、奴隷の大半は、オリエントやヨーロッパ大陸から供給された。

紀元前約二〇〇〇年以降、オリエント方面からヒクソスの侵入が続いた。ばらばらな侵入の波に乗って、ついには、一世紀近くも、ヒクソス王朝が、デルタと中部エジプトを支配した。オリエント方面からの侵入の影響は、この間、相当なものだったのであろう。たとえば、ヴェルクテールは、次のように強調している。

《アジアの強勢が今後、エジプトの戸口を脅かし、そこにこそ、いまや、あらゆるエジプト史を決定づけてゆく本質的事実が存在するのである。》(『古代エジプト』、九四頁)

文化史の上でも、この紀元前二〇〇〇年頃は、一つの画期をなしている。

牧畜文化、金属文化は、アフリカ大陸から広がり、オリエントやユーラシア内陸に、遊牧民族の発達、人口増加をもたらした。紀元前二三〇〇年頃には、メソポタミアで、セム系のアッカド人が国家形成に達し、前二〇〇〇年以後には、ヒッタイト人のアナトリア侵入もはじまった。馬、戦車の使用によって、騎馬民族の形成が進んだ。

しかし、一方のアフリカ大陸は、紀元前二〇〇〇年には、乾燥期に突入した。サハラの人口は急速に減りはじめた。そして、ナイル河谷は、アフリカ大陸の突出部となり、後背地から切り離され、孤立化への様相を呈しはじめた。

人口増加の圧力は、従来とは逆に、オリエントからエジプトへと向きはじめた。ナイルの水量は減り、エジプトの国力は下向きになった。ヴェルクテールは「その数値的弱さが……エジプトにとって、あまりに重すぎるハンディキャップとなる」という点を指摘している。

ヒクソスの支配は、紀元前一六世紀になって、やっと覆された。しかし、これに次ぐ新王国（前一五八〇〜一二〇〇）は、以上の文化史的背景を反映して、まさに国際化時代となる。たとえば、オリエント史学者の板倉勝正は、次のように書いている。

《トトメス四世がミタンニ王女ギル・ヘパを娶ったとき、彼女は三一七人のミタンニ人の女官を引き連れてやってきた。この結婚から生まれたアメン・ホテップ三世はミタンニ王女タドゥ・ヘパを娶っている。

当時の絵画・彫刻が明らかに示しているように、【上エジプトにあった】主都テーベは世界最古のコスモポリスとなった。クレタ人の商人、シリア人の捕虜と奴隷、フェニキア人の船乗りたち、黒人兵、リビアの兵士たち、さらにさまざまの衣装をつけたハッティ、ミタンニ、バビロニア、アッシリアなどの国々の使節たちが、波止場を、市場を、街上を、あるいは徒歩であるいは輿に乗って往来していた。》（『アマルナ革命』、一二七〜一二八頁）

序章で紹介したメレネプタ王墓の人種壁画は、この新王国の、しかも最も後期のものだった。壁画に描かれたのは、この国際化時代の王族である。本来のアフリカ人と、少しぐらい形質を異にし、肌色が薄くなっていても、まったく不思議はない。むしろ、まだまだアフリカ的だ、と評価すべきであろう。

この時期の典型をなすアメンホテップ四世、またの名をアクン・アトン（前一三七〇〜一三五二）は、「アマルナ革命」と呼ばれる宗教改革を試みた。太陽神アトンの一神教が強制された。この一神教の思想は、ユダヤ・イスラム・ゾロアスター教のように、セム的ないしオリエント的背景を持っている。古代エジプトのアフリカ的伝統は、宗教的にも崩れようとしていた。そして事実、この王朝期には、ミタンニやヒッタイトの内政干渉が見られた。当然、オリエントからの侵入は、激しくなった。

第一九王朝（前一三二〇～一二〇〇）末期には、シリア人のファラオも出現した。地中海岸には、国籍不明の「海の民」が出没し、エーゲ海諸国を掠奪し、リビア方面からナイル河谷にも攻め込んできた。

これに次ぐ時代は、デカダンス（前一二〇〇～三三〇）と呼ばれている。アッシリアの侵入が、何波にもわたって続いた。第二五エチオピア（クシュ）王朝は、アフリカ大陸の内部からの、最後の反撃であった。この王朝は、人種形質上のバランスをいささか回復したかもしれない。しかし、アッシリア、つまりオリエント勢の攻撃は、やがて功を奏し、エチオピア人（アイティオプス）の一族は、アフリカ内陸へと撤退した。撤退したのは、エチオピア（クシュ）王朝の王族だけではない。ヘロドトスによれば、この後の第二六王朝期に、「エジプトの士族であった……二四万の者たちが、王に背いてエチオピア側に走った」。この士族たちも、おそらく、エチオピア人の直系だったのではないだろうか。

9　ギリシャ・ローマ時代

ナイル河デルタ地帯に本拠地を持つ第二六王朝は、アッシリア人を撃退した。エジプトの独立は、一時回復された。

この第二六王朝（前六六三～五二五）の後には、前後二回のペルシャ支配があり、通算、約半世紀続く。

だが、このペルシャ支配の時期も含めて、大勢はすでに、ギリシャ・ローマ全盛期にさしかかっていた、と考えてよい。というのは、ヴェルクテールの表現を借りると、第二六王朝の軍事力の中心は、「外

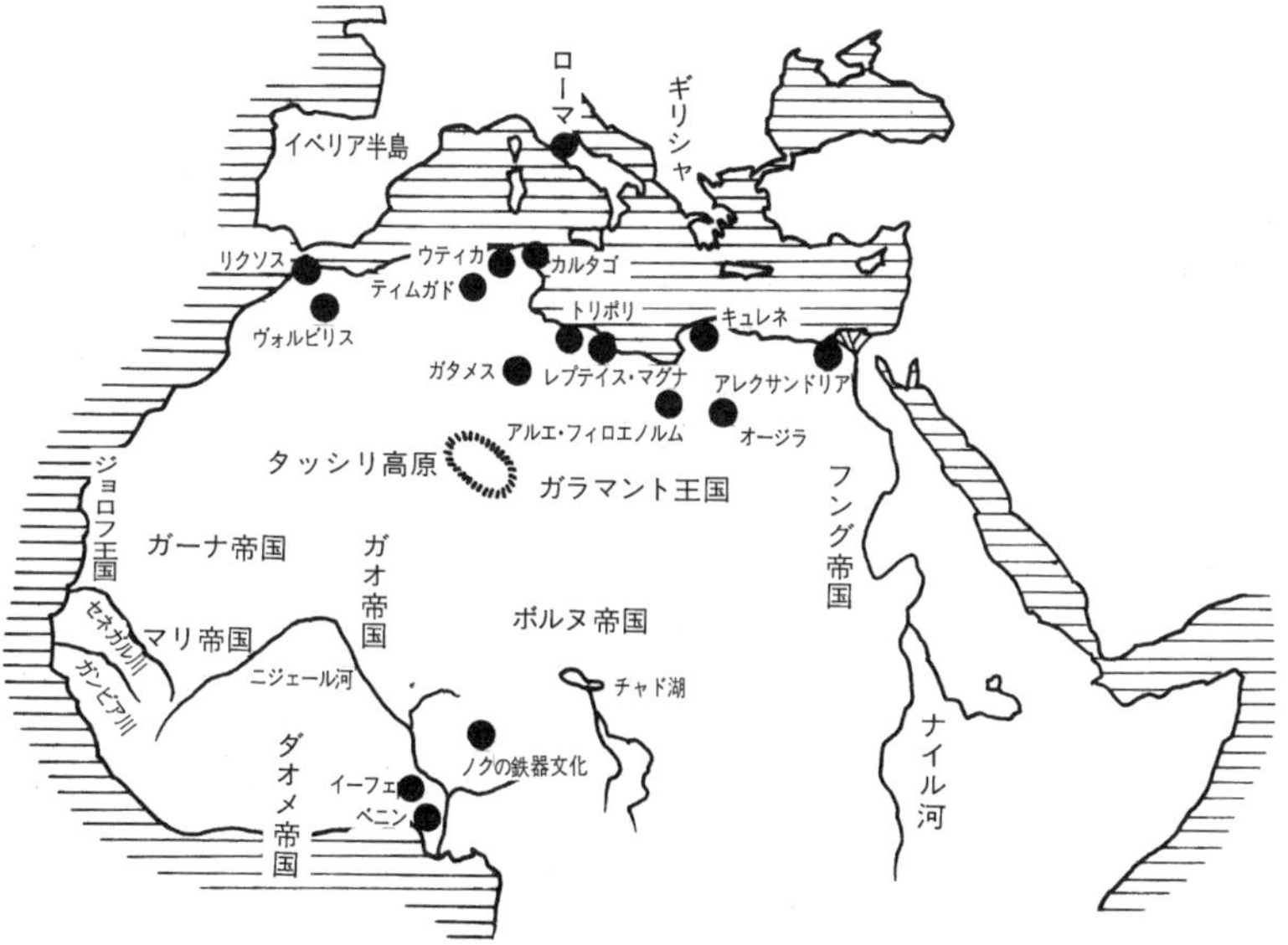

図版26　ローマ帝国時代の北アフリカ植民都市

国人たち、つまりギリシャ人傭兵たちなのだ。……国内経済すら、ギリシャ人植民地の設立によって変形されている」。

　ギリシャ人植民地の規模はどれほどかというと、すでに紀元前五七〇年頃、現在のエジプト・リビア国境にできていた植民都市キュレネが、エジプト軍を打ち破るだけの力を持っていた。

　ヘロドトスによれば、キュレネへの、最初の植民は、「二隻の五〇橈船」で送り出された。訳注によると、「五〇橈船の定員は約八〇人であったから、移民の数は二〇〇を超えなかったわけである」。だが、その後に神託があり、「ギリシャ人が大挙してキュレネに集まった結果、多くの土地を削り取られた近隣のリビア人」との間に、紛争が生じた。

　リビア人は、エジプトに応援を求めた。しかし、ギリシャ人の植民者に、ギリシャ人傭兵隊を差し向けるわけにはいかない。そこで、エジプト人の正規軍が出動した。ところが、この正規軍が、キュレネのギリシャ人に負け、それを契機にして、ファラオが一将軍から王位を簒奪される、という騒ぎにまで発展した。

キュレネに派遣されたエジプトの正規軍の数は、単に「大軍」とされているだけであるが、推定、数万としてよいだろう。そして、キュレネのギリシャ人の戦力も、同程度だったといえる。

というのは、ヘロドトスによれば、この事件以後、「リビア人は交戦してキュレネ軍を破ったが、実に圧倒的な勝利でキュレネ軍七〇〇〇の重装歩兵がここで戦死を遂げた」。戦死者は、当時の戦争では、何割かであろう。皆殺し戦争というのは、古代では大変な騒動である。何万人かの兵士のうち、七〇〇〇人が戦死したと考えてよいだろう。

キュレネは、これらの戦争以後も、独立植民都市として発展した。しかも、この衝突以前に、キュレネからわかれて、別の植民地をつくった一派もいる。これらのことから、すでにギリシャ人植民者が、一〇万人を超えていた、と推定してもいいだろう。

このようなギリシャ人の植民地は、地中海岸の北アフリカ一帯に広がっていった。ペルシャ支配、アレクサンドル以後のギリシャ支配、ポエニ戦争以後のローマの進出などによって、ギリシャ・ローマ型の植民都市は、続々と建設された。

すでに述べたように、これらの植民地は、広い面積を使う「乾燥農業」の方式をとっていた。だがそれは同時に、「奴隷制大農場経営方式」でもあった。では、ギリシャ・ローマ型植民地に、大量の奴隷を供給したのは、どの地方であったのだろうか。

ギリシャ・ローマ時代の主要な奴隷は、やはり、アフリカの黒色人ではなかった。たとえばシュレ＝

カナールは、アフリカ大陸の南方から、黒色人奴隷が連れてこられたという可能性を否定しており、次のように書いている。

《〈黒人奴隷のキャラバン〉が沙漠を横断してカルタゴの市《いち》へきたという、よくいわれる仮説には、何らはっきりした根拠はない。これは、奴隷貿易を〈伝統的な風潮〉のごとく見せかけて、それを正当化しようとする、多少とも意識的な試みにすぎない。ローマで黒人奴隷の数が一番多かったのは、アントニヌス朝の時代（紀元二世紀）らしいが、その頃でも、貴族の間では、黒人奴隷を持っていることが、格式の高さを示すしるしになった。この程度の〈奢侈〉貿易をまかなうには、サハラの辺境地帯（特にガラマント族の地方。ガラマント族は〈ベルベル人〉だが、色は黒い）を侵掠するだけで充分だったはずである。》（『黒アフリカ史』、一三七頁）

シュレ＝カナールは、ガラマント人またはベルベル人を、白色人系に分類している。この点に関しては、私は反対である。しかし、それ以外の点については賛成したい。

ローマ帝国の主要な奴隷供給源が、北方のゲルマーニアにあったことは、誰一人否定するもののない事実である。たとえばカエサルは、紀元前五五年の「北方諸族の討伐」に当たって、「百夫長」全員の会議を開いた。それは、次の事態が発生したためだった。

《ゲルマーニー人が法外な体格をもち、信じられないほど勇気があり、戦争に鍛えられていると伝えたガリー人や商人……の言葉を聞いたり、それを味方が問い質したりしているうちに、不意に大きな恐怖が全軍をとらえ、すべての者の士気、精神をまったくかき乱した。》（『ガリア戦記』、第一巻、第三九節）

カエサルは、百夫長たちを痛烈にアジった。彼は自分の演説を再録しているわけであるが、その中で、こう語っている。

《この敵についてはもう先代の頃に経験がある……つい先頃イータリアで我々から実践と訓練を受けて強くなった奴隷の叛乱でも試された。》（同前、第一巻、第四〇節）

「この敵」、つまりゲルマーニー人と、奴隷とが、ここでは同一視されている。「奴隷の叛乱」とは、一時は一二万の兵力に達したもので、スパルタクスの奴隷叛乱として有名なものである。ローマ人は、この叛乱軍を、ゲルマーニー人と同一視していた。

ただし、正確を期しておく必要もあろう。ローマの奴隷は、ゲルマーニアを主要供給地とはしていたが、他からも供給された。古代の奴隷制度は、人種差別を伴ってはいなかった。土井正興の『スパルタクス反乱論序説』によると、この他の奴隷出身地には、現在のフランス、ギリシャ、トルコ、シリア、北西アフリカ、スペインなどがある。

土井正興が、数字を挙げているのは、一ヶ所だけだが、以下、次のようになっている。

《ゲルマン人が大量に奴隷にされたのは、……約一五万人……捕虜にされたときであり……ローマ人とゲルマン人との間では、その後も、闘争は継続……その度に捕虜として奴隷がもたらされたであろう。このような、戦争奴隷以外に、前二世紀半ば頃から、奴隷商人により奴隷として、ローマ人に売られるゲルマン人がかなりあったと推定されている。》

ところで、北アフリカの植民都市へは、奴隷だけでなく、市民も送り込まれた。たとえば弓削達は、次のように書いている。

《カイサルの植民政策におけるもう一つの注目すべき点はローマ市の無産市民八万人を海外に送り出

したことである。》(『ローマ帝国の国家と社会』、一九頁)

　このカイサル、または、シーザーの時代の、植民者の送り先はよくわからない。だが、これに次ぐアウグストス帝の時代の植民者は、「大部分が退役兵によるものであり、全体で三〇万人の植民者がアフリカ、シチリア、マケドニア……に送り出されたという」。ここでは、「アフリカ」が筆頭に挙げられている。また、「退役兵」とあるが、これは奴隷の出身者を大量に含んでいる。ローマ帝国は、スパルタクスの叛乱に学んで、強壮な奴隷を兵士に取り立て、軍務が終われば自由民にする、という制度をつくっていたのである。

　材料はまだ少ない。ゲルマン人の奴隷が直接アフリカに送られた、と私は考えるのだが、奴隷に関する資料は、大体、乏しいのだ。それでも、おおまかな動きは、北ヨーロッパからイタリアへ、イタリアからアフリカへ、と流れていたのは確かである。

　一方、黒色の、本来のアフリカ人は、むしろ同盟者として、アフリカ大陸のローマ植民都市の支配層となり、ローマ市民権を獲得した。

　さらに、アフリカ人女性（セム系といわれるが？）が生んだ、色の黒い皇帝さえ出現した。セプティミウス＝セウェルス（在位一九三～二一一）にはじまる、セウェルス朝の三代、四二年間は、アフリカ大陸の植民都市群の最盛期であった。この王朝第二代のカラカラ帝は、二一二年の勅令で、帝国内の全自由民に、ローマ市民権を与えた。

　前七世紀頃から本格化した、ギリシャ人の植民以来、七世紀半ばの、イスラム支配の開始までで、一三世紀、前三三二年のアレキサンダーによる征服以来でも、優に一〇世紀近くの期間になる。この間、四二九年には、ゲルマン系のヴァンダル族が北アフリカに侵入し、建国した。

北アフリカ各地に残る、ローマ時代の巨大都市遺跡の研究をすれば、当時の人口の推定は可能であろう。その頃の北アフリカ一帯は、むしろ穀倉地帯であった。農業奴隷の数と、出身地も、いずれ正しく確定されるであろう。

さて、ローマ時代に繁栄した北アフリカの植民地としては、約一〇都市が挙げられている。アテネの総人口が約五〇万人であったことからすれば、全住民数は約五〇〇万、おそらく一〇〇〇万人は超えていたであろう。優に、ナイル河谷の住民数に匹敵するものである。そして、北アフリカの住民とエジプトの住民とは、アラブ時代の、新しい秩序の下に、かきまぜられてしまった。

10 イスラム支配

アラブの支配層は、人種的にみて、エジプトや北アフリカ一帯の住民と、そんなにかけ離れてはいなかっただろう。また、エジプトには、イスラム支配以前からの古い階層が残っていて、人種的にも複雑な構成が見られたに違いない。だが、それらの要素は、イスラムの、新しい中世的社会構成の中で混合されていた。

むしろ、この時期のポイントは、イスラム世界の繁栄が一二世紀以上も続いたことにある。そしてその間、絶え間ない家内奴隷の流入が続いた。では、家内奴隷の供給地は、どこだったのであろうか。

ヨーロッパ系の学者はここでも大方、ためらいを見せる。しかし、ヨーロッパの近代美術、ロマン派文芸の主要テーマの一つに、トルコ帝国の、ギリシャ系オダリスク（ハレムの女奴隷）があったことは、周知の事実である。それゆえにこそ、バイロンは『海賊』を書いたし、自らギリシャ独立戦争へと赴いた。奴隷といえば、黒色人が連想されるようになるのは、つい最近、一八世紀頃からの現象にすぎない。それまでは、むしろ逆だったのだ。

イスラム世界への、主要な奴隷供給源は、やはり、ヨーロッパ大陸にあった。そして、アフリカの内陸には、サラセン帝国よりも古い歴史を持つ強大な帝国が繁栄しており、断じて、奴隷狩り地帯ではありえなかった。スーダンにはフング帝国、チャドにはボルヌ帝国、西アフリカには、ガーナ、マリ、ガオなどの諸帝国が、興亡の歴史を繰り広げていた。

たとえば、シュレ＝カナールは、アラブ・トルコ時代の奴隷制度について、次のように書いている。

《ガーナやマリの最盛期に、黒人奴隷——独立の部族の中からさらってきたもの——がアラブ世界に売られていたことは確かであるが、アラブの著作家のものを見ても、この貿易が特に大々的にやられた証拠はどこにもない。当時のアラブ世界には、ヨーロッパからきた奴隷もいた。キリスト教徒は、キリスト教圏の辺境地帯からさらってきたゲルマン人やスラヴ人の〈偶像教徒〉を、良心の呵責もなしに〈異教徒〉に売り飛ばしていたのである。黒アフリカからの奴隷輸出は、規模からいっても、こうした取引を凌駕するものではなかったし、多分それよりも小規模だったに違いない。……当時、アラブ諸国向けの宦官の製造は、ヴェルダン【パリの東方、ドイツ国境寄り】の町の最も活発な産業部門をなしていた。ヴェネチアも、アドリア海岸のスラヴ人を使って、永いことこの商売をやっていた。奴隷という名前自体、このスラヴ人の名称からきたのである。……アラブ世界の奴隷制は——アメリカ植民地と違って——

—生産面で大きな役を演じておらず、主としてハレムや大家に妾や召使いを供給するためのものだった。しかも、この貿易は片面貿易ではなかった。マリの皇帝の小姓の中には、エジプトで買い入れた白人奴隷もいた。》(同前、一七三〜一七四頁)

シュレ＝カナールの記述は、主に西アフリカ方面を対象としている。だが、東アフリカ海岸の貿易についても、フリーマン＝グレンビルが、同様な主張をしている。

《奴隷については中世の文献でそれにふれているものはごく稀である。一五世紀のインドに東アフリカ人の奴隷がいたとしても、どこか他のイスラム世界にも多数がいたとは考えられない。他にも豊富な源、特にカフカース〔黒海とカスピ海との間の地方〕とか西部アジアとか、があり、そこから供給はできたであろうから。》(『アフリカの過去』、一〇二頁)

さらに、オスマン＝トルコは、バルカン半島を征服し、オーストリアに迫った。バルカン半島は、当時最大の奴隷供給地となった。

しかも、バルカン半島の住民によって、オスマン＝トルコ最強の奴隷軍団、イェニ＝チェリが組織され、北アフリカにも配置された。この軍団の兵士は、バルカン半島の住民の中から、五年ごとに、健康で美貌の少年を選抜し、強制改宗と特殊訓練とによって、最も狂信的なイスラム親衛隊員に鍛え上げたものである。最大時は、一四万人に達した。この伝統は、確実に三〇〇年は続いている。

以上のような、イスラム時代の人口動静も、「南方からの黒色人奴隷」という、政治的俗説によって、なおざりにされてきた。いずれは正しい方法に基づいて、相当に適確な推定が出てくるであろう。確かに、シュレ＝カナールのいうように、家内奴隷の人口的比率は、後世のアメリカ大陸における農業奴隷のそれに比べると、少なかったであろう。しかし、この制度は一二世紀にもわたって維持されたのである。

アラブ・トルコ時代には、奴隷も一定の時期がくれば、自由民になれた。そして、長期間にわたる混血によって、北アフリカ、ナイル河谷の住民の人種形質は、徐々に変わっていった。

そこへ近代ヨーロッパの学者がやってきた。ヒエログリフの解読で有名な、フランス人のシャンポリオンもその一人である。シャンポリオンは、ヒエログリフ解読という偉業を成し遂げた。しかし、もう一つの注目すべき「発見」をした。彼は、古代エジプト人は、「黒色人種《ラス・ネグル》」ではない、という奇妙な論理を「発見」した。それは、どういうことだろうか。

11　シャンポリオン

シャンポリオンは、それなりに誠実な、古代言語の研究者である。だから、誤訳や曲訳によって、古代人の証言を、否認したりはしなかった。

その代わりに、新しい論理を発見した。つまり、「肌の色が黒く、髪の毛が縮れている」という、この二つの特徴だけでは、黒色人種《ラス・ネグル》と決定はできない、という主張を組み立てた。シャンポリオンは、古代エジプトの記録の解読に成功したと同時に、古代エジプト人は、本来のアフリカ人ではない、と主張しはじめた。それはどうしてだろうか。どういう事情の下に、こういう不思議な考え方が出てきたのだろうか。

まずシャンポリオンは、「有名なヴォルネイ」という表現を使っている。すでに紹介した一八世紀の旅行家ヴォルネイの主張、つまり古代エジプト人は黒色人種《ラス・ネグル》なり、という主張を無視できなかったわけである。しかも、シャンポリオン自身の文章から察するに、ヴォルネイの主張は、当時のフランスで、ほぼ定説化していたらしい。政治的背景としては、フランス革命がある。ヴォルネイは、古代文明の建設者と同一人種である人々を奴隷にするのは誤りである、という見解も述べていた。また、フランス本国では、いち早く奴隷制度が廃止された。もっとも、植民地では、なかなかどころか、ますますひどくなった。それはともかく、パリあたりの知識人は、科学的な思考方法を身につけていたし、相当程度に人種偏見を克服していた。実際、素直に歴史を考え、事実を見るならば、古代エジプト人がコーカソイド（白色人系）などであるはずがない。

しかし、シャンポリオンは、なぜか、このフランス革命期の、明晰な論理に刃向かいはじめた。そして、一八九二年、次のような手紙を、エジプトのパシャに送った。パシャとは、トルコ帝国の太守の意味だが、事実上、独立王国の君主であった。

《ある見解によれば、古代エジプトの住民は、アフリカの黒色人種《ラス・ネグル》に属するというのですが、それは長期にわたって真実として採用されてきたものの、誤解です。……ヴォルネイはその主張を補強するために、ヘロドトスがコルキス人について考えたとき、エジプト人の肌の色が黒く、髪の毛が縮れているのを連想した、という例を引き合いに出しています。しかし、この二つの肉体的な形質は、黒色人種《ラス・ネグル》を特徴づけるためには、充分なものではありません。そして、ヴォルネイによる、エジプトの古代住民を黒色人《ネグル》起源とする結論は、明らかに強引であり、認めることはできません。》（『黒色人国家と文化』、五七〜五八頁）

なぜ、こういう手紙を書いたのだろうか。シャンポリオンとエジプトのパシャとの関係は、どのようなものだったのだろうか。

これから後は、状況証拠による推理しかない。こんな事情を書いた本は、まったく見つからなかった。最小限いえることは、シャンポリオンの調査活動が、パシャの援助なしには、不可能だったということである。そこで、エジプトのパシャの血統をなす、モハメッド・アリ家について、まず追求してみたい。

鈴木八司は、モハメッド・アリ家について、次のように書いている。

《一八〇五年にエジプトのパシャとしてオスマン・トルコ帝国から独立したモハメッド・アリは、その後一八三〇年にはパシャの世襲権を獲得して王朝を立て、専ら富国強兵の目的のために、エジプトにおける経済発達の計画を実施していった。

モハメッド・アリはアルバニアの出身であって、プトレマイオス家の出身地マケドニアと奇しくも同じ地方である。彼自身エジプトの国語のアラビア語を話さず、かつエジプト人を極端に軽蔑していた。また彼の世襲的後継者たちも同様で、エジプト人の民族主義者などは、強い弾圧を受けたのである。》(『ナイルに沈む歴史』、三一～三二頁)

つまり、当時のエジプトの支配者は、イスラム教徒とはいうものの、人種的にも民族的にも、ヨーロッパ大陸からきた侵入者であった。アルバニア人は、少し浅黒く、巻毛の形質が多い。それにしても、比較的に色の白い支配者が、相当に色の黒いエジプト人を支配し、しかもお互いに憎み合っていた。

また、アリの軍事力の中心は、例のイェニ＝チェリの伝統に立つアルバニア軍団であった。その上、主要敵国には、スーダンの黒色人国家、フング王朝があった。アリの三男イスマイルは、一八二一年にスーダン遠征を試み、フング王朝を降伏させた。しかし、小堀巌の『ナイル河の文化』によると、遠征の帰途、イスマイルは住民に捕えられ、火あぶりにされた。スーダンの黒色人住民は公然と叛乱を起こした。そして、「怒ったモハメッド・アリは北部スーダンを襲い、一年の間に、ほしいまま彼の軍隊は約五万人のスーダン人を殺し、通りがかりの村々で掠奪をほしいままにした」。しかし、叛乱は続いていた。

アリは、エジプト人を軽蔑していたし、それにも増して、黒色人を憎んでいた。想像をたくましくするならば、シャンポリオンたちに、「ヴォルネイのように、古代エジプト人が黒色人だったなどという邪説を立てるのであれば、調査は許さぬ」とまで脅かしたかもしれない。

アリ王家は、近代のヨーロッパ列強と同様の位置にあった。つまり、白色のヨーロッパ人こそが、すべての文化をつくりだしたのだ、という現代神話を必要としていた。エジプトの原住民や、黒色のスーダン人は、被支配者にふさわしい、劣等な人種なのだ、と宣伝する必要があった。

そのようなアリ王家の政治的意図と、シャンポリオンの研究が、なぜ合致してしまったのだろうか。もっとも、シャンポリオンは、相当に矛盾したことを口走っている。彼は同時に、「縮れ毛と球状毛の頭髪は、黒色人種《ラス・ネグル》の明確な特徴である」とも書いている。このような矛盾を抱え込みながら、シャンポリオンは、何を求めていたのだろうか。単に、アリ王家の援助を受けるための口実として、人種分類法をねじ曲げたのだろうか。

私は、もう一つの理由の方が、重要だと推測する。つまり、シャンポリオンは、古代エジプト文明の驚異を、ヨーロッパの近代文明諸国に紹介したかった。古代エジプト史の研究を発展させたかった。だから、古代エジプト人を、当時のヨーロッパ人に、「受け入れやすい」形で紹介したかった。すでに当時のヨーロッパは、反動期に入っていた。フランス革命は、ブルジョワ革命としての使命を果たし、新しい資本主義の秩序が打ち立てられていた。フランス本国では奴隷制度が廃止されたものの、新大陸アメリカへの奴隷貿易は、この時期、最高潮に達していた。フランス人の奴隷商人も、イギリス人に負けず劣らず、この商売をやっていた。

黒色人種は、やはり、一九世紀のヨーロッパ人にとって、奴隷の種族であり、劣等人種でなければならなかった。この「現代神話」なしには、ヨーロッパ列強の支配体制は維持できなかった。シャンポリオンが、古代エジプト人は黒色人であったと、このときに宣言していたら、歴史は少し変わったかもしれない。しかし、シャンポリオンは健康も害していたし、いささか焦ってもいた。そのような宣言をすれば、古代エジプト史の研究は一時、頓挫のやむなきに至ったであろう。

そこへ、人類学者のラリイがあらわれた。そして、シャンポリオンは、次のように書いた。

《ラリイ博士は、エジプト人そのものの、この疑問に関して、風変わりな探索を行いました。彼はたくさんのミイラの皮をはいで、その頭骨を研究し、その基本的な特徴を認識した上で、エジプトに住んでいるいろいろな人種の中に、それと合致するものを探し求めました。彼には、アビシニア人が、すべての点で結びつき、とりわけ黒色人種《ラス・ネグル》は、比較の対象から排除できるように思われました。アビシニア人は、眼が大きく、眼差しは好ましい《アグレアーブル》し、……肌色は銅色にすぎません。》（『黒色人国家と文化』、第一巻、一〇二頁）

ラリイが分析したミイラは、明らかに王族のものに違いない。平民のミイラは、よほどの条件がなければ、見つからないからだ。どの時代のものかも、まったく不明だが、すでに王族の混血や、都会化による人種形質の変化について指摘をしたので、ここでは再論はしない。

興味深いのは、「好ましい《アグレアーブル》」という表現である。実際には、眼球が大きいのが、いわゆるネグロイドの特徴の一つなのだが、ここでは、「眼差し」という、後天的な習慣による印象が、重視されている。そして、生物学的な人種形質の評価とはまったく関係のない、「好ましい《アグレアーブル》」という表現が出てくる。これはどういうことなのだろうか。

私は、アグレアーブルの原義が、「賛成できる」（英語のアグリーと同語源）であり、「受け入れやすい《アグレアーブル》」の意でもある、という点を指摘したい。

古代エジプト人は、アビシニア人と同一視されることによって、ヨーロッパ系の諸国に「受け入れやすい《アグレアーブル》」印象を与えられた。アビシニアのキリスト教徒の問題は、すでに述べた。彼らはまた、古代のエチオピア人（アイティオプス）の直系にすり替えられた。

以上のような、奇妙な人種分類学への道は、シャンポリオンの、ヒエログリフ解読の裏面に開かれた。しかし、シャンポリオンはすぐれた言語学者ではあったが、生物学者でも、人類学者でも、本来の意味での歴史学者でもなかった。彼の錯誤を咎めず、訂正せず、むしろ、極端なエスカレーションに発展させたのは、専門の人類学者であり、歴史学者であった。

しかし、私が採用しているエスカレーションという単語は、ヴェトナム戦争によって、新たな概念を獲得した単語である。それは、繕い切れぬ破綻を、無理押しで解決しようとする戦法であり、さらに決定的な破綻へと突き進む道である。

では、この場合の決定的な破綻とは、何であろうか。私は、このエスカレーションの破綻に確信を持ったとき、また、思いもかけぬ謎が解け、秘められた過去への扉が開かれるのを知った。

終　章

王国の哲学

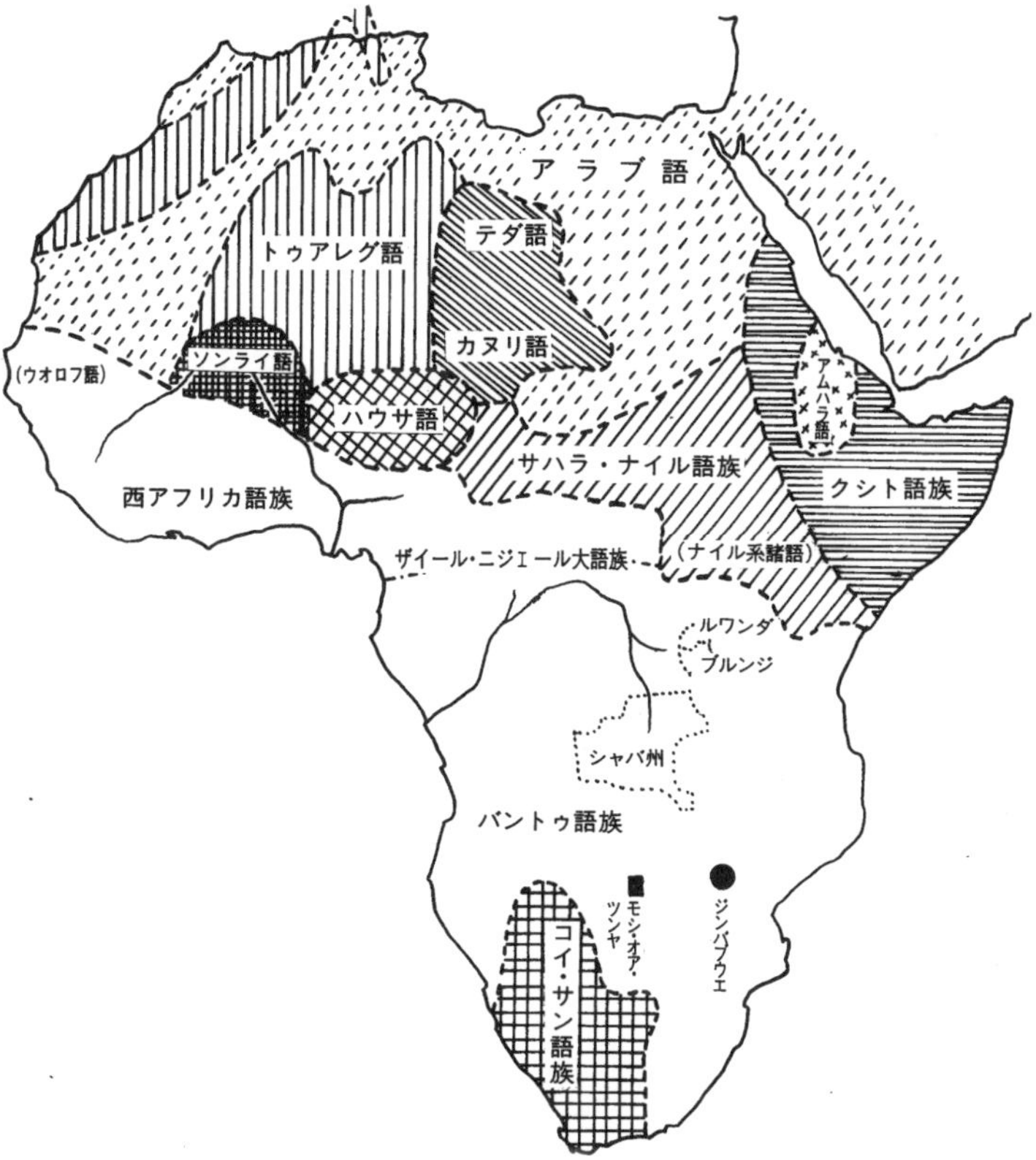

図版27　アフリカ大陸の主要言語族分布図

1　エスカレーション

このエスカレーションの、大まかな有様は、すでに述べてきた。ホモ・サピエンス、新石器文化、農耕・牧畜文化、金属文化、古代文明のすべての段階にわたって、オリエント起源説またはコーカソイド（白色人系）起源説が横行していた。それは、現代版の神話、白色人の文化英雄神話であった。

セネガル人のディオプは、こう書いている。

《実際のところ、西ヨーロッパ諸国の出版物を信じなければならないとすれば、熱帯降雨林の中心部に至るまで、ぎりぎりの分析をしてみると、黒色人の創造になるといえる文明を、一つなりとも見出そうとするのは、空しい努力だというのである。……

アフリカ文明の起源についての、このような説明は、何らかの策略によって、かの神秘的な白色人種が、この地域に到達し、住みついたという、ありうべからざる証明にたどりつくことなしには、論理的でもなく、承認されうべくもないし、まともに相手にされず、客観的でも科学的でもありえない。学者たちが、彼らの論理の果てに、論理学的かつ弁証法的な演繹【これは皮肉である】によって、ヨーロッパの専門家筋の広く行きわたったところの、〈黒い肌の白色人種〉という概念に、自らを導いていかざるをえなかった理由は、非常に簡単に理解できるであろう。このような学説には、現実的な土台がまったく欠けているのだから、明日がないものであることは明らかである。この事態は、これらの著述家たちの、客観性と落ち着き払った態度の装いの下から透けて見え、彼らをむしばむ情念によってしか、説

明できない。》（『黒色人国家と文化』、九頁）

このようなディオプの宣言は、いささか手厳しすぎたのであろう。セネガルあたりは、「反白色人優越主義」の中心地といわれている。ディオプの本に、たちまちにして、揚げ足取りの批判、というより非難が集中したのは、よくわかるような気がする。

しかし、私はそれ以前の、数百年にわたる歴史の歪曲を考えれば、これくらいの皮肉は、当然ではなかろうかと思う。むしろ、非難され、批判されなければならないのは、エスカレーションの推進者である。たとえば、東アフリカ史を専攻するイギリス人のローランド・オリヴァーは、「ジンバブウェの謎」と題して、次のような論理を展開している。

まず彼は、ウガンダのアンコーレ王国やルアンダ＝ウルンディ二重王国のワッシ貴族を、「ハム系の白色人種からなる支配階級」と規定する。ハム系とは、エジプト系というほどの意味である。そして、「その出発点は、現代のエチオピア周辺の、『ハム系またはセム系のより小さな王国の一群の中に探し求むべきであると思われる』」、という結論を引き出している。ところが、その証拠は、何も挙げられていない。

要するにオリヴァーは、何の証拠もなしに、アフリカの黒色人は、白色人の支配階級を戴いていた、つまり、社会組織すら、「白色人種」に教えられた、と主張している。では、なぜ証拠が残らなかったのだろうか。オリヴァーは、次のように説明している。

《この特殊な牧畜民文化のほとんどすべての痕跡は、優勢なバントゥ諸族の文化――その只中に、この牧畜文化が浸透していったのであるが――の中に埋もれ、消え去ってしまっている。》（『アフリカ史の曙』、一〇三頁）

オリヴァーは、ここで、巧妙に問題点を避けている。というのは、ワッシ貴族の言語は、完全なバントゥ系言語であり、そこには、いわゆるハム系やセム系からの影響は、まったく見出せないのだ。同じイギリス人でも、シーニーの方が率直である。彼女は、ウガンダの支配層をなす民族について、彼らが、「征服された人々と雑婚し……その人々のバンツー語を使うようになった」と説明している。

しかし、こういうことは、絶対に起こりえない。侵入した支配者が、数的に弱体で、文化的にも劣っていた場合には、文法上の同化が起きる。たとえば、ヴァイキングの一派であるノルマン貴族は、アングロ・サクソンの国を征服した。ノルマン人自体が雑多な集団で、フランス語を借用していたような状態だったから、英語の文法は堅持された。しかし、それ以後の英語には、大量のフランス語の単語が流れ込んだ。しかも、宮廷ではフランス語が、永らく公用語として使われた。

ルアンダ＝ウルンディのワッシ貴族、またはアイティオプスの一族は、大昔からバントゥ系の、キンヤルワンダと呼ばれる言語を使っていた。彼らは、中央アフリカ生え抜きの民族だった。

それではなぜ、オリヴァーたちは、このような無理押しのエスカレーションをしたのであろうか。

その答は、彼自身の文章が語っている。ヨーロッパ系の学者は、アフリカの諸王国を研究するにつれて、その社会に働いている基本原理に、気づかずにはいられなかった。たとえば、二重王国制度である。この社会制度が、古代エジプトにも、ソロモンの王国にも生かされていた以上、その起源について、何らかの説明がなされなければならない。

しかし、オリヴァーたちは、深追いしすぎた。バントゥ系の言語族（**図版27・285頁**参照）の壁は、いかにも厚かった。オリヴァーたちの「白色人英雄神話」の南進は、ここで決定的に阻まれた。車輪は空転し、むしろ、逆転のおもむきを呈しはじめた。

しかもこの、バントゥ語圏の文化には、古代史の深い謎が刻み込まれていた。バントゥ語の文法は、バントゥ哲学、つまり力ある人々の思想を反映していたし、その言語の成立年代をも暗示していた。私は、その背景を悟ったとき、おののきを覚えた。

2 バントゥの思想

バントゥ語の基本文法と、バントゥ哲学とは、私の推理が当たっていれば、すでに紀元前八〇〇〇年頃に確立されていた。私は、この推理の材料が出揃ったときに、愕然とした。
だが、同質のおののきの予感は、すでに早くから、ベルギー人のカトリック神父たちをも襲っていた。神父たちは、ザイール（コンゴ）に布教に赴き、そこでバントゥ哲学に出会い、当惑した。神父の一人、プラシード・タンペルは、一九四九年に、次のような告白をした。
《我々は子供たち、「大きな子供たち」を教育しているのだと思っていた、そしてこの仕事は楽な仕事だと思っていた。しかし、我々はいまや突然、一人前の、自分の知恵を自覚し独特な普遍救済の哲学に貫かれた一種の人間を相手にしていることを知る。そして我々の足下で大地がずり落ちていくのを感じる。》（『アフリカの過去』、三〇二〜三〇三頁）
誇り高いカトリックの伝導者に、このような虚脱感を覚えさせたバントゥ哲学とは、どのようなものだったのであろうか。それは、得体の知れぬ、神秘的な魔力を持つものだったのであろうか。

そうではない。バントゥ哲学は、まさに普遍的で、一般的で、平明そのものであった。それは、まことに人間的であり、むしろ、神秘を否定したものですらあった。バントゥは、人間のみが持つ力を、確信をもって位置づけていた。思想は、決して頭の中だけでつくられるものではない。それは、人間と自然との関わり合い、人間と人間との相克を通じて、つまり、行為を通じて形成されるものである。それゆえ、私は、以下に紹介するバントゥ哲学のような思想は、人類文化の基本的な要素を、自ら開発し、発展させた人々によってしか築かれえなかった、と確信する。

それ以後の、古代・中世の思想のすべては、神を絶対者とし、人間の価値を低めようとした。階級社会の混乱は、思想の混濁を生んでいた。

バントゥ哲学と比肩しうるものは、近代になって確立された科学的な、経済学の体系以外にはない。もちろん、バントゥ哲学には、「資本」、「流通過程」、「剰余価値」または「余剰生産」という概念はない。それは、自家生産・自家消費の経済を反映した思想である。また、確かに、「神」が含まれている。しかし、それは近代科学以前の思想としては、当然のことである。むしろ、その位置づけの軽さ、抽象性に注目したい。

さて、文化人類学者の阿部年晴は、ルワンダ人の学者、アレクシス・カガメの『バントゥ哲学』の研究を、次のように要約紹介している（『アフリカの創世神話』、一九頁）。

まず、バントゥ語で、「ントゥ」とは、力である。そして、存在するものはすべて力であり、それは必ず、次の四つのカテゴリー（範疇）のいずれかに属する。

⑴　ムントゥ。知性を与えられた力というべきもので、神々や人間がこれに属する。

(2) キントゥ。いわゆる《物》であり、動植物や鉱物がこれに属する。《眠れる力》あるいは《凍れる力》とでもいうべきもので、それ自体では活動を開始することができず、ムントゥの働きかけがあるときにのみ、目覚めた力として活動するのである。

(3) クントゥ。いわゆる様式や観念の有する力であり、言葉やリズムはその代表的なものである。ムントゥのみがこの力を操作することができる。ムントゥはこの力を用いて凍れる力、キントゥに働きかける。

(4) ハントゥ。時間と空間。これも一種の力であり、事物を生起させ、配列する。

この「ムントゥ」を人間、「キントゥ」を資本、「クントゥ」を人間のみが持つ労働力、「ハントゥ」を労働期間と生産期間に置き換えてみると、まず最初の驚きが生まれてくる。

たとえばマルクスは、資本を「死んだ労働」と呼んだ。そこには人間の過去の労働が、死んだ形、つまり「凍った力」として眠っている、と考えた。そして、その「死んだ労働」は、人間だけが持つ労働力が働きかけることによって、はじめて生き返り、新しい生産物の中に甦るのだ、と説明した。マルクスはまた、生産期間を、工場の中の作業工程としてだけではなく、農作物の種蒔き、栽培、収穫などの期間としても位置づけた。

次なる驚異は、この思想体系がバントゥ語族の、すべての文法を貫いている事実である。私の手元には、スワヒリ語の簡単な文法書しかない。だが、当面はこれだけあれば、基本的な問題点はよくわかる。そして、私がそういえることさえ、バントゥ語族、またはバントゥ文化圏の、驚異の一つなのである。

あの広大な地帯に、なぜ同一語族の人々が広がっているのだろうか。しかも、スワヒリ語が、共通の国際語として通用するのは、なぜだろうか。スワヒリ語は、東海岸でアラブ語の単語を若干、取り入れはしたが、基本的にバントゥ語である。そして、中世のアラブ商人は決して、内陸に入り込まなかった。わずかに旅行者が見聞を残しているだけである。ところがスワヒリ語は、ザイールの西海岸でも通用する。それはなぜだろうか。

私は、最初に、広大な中世帝国の役割を考えた。しかし、西アフリカを例にとると、そこには、何種類もの国際語がある。つまり、歴史的な諸帝国、諸王国の領域や通商圏の広がりを反映して、いくつかの地方別に、国際語がわかれている。ところが、バントゥ語族の領域は、あまりにも広すぎる。

スワヒリ語の歴史がどれほど古いものかについては、具体的に書かれたものがない。しかし私は、はるか先史時代からの歴史を考えている。スワヒリ語の基本となった言語は、後世になって国際語となったものではなくて、最初からの共通語であったのだ、と考える。なぜそう考えるのかといえば、それは、スワヒリ語の、またはバントゥ語族の文法が、その歴史を語っているからだ。

スワヒリ語の名詞は、接頭辞によって、単数、複数をあらわす。しかし、その接頭辞の発音が、次の部類に、明確にわけられている。

⑴「人間」部類……「ムントゥ」
⑵「樹木」部類……「キントゥ」の中の植物。
⑶「果物」部類……「キントゥ」の中の収穫物、または生産物。
⑷「事物」部類……「キントゥ」の中の鉱物、または無生物。
⑸「動物」部類……「キントゥ」の中の動物（その他を含む）。

⑹「抽象」部類……「クントゥ」に関わりある状態（その他を含む）。
⑺「動作」部類……「クントゥ」が働いている状態。
⑻「場所」部類……「ハントゥ」の中の空間。

以上の分類のうち、「動物」と「動作」だけは、私が部類名を補った。また、スワヒリ語は、本来のバントゥ語よりも、少し簡略化されているらしい。つまり、部類の数が減っている。

さて、なぜこのような文法が発生したのであろうか。これが不思議である。インド・ヨーロッパ語の名詞は、おおむね、男性・女性、中性となっている。これは、男女の分業に基づくもの、と説明できる。おそらく、戦士型の牧畜民族が、古くからあった母系制の農耕社会を征服したときに、父系制の伝統を築いたことに起因するのであろう。では、バントゥ語の文法の原理は、どういう社会、どういう経済の上に成り立ったものであろうか。それはまた、いつ頃のことだったのだろうか。

私がこの疑問を、突きつめて考えたのは、本書の、おおむねの結論をまとめた後であった。つまり、農耕・牧畜・金属文化の起源地を、バントゥ文化圏に定めることに、確信を抱いた後であった。そして、このバントゥの、力ある人々の王国から、どのようにして、新しい文化が広がり、人々が移住し、各地の狩猟・採集民を同化していったのであろうか、という想像をめぐらしていた。

そのとき、突如として謎が解けた。コトバであった。力ある人々は、コトバを持っていた。それは彼らの生活を通じて、新しく秩序立てられたコトバであった。

だが、そのコトバとともに、新しい文化を受け取った人々にとっては、コトバは、はじめから存在していた。

3　はじめにコトバありき

《全地は同じ発音、同じ言葉であった。》（旧約、『創世記』、一一章）

《初《はじ》めに言《ことば》があった。言《ことば》は神とともにあった。……すべてのものは、これによってできた。》（新訳、『ヨハネによる福音書』、一章）

もちろん、私は神の存在を信じない。だが、このとき、それまでに暗中模索していたいろいろなコトバの謎が、私の頭の中で、湧き立つようにこの一点に流れ込んできた。そして、もし、私の推理が当っていれば、このコトバは、紀元前八〇〇〇年頃の人々によって語られたコトバなのだ。

では、それまでに私が手繰り寄せていたコトバの謎は、どんなものであったか。そのつながりは、果たして確かなものであろうか。

まず最初には、すでに紹介したような、アフリカの神話と、旧約聖書の酷似がある。この系譜は、また、シュメールのギルガメシュ叙事詩やギリシャ・ローマの神話のみならず、インドのヴェーダにも見られることが、早くから指摘されている。そして、おそらくは、世界各国の神話、宗教の骨組みにもつながっているであろう。

私は、これを背景にして、まず、結論から述べ、後は想像をめぐらせることにしたい。

すでに農耕起源のところで述べたように、最初の農耕文化の担い手は、周辺の狩猟・採集民と戦い、そして彼らを同化していった。そのときに、いままでのように、自然から奪うのではなく、人間だけに与えられた能力によって、農作物を育て、収穫をする、という作業を教えなくてはならなかった。人々は、農作物の種類を教え、育て方を教え、果実の種類を教えた。そして、収穫の時期まで、待つことを教え込まねばならなかった。彼らはまた、当然のことながら、自分たちの言語で教えた。

この行為、つまり、言語を異にする人々に、新しい文化を伝える行為が、バントゥ語の文法に刻み込まれ、思想体系をなした。

次の段階には何が起こっただろうか。人々は、本拠地を離れて、広がっていった。そのときに私の考えでは、三部族の協力体制ができた。農耕・牧畜・狩猟の三大分業である。狩猟は、まだまだ重要な生産部門だった。彼らは、お互いをどう区別したであろうか。私は一応、次のように仮定する。発音は、あくまで、説明の都合上のものである。

農耕部族……ケ・ムントゥ

牧畜部族……セ・ムントゥ

狩猟部族……ヤ・ムントゥ

この、ケ、セ、ヤは、いずれも、農作物、家畜、狩猟に関係のある、何らかの総称に由来するものだと考える。最初の総称は、簡単な発音のものだったに違いない。

「ケ」と対応するのは、樹木であろう。スワヒリ語では、木のことを、ティという。日本語では、キであり、英語では、トゥリーである。

「セ」については、動物は粘土でつくられた、という神話を参考にする。スワヒリ語の文法でも、動物は、「事物」の後になっている。そして、物は、トゥである。ドイツ語のディング、英語のシングが対応する。

「ヤ」については、狩猟をする場所を考えてみる。スワヒリ語で、場所を、ハリという。日本語の、ノハラ、ハラッパ、英語の、フィールドが対応する。だが、日本語に、ヤマ、ヤブもある。そして、紀元前二三〇〇年頃の、ハルクーフの碑文には、「ヤムの国」とか、「ヤムの首長」という単語が出てきた。そこで、ハリ、アリ、ヤリ、ヤミ、ヤム、ヤブというような、発音のつながりを、想定しておく。

ともかく、以上のような、基本的な単語のつながりは、意外に深いものである。いずれは、アフリカの言語学者が、材料をそろえて、解決してくれるのではないだろうか。

人々は、三大分業の連絡を保ちながら、各地に広がっていった。行く手には、農作物を荒し、家畜を奪い取る人々が、待ち構えていた。三部族の協力は、身を守るためにも必要であった。そして、その協力関係は、それぞれの部族が強大になるまで、維持されなければならなかった。

ところで、ノアの息子は、ハム、セム、ヤペテであった。古代エジプト語では、ハム、セムは、ケムトゥ、セムトゥであった。これは、ケ・ムントゥとセ・ムントゥが縮められたもの、と考える。ヤペテは、すぐにはわからなかった。だが、ヤ・ムントゥを、ヤブ・ムントゥだったと想定すれば、ヤブ・ムト、ヤベテ、ヤペテの変化は、説明できる。

さらに、古代エジプトの最初のファラオとされているメネスは、ムントゥであろう。つまり、神ではなく、人間である。そして、序章で紹介した「ケメト」の論争は、両者の主張とも、間違いだと判断する。ケメト、またはケムトゥは、黒い人間でも、黒い土地でもなく、誇り高き農耕文化の持主のことであった。

では、古代エジプトの王族が、レムトゥ・ケムトゥと名乗ったのは、どういうことだろうか。

私はこれを、ケムトゥより出でたるレムトゥ、と解釈する。レ、とは、太陽神ラーのことである。ラーは、すでに述べたように、畠作物の神であった。ケムトゥは、本来、樹木性農作物の栽培者であった。その中から、新しい段階の畠作農耕部族、レムトゥが出現し、最有力となったのだ。

では、このようなバントゥの部族は、ナイル河谷以外には広がらなかったのであろうか。そして、コトバは、人々とともに伝わらなかったのであろうか。

4 地に満ちよ

古代エジプト人は、スーダンの北部を、ター・セティと呼んだ。また、この地帯に、セツーと呼ばれた古代国家もあった。そして、ター・セティが、カセット、クシュと変化したもののようである。クシュ帝国の自称は、まだわからないのである。

セティやセツーは、セムトゥーの変化であろう。そこは、牧畜部族の土地だった。セムトゥは、いろいろな場所にいた。旧約聖書のカナンの地は、おそらくサハラであろう。そして、サハラに永らく栄えていたガラマント王国の名称と、関係があるのではないだろうか。ガラム、カナム、カナン、である。

しかし、「カナンの地は飢饉が激しく」、人々は、「エジプトに下《くだ》るのを恐れてはならない」と教えられた。だが、「羊飼はすべて、エジプトの忌む者」であった。つまり、南国境フィラエには、「家畜を連れてこの国境を越えてはならない」という石碑まで建てられるようになった。人々はそこで、「ゴセンの地に住まわせてください」、とパロに頼んだ。つまり、ナイル河上流域にあったカセット（ター・セムトゥ）、カセン、ゴセンへの移住の許可を、ファラオ（パロはファラオと認められている）に求めたのである。

ユダヤ史学者の小辻誠祐によれば、セム系諸民族は「言語及び人種の特徴」からして、アフリカ大陸からアラビア半島に渡ったものと説く学者が、早くから何人もいた。小辻誠祐の『ユダヤ民族――その四千年の歩み』という本は、すでに一九四三年に出版された本の改訂版である。詳論は避けるが、いまや、この説以外に成立する学説はありえなくなってきた。私は、いわゆる大言語族の系統を、まったく別々のもののように説く学説も、近く完全に破綻するものと考える。そして、新しい言語体系は、アフリカ人の学者の輩出によって、バントゥ語に出発点を置いたものとなるであろう、と考えている。

さて、セムトゥは家畜の群れと一緒なので、最初の移住範囲は限られていた。だが、ケムトゥとヤムトゥ（ヤ・ムントゥ）とは、身軽だった。たとえば日本列島に、クマソ、クマノ、ケの国、ヤマトという地名が至るところにあるのは、彼らの移住の証拠ではないだろうか。

一方、人々を意味するバントゥは、ヨーロッパで、マント、マンに変わり、アジアで、ビンヅー、ヒンヅー（インド）となり、ヒント、ヒトになった。

レムトゥは、ケムトゥ一般よりも、後から本拠地を離れた。だが、彼らは耕地面積を広く使えたので、有力な部族になった。オリエントには、レバント（シリアの古代名）の国ができた。中国では、レント、レン（人）が、人間を意味するようになった。自分の国をレーベンと呼んだ人々もいて、中国人はこれに、日本という字を当てた。

ギリシャの各地には、語尾に「ントス」がつく地名が多い。この意味はギリシャ語では解けず、先住民のつけた地名だとされてきた。しかしこれも、ムントゥ、ントゥ、ントス、の名残りであろう。たとえばコリントスは、コルン（角）・ムントゥかもしれない。角のあるウシ、ヒツジ、ヤギを飼う人々、もしくは、家畜用のムギ類を主食にするようになった人々ではなかろうか。ドイツ語のケルン（穀物）、英語のコーン（同）は、ともに、コルン（角）と関係がありそうだ。

たとえばエンゲルスは、家畜用の穀草を栽培するのが、農耕のはじまりだったのではなかろうか、と推測した。現在では、農耕文化が先行した、という考え方が大勢を占めている。しかし、エンゲルスの推測は、いったん遊牧化した民族が、再び定着する際に生じた、二次的な農業社会での出来事、という想定に生かされてもいいのではなかろうか。

もっとも、このコルン・ムントゥ、または、コルムトスは、レムトゥの出身かもしれない。ローマの伝説は、ロムルス・レムルスの双生児による、建国を伝えている。しかし、これは後代の解釈であって、レムス、すなわちレムトゥより出でたるロムルスの国であり、ロムルスはコルムトスが、ホロムルス、ロムルスと訛ったものではないだろうか。

これとは別に、日本のカミや、アイヌ民族のカムイを、トルコ・モンゴルのカム（シャーマン）に結びつけている学者もいる。その元は、ケムトゥではなかろうか。それも、ケムトゥが金属精錬の秘法を知り、それが、ケムトゥの秘法、アル・ケミアと呼ばれたことに由来するのではないだろうか。いわゆるシャーマンは、鉄鍛冶師なのだ。

再び、コトバに立ち返ってみよう。コトバとは何だろうか。それは単語のことではなくて、思想体系だったのではないだろうか。日本語のコトバを、アラブ語のキタブ（本）に結びつける人もいる。キタブは、本そのもののことではなくて、本に書かれた内容、つまり、思想体系としてのコトバの意味である。

私は最初、コトバを、人の道、つまりムントゥまたはバントゥの道と考えた。そしてムントゥが、キントゥ、クントゥ、ハントゥを支配するための教えであり、キ・ク・ハの関係を説明したものではなかろうか、と推測した。この可能性もあるだろう。

しかし、より行動的に、ケ・セ・ヤまたは、キ・タ・ヤブの三部族の、協力を説いたものと考えてもよい。そして、それぞれの部族または、その三部族の要素を持った民族集団同士は、お互いにコトバが乱れないように、常に交流を絶やすなと教えられたのではないだろうか。旧約聖書の構成には、どうもそのような気配がある。遊牧民族の伝承の常として、農耕に関わる部分は、かなり抽象化されている。しかし、ユダヤ民族は、セムの子孫なのに、ハムの子孫の系図も、詳しく伝えている。出会った民族と、コトバをあわせるという習慣があったのではないだろうか。そして、キリスト教のカテキズム（宗教問答）も、キタブ、カテヒ、カテキ、と変化したものではないだろうか。

少ない材料では、これ以上の推測はできない。しかし私は、きっと、はじめにコトバがあったのだ、と思いはじめた。そのコトバは、力の哲学であった。コトバによって、人々は力を奮い起こし、あるときは働き、あるときは戦った。日本では、その重要なコトバを、ヒミ（秘み）コトバとか、イミ（忌み）コトバと呼んだ。秘めると、忌むとは、同じ語源を持っている。ヒミコトバは人格化されて、ヒミコとなり、イミコトバは、ミコトとなった。一方は、女性に結びつけられ、他方は、男性に結びつけられたのではないだろうか。そして、ヤマトタケルノミコトとは、ケムトゥの土地の、ヤムトゥの秘めたるコトバ、だったのではないだろうか。

私の推測は、当を得ていないかもしれない。しかし、これが本当に証明されたら、どんなに素晴らしいことだろうか、と思わずにはいられない。そうすれば、「人間は一つの家族」というコトバは、抽象的なものから、はっきりと具体的なものになるだろう。
だがそれにしても、最初の意識的な、法則的なコトバをつくったのは、バントゥの中の、どういう人々だったのだろうか。

5 インクルレコ

私は、最初のコトバをつくったのは、バントゥの母親たちだ、と考える。バントゥの年老いた母親たちは、眠れぬ夜を星空の下で語り明かした。夜空の星々には、バントゥの祖先の霊が宿っており、彼らの子孫を見守っているはずだった。

紀元前八〇〇〇年、アフリカ大陸には、湿潤期が訪れようとしていた。バントゥは、いつかこの日がくることを、信じていた。いつか神の怒りがとけ、許しの日がくることを、バントゥは信じ、語り伝えていた。彼らは、植物を育て、火によって土を変え、動物を飼い馴らしてきた。この努力はいま、神に通じた。先祖たちが勇壮な狩りをした草原は、いま青々と甦りはじめた。野生の動物たちも、ようやく増えはじめた。

だが、年老いた母親たちは、心配だった。男たちはまた、狩りに出かけはじめた。男たちは、また、昔の暮らしを懐かしがりはじめた。狩りをする男たちは、再び、猛々しくなりはじめた。植物を育て、動物を飼い馴らすことによって、やっと平和な日々が訪れた。しかし、このままでは、また昔のような、戦いの日々が繰り返される。

コトバが必要だった。子供たちにコトバを教えるのは、母親の仕事だった。年老いたバントゥの母親たちは、星々に宿る先祖の霊に祈り、互いに語り合い、新しいコトバを考えた。

人間だけが持っている力、それは、クントゥである。人間はクントゥを用いて、ハントゥの中で、キントゥを変えるのだ。奪い合い、争い合うのは、人間の仕業ではない。それは、本当の力を知らない、動物がすることだ。そして、人間は、互いに協力し合わなくてはならない。たとえ、地の果てに広がろうとも、お互いの血のつながりを忘れてはならない。

バントゥの母親たちは、このように考え、星空の下で、互いに語り合い、新しいコトバをつくった。

コトバはこうして生み出された、と私は考えたい。そしていま、人々は、新しいコトバを必要としている。より複雑化した社会にふさわしいコトバは、あらゆる形でつくられている。だが、そのコトバを、すべてのバントゥ、すべての力ある人々のふるさとに立ち帰って、語らなくてはならないだろう。そうでなくては、それは本当に生きたコトバには、なりえないのではなかろうか。

いま、南アフリカ共和国では、バントゥが、アパルトヘイトの最下位に置かれ、自由（インクルレコ）を求めて戦っている。自らをアフリカーナと呼ぶ支配層は、バントゥという呼び名を、蔑称だと思い込んでいる。しかし、バントゥと呼ばれる人々こそ、最初の「力ある人々」の、伝統を守り抜いた民族なのだ。

人類はいま、自然を支配し、自然の必然的な暴力から解放され、真の「自由の王国」の扉をたたこうとしている。だが、この歴史的な行進の先頭には、バントゥのインクルレコの旗が、高く翻っていなければならないのではなかろうか。バントゥの確信に満ちた力、クントゥによってこそ、その扉は押し開かれうるものではないだろうか。

木村愛二（きむら・あいじ）
1937 年生れ。
1955 年、防衛大学校（3 期生）中退。
1961 年、東京大学文学部英文科卒。日本テレビ調査部を経て、自由業。
著書:『古代アフリカ・エジプト史への疑惑』（鷹書房）、『ＮＨＫ腐食研究』『湾岸報道に偽りあり』『読売新聞・歴史検証』（以上汐文社）、『アウシュヴィッツの争点』（リベルタ出版）、『9・11 事件の真相と背景』『イラク「戦争」は何だったのか ?』『ヒトラー・ホロコースト神話検証』（以上木村書店）。『放送メディアの歴史と理論』（社会評論社）
編著：『9・11 ／イラク戦争コード』（社会評論社）
訳書 :『偽イスラエル政治神話』（れんが書房新社）
季刊『真相の深層』（2004 年 4 月創刊）編集・発行人

アフリカ大陸史を読み直す
第 1 巻　古代文明の母

2007 年 5 月 25 日　初版第 1 刷発行

著　者――木村愛二
装　幀――桑谷速人
発行人――松田健二
発行所――株式会社 社会評論社
東京都文京区本郷 2-3-10 お茶の水ビル
TEL.03-3814-3861/FAX.03-3818-2808
http://www.shahyo.com
印　刷――瞬報社写真印刷（株）
製　本――東和製本